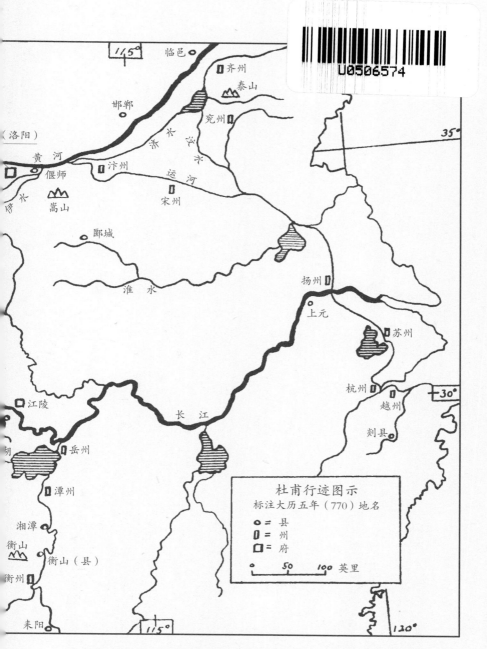

杜甫行迹图示（据英文原书手绘图示制成，另可参书后相关地名索引）

杜甫

中国最伟大的诗人

洪业 著

曾祥波 译

TU FU

*China's
Greatest
Poet*

by William Hung

TU FU: China's Greatest Poet by William Hung

本书所用洪业照片均由陈毓贤女士提供

To Rhoda Kong Hung

献给江安真

洪业（1949 年于美国）

目 录

自　叙

　　吾何以兴念而撰为此书也？予年方十三，家父即授以杨伦《杜诗
镜铨》，语予云，杜子美志意宏远，心性桀倨，且多谐趣；嘱予曰："其人
也，天假其时，则显；运命未济，亦不衰。"既长，因予所学，遂以《圣
经》为绝世之书。而仅次于圣《诗》者，即为杜诗，每能慰予之大悲大
喜。四十年来，涵泳其间，其亲近感激之心，沛然而与日增焉。

　　壬午岁（1942），予缧绁于日寇之囹圄，欲阅《圣经》而不可得，遂
索杜诗一部——曩昔文文山（1236—1282）于元人狱中慨然引领而待
死，集杜句成诗二百章。予臆可以效法焉——亦不获允。其时于晨昏
祷思之中，已默定他日脱身后必所当为之事若干，潜研杜诗即其一也。

　　丁亥至戊子岁（1947—1948），予再赴哈佛大学教席，授以杜甫行
实。诸生喜焉，促予笔削以成编。戊子岁二月，又宣之于耶鲁大学伍
德沃（Woodward）讲席。听者亦促予以英文撰为一书。今其书告成，
吾之微愿，在增西人于诗圣之新知，借此而于吾国吾民具同情之了解。

　　此书之成，燕京大学、哈佛大学及哈佛燕京学社与有助焉。学
社社长叶理绥（Serge Elisseeff）教授使予得以潜研教习杜诗，尤致

谢忱。此书刊印之资，学社一以承之。平日所过从之同侪友于，惠予良多，魏鲁男（James Roland Ware）教授、柯立夫（Francis Woodman Cleaves）教授以所藏罕见之本见示；学社和汉图书馆馆长裘开明（Alfred Kaiming Chiu）博士为予浏览群籍开方便之门；哈佛图书馆主事馆际互借之雷诺兹（Alice Reynolds）女史助予求籍于剑桥；燕京大学图书馆馆长陈鸿舜君则每以此地不可得之文献资料见惠，此皆予所铭感在心者。

此书之成，距今已二载馀。其迟迟未能刊印者，皆因予下笔之际，未能厘清此书之撰，为汉学专门学者欤？为一般读者欤？叶理绥教授揆是而建言，析是书为二卷，一载正文，一载注疏①。哈佛大学出版社社长威尔逊（Thomas James Wilson）博士、校理都布森（Eleanor R. Dobson）女史，遣达夫（Chase J. Duffy）女史助予以成此事。是书之文章体制，多得其议谏，予于英谚习语时有扞格，达夫女史亦复一一正之，尤所感念。

吾撰是书，家中百事不问，而吾妻一力担之。是书之题献，固其宜也！吾所欲言者，杜子美已先我得之，曰：

"家贫仰母慈。"②

洪煨莲

辛卯岁（1951）九月

剑桥，马萨诸塞

---

① 此卷载杜甫生平行实及诗章之译文。另有注疏一卷行世，哈佛燕京学社资助刊印（剑桥：哈佛大学出版社，刊行于壬辰岁〈1952〉）。
【译者按】今注疏一卷已摘要译出，在此中译本与本文并行，以脚注形式呈现。
② 【译者按】引自杜甫《遣兴》。

引 论

天吴及紫凤 颠倒在短褐

——杜甫《北征》

1　　　　中国八世纪的诗人杜甫,作为中国的维吉尔、贺拉斯、奥维德、莎士比亚、弥尔顿、彭斯、华兹华斯、贝朗瑞、雨果及波德莱尔,被介绍给西方。为何一位诗人会被比作如此众多、各不相似的诗人?质而言之,杜甫不能被视为他们中的任何一位。杜甫是独一无二的。

　　即使在成千上万的中国诗人当中,杜甫也是独一无二的。他是唯一一位随着时间流逝而声名与日俱增的诗人。在杜甫的时代,他并非广为人知,但当他去世四十年之后,诗人们开始意识到杜甫是最伟大的诗歌艺术大师之一,而一些诗人则毫不犹豫地认为他是最出色的一位。杜甫去世三个世纪之后,学者们真挚地搜集、编纂和注释他的诗作。在杜甫诗作的光照之下,他们开始研究其生平事件,从而将杜甫的诗作置于其生平与时代之中去理解。对杜甫诗歌的迷恋,引发了对杜甫个人的尊崇,而对杜甫生平细节越来越多的了解又进一步加深了对其诗歌的尊崇。

　　若干世纪以来,总有批评家挑出这个或那个在他们心目中优于杜甫的诗人。然而,绝大多数中国史学家、哲学家和诗人都把杜甫置于荣耀的最高殿堂;这是因为,对他们来说,当诗人杜甫追求诗艺的最广阔的多样性和最深层的真实性之际,杜甫个人则代表了最广大的同情和最高的伦理准则。如果列出杜甫作品选本和全集各种版本的目录,将数以百计。如果一份名单试图完全涵盖杜甫研究和注释

2

的著述,则会数以千计①。

即使在今天的中国,当所有道德和文学的标准被抛进质疑和混淆之中,杜甫在人们心中的位置、他的魅力和他所受到的尊崇却依然如故,未曾经受挑战。一方面,那些主张绝对权力以维持现状的人士以杜甫为号召,因为他始终不渝地站在政府的立场上,毫不犹豫地反对叛乱。另一方面,那些支持流血革命的极端左翼人士也援引杜甫为例证,因为他描绘出了最为催人泪下的苦难场景,大声呼喊出对不公平现实的最为愤慨的谴责。一方面,研习文学的老派学生崇拜杜甫繁复典雅诗文中反映出来的渊博学识,那些词汇、典故源于各种各样的历史和文学典籍,恰如其分地被用于他所要描写的主题和情境。他们如痴如醉于杜甫既能严格遵循不同诗歌体裁的格律,又能灵活变通地加以拗救处理。而另一方面,提倡打破旧习的学生,又为杜甫从形式和语言上大胆涉及新内容而感到欢欣鼓舞。本国文学的鼓吹者指出,传统的文学语言束缚鲜活的情绪和创造性的思想,而杜甫常常使用方言俗语,由此他们骄傲地宣称杜甫是最早挑战僵死的文学

---

① 关于杜甫诗歌文本的传承和重要版本的价值比较,可以参见我为《杜诗引得》(哈佛燕京学社,汉学引得系列,NO.14,1940年,3册)所做的序言。在本书的注释卷中,给出了每首英译杜诗在《九家注杜诗》中的卷数和页码。以下列出的是本书使用的若干杜诗版本:(1)《九家注杜诗》,36卷,1181年。(2)《王状元集百家注编年杜陵诗史》,32卷,以及伪王洙注,约1189年。1913年版。(3)《分门集注杜工部诗》,25卷,约1195—1224年。《四部丛刊》本。(4)蔡梦弼,《杜工部草堂诗笺》,50卷,1204年。《古逸丛书》本。(5)黄鹤,《黄氏补千家集注杜工部诗史》,36卷,1226年。此书为朱鹤龄和仇兆鳌所引用。(6)玉几山人,《集千家注杜工部诗集》,20卷,《文集》,2卷,1536年。(7)钱谦益(1582—1664),《钱注杜工部诗》(1667),20卷,据称以1133年吴若本为底本,但很可能只是1204年蔡梦弼本。(8)朱鹤龄,《集注杜工部诗》(约1667年),20卷。(9)张溍,《读书堂杜工部诗集》(撰于1673年,刊刻于1698年),20卷,我使用的是1841年版。(10)卢元昌,《杜诗阐》(1682年),33卷。(11)仇兆鳌,《杜诗详注》,25卷;《首卷》,1卷;《附编》,2卷。其于1703年被刊削,附录部分编于1711和1713年。我引用杜甫的文章都来自《杜诗详注》卷24—25。(12)浦起龙,《读杜心解》(1724年),6卷;《卷首》,1卷。(13)杨伦,《杜诗镜铨》(1791年),20卷。我用的是1872年的蜀中刊本。

传统语言的大师之一。如果要从古往今来的诗人诗作中去攫出这些字句篇章，不难看出杜甫的影响遍及外在形制与内在气质，这类例子成百上千。

想要了解杜甫的西方学生最好先参考《中国名人大辞典》（*Chinese Biographical Dictionary*），大体说来，此书极为便利，易于理解，由著名汉学家、剑桥大学教授翟理斯（Herbert Allen Giles）编撰①。在几乎所有欧洲语言关于杜甫的简短说明中，翟理斯对杜甫的描述留下的痕迹宛然可见。例如1934年，一本关于杜甫蜀中诗歌的选本被译为英文出版，序言中附有对诗人生平的介绍，许多说法都是从《中国名人大辞典》中逐字转袭而来的。

不幸的是，翟理斯的介绍颇难令人惬意。令人吃惊的是为何如此之短的篇幅中居然有如此之多的讹误？当然，其中有些讹误是这位博学的编撰者从中国学者那里承袭来的，这倒能轻易辨识；令人困惑不解的是少数荒唐可笑、颇为离谱的讹误，它们绝非源于中国学者。经过一番研究，我最终回溯到德理文（d'Hervey）和雷慕沙（Remusat）同样不准确的说法②，它们可能是西方语言中对杜甫生平加以研究的最早文字。此事见载于北京耶稣会传教士钱德明神父

---

① 【译者按】翟理斯（Herbert Allen Giles，1845—1935），曾任英国驻华使馆翻译、领事馆官员。1891至1932年，继威妥玛之后任剑桥大学第二任汉学教授。著有《中国文学史》（*A History of Chinese Literature*）、《中国通史》（*Histoire Generate de la Chine*）四卷本、《中国和西方列强关系史：1860—1902》（*Histoire des Relations de la Chine avec les Puissances Occidentales：1860—1902*）、《中国名人大辞典》（又名《古今姓氏族谱》（*A Chinese Biographical Dictionary*）等。

② 【译者按】德理文（Marie-Jean Léon d'Hervey de Saint-Denys，1823—1892）雷慕沙得意门生儒莲的学生，法兰西学院第三任汉学讲座教授。1862年在巴黎出版《唐诗》（*Poésies de l'époque des Thang*），被认为是法国出版史上第一本介绍中国古典诗歌的选集。雷慕沙（Abel Remusat，1788—1832），法兰西学院首任汉学讲座教授，著有《新亚细亚杂纂》（*Nouveaux Melanges asiatiques*）。

(Father Amiot)撰述①,并于 1780 年出版的《北京传教士关于中国历史、科学、艺术、风俗、习惯纪录》(*Memoires concernant les chinois*)第五卷。钱氏著书之后的一个半世纪中,西方学者屡有关于杜甫生平的文字问世。还好,总的来说他们的错误都比较少。不过,这些文字都没什么趣味。

在中国,若干世纪以来,对杜甫生平以及杜诗的理解经历了一个逐渐增长的过程。这一发现的过程远远没有结束。直到公元 813 年,第一次介绍诗人生平的文字才问世。它遗漏了关于其生平的许多重要事实,比如生卒年,经过好几百年的研究才最终确定为 712 和 770 年②。第一次尝试编纂杜诗全集已经迟至 1039 年。最终编成的 20 卷文集包含了 1 405 首诗歌和 29 篇文章。这一过程直至 1667 年才告结束,最终的版本包括 1 457 首诗歌和 32 篇文章。

如果杜甫本人将自己的诗作清晰地注明年月,就像他对某些诗篇所作的那样;如果这些诗篇由杜甫本人由时间顺序加以编排(据记

---

① 【译者按】钱德明(Amiot Jean Joseph Marie,1718—1793),字若瑟,法国传教士,著有《北京传教士关于中国历史、科学、艺术、风俗、习惯纪录》十六卷(*Memoires concernant l'Histoire*, *les Sciences*, *les Arts*, *les Moeurs*, *les Usages*, *etc. des Chinois*: *Par les Missionnaires de Pékin*)。

② 最早的杜甫生平梗概是元稹在 813 年为杜甫所作的《唐故工部员外郎杜君墓系铭并序》。这篇文字保存在《元氏长庆集》中,但这还不够,以下文本都可以参考:(1)编撰于 945 年的 200 卷《旧唐书》卷一百九十下,其中全文引用了元稹所撰的墓志铭。(2)《唐文粹》中收入的元稹所撰墓志铭。(3)《分门集注杜工部诗》和蔡梦弼所编杜甫集中收入的元稹所撰墓志铭。(4)1814 年所编 1000 卷《全唐文》中收入的元稹所撰墓志铭。另外,编撰于 1060 卷 225 卷《新唐书》卷二百一,尽管大部分内容沿袭了《旧唐书》杜甫本传,但其中根据王洙于 1039 年编纂的《杜工部集》序言作了一些改动。吕大防(1027—1097)、赵子栎、蔡兴宗和鲁訔(1153)等人编撰的较早的杜甫年谱,都可以在《分门集注杜工部诗》和蔡梦弼所编《杜工部草堂诗笺》中找到。在稍晚的年谱中,朱鹤龄和浦起龙的作了一些新的补充。近年来中国学者所作关于杜甫的年谱和年表实在太多,不胜枚举,具有历史价值的不多。其中,闻一多的《少陵先生年谱会笺》是相当用心的一部。【译者按】《少陵先生年谱会笺》载武汉大学《文哲季刊》1930—1931 年第一卷第一号至第四号,页 189—207,247—255,477—492,691—713。洪业下引闻一多考证杜甫生平观点只出页码,均据此书。

载，最早的手稿本六十卷就是如此编排的，不过这一版本在杜甫去世后不久就散佚了）；或者如果大部分可以和他当时的重要事件联系起来的诗篇没有被晦涩的隐喻和艰深的典故掩盖起来；或者如果所有流传下来的诗篇都确实可信；或者如果这些诗歌文本能够祛除历代编纂、传钞以及刊刻者的鲁鱼朱亥之误，那么，重构诗人生平的任务将会变得容易。

事实上，这一任务看似迷人，实则无望，如同七巧板拼图一般。试想一下，你手里有一袋子的不规则碎片，拼在一起，将会呈现出古罗马的城市地图，但是碎片上的线条黯淡而无法卒读。你知道还没有完成，但是许多碎片的边缘已经被老鼠啮去，某些碎片又被发现属于其他的地图，你无法确知有多少不相干的碎片搀入袋中。当你考证并比较这些碎片，在桌上把它们移来挪去，你感到万分烦恼，它们就是没法严丝合缝，偶尔你会激动不已，因为有不少碎片能够完全拼合。这真是一种令人着迷的游戏。

第一个试图摆弄七巧板、给杜甫建立年谱或年表的是吕大防（1027—1097）。显然，他把大部分考验他耐性太久的碎片都放回了袋子；如此而来，最后得到的年谱就过于简单，而且许多碎片还放错了位置。在吕大防之后，还有不少人也试过这个游戏。1153 年，鲁訔编撰的年谱分量充实，大量杜甫生平行实被恰如其分地置于年谱中，后世学者可以欣然享用这些成果。

黄鹤是这些七巧板游戏者中最雄心勃勃的一个。他给每首诗篇贴上日期的标签，而且常常附上证据。重要的是，尽管如此，黄鹤编于 1226 年的版本并未按照编年顺序排列诗歌，而是保持了旧本的面目。原因很明显。黄鹤《补注杜诗》编次的不协调、不确定及未完成颇为醒目。这个任务留给了仇兆鳌和杨伦来完成，他们按照黄鹤的编年重新编排了诗作,尽可能地前后调整了某些篇章。尽管这两人的注本刊行于 1713 和 1791 年,但其中仍有许多难点,当然,这些问题大多是黄鹤遗留下来的,不应归咎于他们。仇兆鳌的注本经过了二十四年未曾间断的修订。该书包括了对杜诗典故最为细致的解释,以及对杜诗技巧最为全面的讨论,其中尽可能地引用了前人的相关论述,当然,有时缺少敏锐的辨识力,难免繁琐。杨伦的注本则删去了他认为不切题的冗余部分,将仇兆鳌笨拙庞大的注本缩减为比较适宜的篇幅。这些,伴随着其他一些特点,例如对诗篇的进一步重新编排,对某些新解说和注释的增加,尤其是当时对钱谦益——此人我在后面会论及——注本的禁毁使得杨伦注本在一个半世纪以来广为流传。

已故的清华大学的闻一多教授尝试重新构建杜甫生平,其长篇论述刊行于 1930 至 1931 年间。闻一多教授相当明智,他并未将那些没有明确系年证据的诗篇加以编年,而是将关注点放在那些能够提供杜甫生平经历信息的诗篇上。不过我有点遗憾,闻教授没有注意到诗人生平思想的发展变化。他也未能充分辨识那些把我们对杜甫的理解弄得颇为糊涂的伪作。而且,闻一多教授的研究有点过分依赖仇兆鳌的注本了——他没注意到杨伦注本对某些诗篇有更好的重新编年。

我曾被问起:为什么诗歌需要背负编年?我的回答既顾及一般状况,也针对特殊情形。当我们聆听鸟儿春天的歌唱,我们会对它述说的内容心有灵犀,因为我们知道并理解歌唱的背景:阳光、绿叶、灿烂的花蕊、游弋的昆虫——这一切,包括我们自己,都身处于春日的气息之中。假设我们录下鸟儿的歌声,在北极的某处播放,冰天雪地,暗夜无光,我们仍然可以设想鸟儿歌唱的背景,至少部分地欣赏其中的含义。但是一只碰巧听到这歌声的北极熊能够体会到这些含义吗？它可没有关于春天气息的任何认识。

对我们而言，诗人总是比鸟儿更容易理解。一首诗常常能自我提供背景，但这并不绝对。即使在日常谈话中，我们也需要上下文语境，以便理解辞语。一个文本，例如一份电报，如果不知道发送者和时间、地点等信息，就很难理解。一首中国诗歌就很像一封电报，其中口语式的简省是意料之中的事，代词和连接词总是被省略。一两个字词常常代指一个典故，背后是极其复杂的思考和情境，需要整段文字才能阐明。

相较而言，中国诗歌的主题其实与西方诗歌类似，尽管与这些主题相关的惯用的显著修辞两者并不一致。亚瑟·威利（Arthur Waley）在他的《中国诗歌译集》（*Translations from the Chinese*）（纽约，1919，1941）序言中不无钦羡地指出①，他发现当西方诗人还在全神贯注地沉溺于爱情之际，爱情作为主题的重要性在中国诗歌中已经逊色于友谊了。关于诗歌的形式技巧，威利也发现传统的中西诗歌有着极其明显的相似性，主要表现在诗歌韵律和节奏方面。不过，中国诗歌的节奏与音节重读的不同组合无关，而与音节声调的不同组合有关。我想补充一点，中西诗歌最显著的不同，是中国诗歌普遍的简短。中国诗人仅仅提笔写下迷狂和灵感的最高体验。戏剧能够繁复，故事可以细腻；而在诗人看来，这些细节应该尽可能留给读者去发挥创造性和想象力。

我们将遇到的杜甫是这样的一位诗人：他乐于用最精简的辞句去讲述最丰富的事物。但在我们欣赏其信息的逻辑完整性之前，我们常常不得不在字里行间去想象一个背景，去补充遗失的线索。我

---

① 【译者按】亚瑟·威利（Arthur Waley，1889—1966），英国汉学家，译有《论语》、《道德经》、《猴》（即《西游记》）、寒山诗等。

们对时间、地点和史实背景了解得越不精确,我们就越可能理解得不够正确,我们要么会误解这首诗,要么干脆没法理解它。

杜甫的绝大多数诗篇都有着社会背景,包含了重大的社会信息。杜甫生平的雄心是要通过施展政治才能以报效国家。即使是在他人生的最后三年中,当不断增加的疾病使得他确知所有任职朝廷的希望都付诸泡影时,他写给朋友的诗篇还总是激励他们要作良吏忠臣。他对自己的诗才极其自信,也为自己的诗作感到骄傲。但是对他而言,诗歌仅仅是一种个人天职,而非社会职业。作一名职业诗人远非杜甫的理想——在中国,并没有这样的职业。只是在近些年来,随着商业性新闻事业的兴起,诗歌才成为可以出售的商品。

杜甫以诗为简寄给朋友。他在诗中写下自己的悲欢:一个人欢乐时,他会歌唱;杜甫在这种场合会唱出自己的歌声,有时我们几乎可以感受到他伴随歌声的手舞足蹈。一个人极度悲伤时,他会哭泣;杜甫含着泪水写下诗篇,我们常常感到他的诗行间涕泗涟涟。因为他想要做一名政治家,须臾不忘国家和人民,所以他的焦虑和渴求总是同朝廷的兴衰成败、人民的幸福与灾难、战争与和平联系在一起。他的观察如此敏锐,描写如此鲜明,以至于他的诗歌被公认为研究他所处时代不可或缺的篇章。可那是怎样的一个时代啊!一个当时全世界最为辉煌的帝国,它享受过长期的宁静,拥有繁荣灿烂的文化,却忽然被抛入了最深、最混乱的漩涡,造成这一切的是政治阴谋、腐败和战争。

一位十世纪的作家写道①,因为杜甫的诗歌如此全面和准确地

---

① 【译者按】此处应指孟棨的《本事诗序》。孟棨《本事诗序》所作时间为"光启二年十一月",即886年。按照陈尚君《〈本事诗〉作者孟启家世生平考》考证,孟棨应为孟启,作《本事诗》时已逾七旬。洪业先生可能是凭印象"孟棨为唐末人"而写下"十世纪",但比较可靠的时间是"九世纪"。

反映了他所在的时代,当时人已经称他为"诗史"。我怀疑杜甫诗歌对历史的重要性是否在他的时代就被意识到了。我们能看到一些杜甫的朋友写给他的诗篇,其中并没有关于诗史的暗示。杜甫的同时代人并不需要通过他的诗歌去了解他们时代的风俗和事件。然而,在半个世纪之后,在诗人的诗歌声名上升到顶峰之后,在新的一代人开始好奇他们的祖父辈所处的那个令人震惊的时代之后,杜诗中蕴含的历史意义得到了广泛地承认。

据说,文宗皇帝(827—841)喜欢读杜诗。从《哀江头》一诗中,他意识到在长安遭受战争破坏之前,曲江两岸有着许多美丽的宫殿,因此他决定加以重建①。也许从这个时候起,学者们开始欣赏杜甫诗歌与他所处的时代历史之间的密切联系。在接下来的章节中,我们将会发现,如果没有了历史背景,某些诗篇对我们而言将毫无意义。我们还会发现,某些诗篇将如何帮助我们补充重要的散佚史实,纠正唐史记载中令人困惑的讹误。所以说,杜诗应该尽可能以正确的编年顺序阅读,这一点极其重要。

一种杜诗选本,如果不是以编年形式纂辑,那么除非它的编辑意图是通过对杜诗的题材或体裁加以分门别类,以便说明杜甫的诗歌技巧,否则就不具有充足的理由。1929 年由艾德纳·卫斯理·安德伍德(Edna Worthley Underwood)和朱其璜(Chi-Hwang Chu)翻译刊行的一部杜诗译本就是不具有这种充足理由的杜诗选本。它完全没有任何编排原则。有时,同一首诗被译为不同文本,冠以不同的标题,被随意地放置在 290 首选篇中。选译者对于杜甫诗歌的随意性

---

① 【译者按】此事见宋敏求《春明退朝录》卷中:"唐曲江,开元、天宝中,旁有殿宇。安史乱后尽圮废。文宗览杜甫诗云:'江头宫殿锁千门,细柳新蒲为谁绿。'因建紫云楼、落霞亭,岁时赐宴。又诏百司于两岸建亭馆。"

有时达到令人吃惊的程度。我还没有算上字里行间的误译和增删。当然,甚至最优秀的中国学者也常常误解这首或那首杜诗。当他们将杜诗从诗歌体裁翻译为散文形式,他们也总是不得不添加许多词语,或者删去一些。诗人总能获得诗歌的特许证,杜甫就很有这个资格。话说回来,他恐怕也不能反对自己的阐释者和翻译者同样拥有那么一点特许权力,如果对方的目的只是想负责地传达自己的思想和意图。另一方面,杜甫也许很难对这样的特权鼓掌叫好,因为这往往伴随着对其作品的篡改,把一部分改头换面挪到另一部分。没准儿他还会大吃一惊,举个例子,十九世纪的法文诗用英文翻译了,居然伪装成杜诗出现。

而弗洛伦思·艾思柯(Florence Ayscough)与厄温·冯·萨克(Erwin von Zach)关于杜甫的著作则完全没有这种无中生有的例子。艾思柯女史刊行于 1929 和 1934 年的两卷本选集,包括了 470 多首诗,全部或部分译为英文,或多或少是按照编年顺序编排,并且相当清晰地标明了它的中文原本(杨伦《杜诗镜铨》)的页码。此后,孜孜不倦的汉学翻译者冯·萨克博士在 1932 到 1938 年出版了一部完整的杜诗德文译本,载于两期刊物和一卷附录。这一译本以张溍的《读书堂杜工部诗集注解》二十卷的正文和注释为基础,该书完成于1673 年,大概刊行于 1698 年;诗歌译文自然也遵循同样的次序。

冯·萨克对版本的选择不像艾思柯女史那样得到过很好的建议。尽管他也研究杜甫长达二十四年,但张溍并非严格意义上的学者,他的方法比较业馀。张溍版本源于许自昌题为《集千家注杜工部诗集》的版本,该书刊行于十七世纪上半叶,追寻源头,可以上溯到高崇兰刊行于 1303 年的版本。寻绎诗篇的编排,可以看出张溍的版本并非直接源于高崇兰本,而高本在编年上遵循的是鲁訔本,鲁訔本对黄鹤本有轻微的修订。当然，这样的编排不能与杨伦本相提并论，因为杨伦本受益于几个世纪以来对杜诗的研习讨论。

　　就注释内容论，张溍本也不如杨伦本。杨伦本受益于仇兆鳌本的辛勤工作。张溍本则几乎完全承袭了高崇兰本对十一到十三世纪大量注释的删刈。张溍对杜诗阐释方面的贡献在某种程度上得益于他阅读了同时代两位学者——钱谦益与朱鹤龄——的著述，全书主要由他对某首诗某部分的平淡说明构成。冯·萨克的浅显翻译显示出他在很大程度上依赖了这些时时出现的平庸阐释。尽管冯·萨克从未提过，但他一定时不时苦恼地觉得张溍本实在无趣，从而常常把目光转向丰富庞大的仇兆鳌本。颇有一些冯·萨克的译文与仇兆鳌的阐释密切相关，例如仇氏对某些诗篇段落的调整。无论如何，有这么一些例子存在，让人希望冯·萨克曾将张溍本与仇兆鳌本参互而观，因为如果他这么做了，就能减少译文中那些不幸的错误，这些错误源于张溍，而在仇兆鳌的版本中已经被纠正了。

　　和冯·萨克的译作相比，艾思柯女史的译作则具备两个优势。她相当明智地认识到作为个人的杜甫与作为诗人的杜甫不可分割。当冯·萨克满足于仅仅翻译杜诗本身时，她还能另外花精力介绍杜甫其人及其时代。尽管大部分精力都耗费在对可疑史实的琐碎分析上，而且她的注解往往错误，她的编年还需修改，不过这在她都是可以原谅的缺点。她对中国文言的阅读能力很有限，很大程度上依靠她的中文教师和助手，在书中她也不吝赞美之词表示了谢意。这位仁兄，我们仅能知道他的别号——艺竹生——在许多方面都称得上是一位饱学之士，但他对唐史的了解则颇为肤浅，关于杜甫的知识也过于匮乏。不过至少，艾思柯女史那些令人惊讶的结论一定是出自此人提供的错误信息，杨伦本在这个问题上无须负责。

　　艾思柯女史的另一个优势是她对杜诗只是部分选译。冯·萨克博士决定翻译全部一千四百首杜诗——无论诗篇的真伪、优劣及其重要程度——实在是一个不太明智的野心之举。有些杜诗是如此梦幻般的不合逻辑,古里古怪的暧昧不明,处心积虑的晦涩难解,以致尽管我们揣测在这些怪异外表下有着暗藏的信息,但也无法探知,因为我们无法建构一个严密的史实背景。善注者会毫不犹豫地承认他对这类诗篇无能为力;而劣于注疏之人则会继续拿出旧有的谬说,或者自己创造出新的怪论奇谈。好的翻译者应该避免这些。艾思柯女史确乎做到了这一点。她的编选原则是优先挑选那些她认为最能勾画出杜甫生平的诗篇,以及那些她个人中意的作品。

　　至于谈到翻译问题,我们必须承认冯·萨克博士拥有汉学大师的优势和翻译家的老到。撇开杜诗文本原有的难点和张溍解释的错误,撇开偶尔的疏漏,冯·萨克给出了一个尽管平淡然而准确的译文文本。相较之下,艾思柯女史的译文就逊色多了。她对自己新的翻译方法颇为自负。但是……唉! 真是无可辩讳。这一方法的源头还要追溯到艾思柯女史和洛威尔(Amy Lowell)于 1921 年合作英译并出版中国诗选《松花笺》①。这一方法首见于《松花笺》一书的开头,然后出现在两卷本杜甫译著的序言中,最后见于两位翻译者卷帙不薄的来往书信集中。此书于 1942 年由艾思柯女史的第二任丈夫,已故的芝加哥大学教授宓亨利(Harley Farnsworth MacNair)刊行②。

　　这一方法的基本设定是:构成一首诗歌的中国象形文字的语源

---

① 【译者按】艾米·洛威尔(Amy Lowell,1874—1925),美国女诗人,庞德之后的意象派诗歌领袖。后期诗歌作品受到了中国和日本诗歌的影响。

② 【译者按】宓亨利(Harley Farnsworth MacNair,1891—1947),美国汉学家。1912 年来华,任上海圣约翰大学历史学和政治学教授,同时担任上海《密勒氏评论报》特约编辑和《教务杂志》编辑部执行委员。1936 年回美,历任华盛顿州立大学、芝加哥大学远东史教授。

学出处最为重要。假设有两个字，在当下的习惯用法中具有同样的意义。那么为何诗人挑选这一个，而不是那一个呢？她们相信这一选择是如此决定的，即取决于"描述性典故"或是"潜在的意味"如何能更好地丰富诗歌的"韵味"（perfume）。为了达到"描述性典故"与"潜在的意味"，翻译者必须研究汉字的结构和组成部分，了解其变迁渊源。在任何语言中，通过语言学途径去了解字词的含义乃是正确的方法，不过我颇为疑惑，诗人挑选同义字时会首先考虑其本义及相互联系。诗人对同义字加以辨别通常是从音律价值出发。这种辨别也经常不得不基于习惯用法、这个词和同一行中那个词、词组的相互关系。如果诗歌是写给一般读者看，诗人会倾向选择当下的、习惯性的用法；如果诗歌是写给有学问的读者，诗人则会希望这种字词组合是引自于某些公认的名篇杰作，以此证明这一用法的正当合理，或者诗人会希望这种字词组合相当新颖，以此证明这一用法并未被当下的、习惯性的表达所滥用。字词那模糊古老的源头和联系很少是诗人首要考虑的对象，除非他想要传达某种神秘信息——在这种罕见的情况下，他不得不以一种令人吃惊和使人迷惑的组合来运用字词，以便迫使他的读者在深深的语源潜流中由筌得鱼。

让我们举例说明艾思柯女史的方法何以未稳。在杜诗《夜宴左氏庄》中，第一行诗的直接意义如下：

风	林	纤	月	落
wind	forest	slender	moon	drops

有好几种方式可以将这行诗译为可以接受的英文句子。出于与下句要对称、与全篇要和谐的缘故，此句可译为：

Behind the windy forest, the slender moon has dropped.

艾思柯女史的译法完全不同：

Wind weaves, of forest shadows and fallen moon-light,
a pattern, white in warp and black in weft;

　　在第一卷译作的序言中，她引用这句译文说明其方法。经过一番考察汉字渊源的努力，她在一本字典里发现，"纤"除了通常的"纤细"含义之外，还有一个意思是"白经黑纬交织的丝段"。因此，这就是"纤"字已经迷失了的渊源，应该把它引入翻译以丰富诗歌的韵味。而且她认为杜甫是有目的地用"白经黑纬交织的丝段"作为形象去描述他所见到的月光。作为忠实的译者，她绝不能简化这个美丽的形象。
　　我颇为怀疑。首先，我想知道一片有图案的织物是否适宜于作为透过森林的月光的形象。即使承认这一点，为什么这不应该更像是黑经白纬交织的丝段呢？其次，好诗应该引导读者看见为他准备好的画面，而非告诉他这是什么，尤其是当这一画面还很难描述的时候。杜甫恰恰是这样的好诗人，他只用了有限的五个字，就让我们在想象中看到熹微的月光透过森林中曳动的树叶。如果将我们引入画面之后，他再继续告诉我们，较之我们眼前所见之景，还有一种质地特别的货色，那么他真是一个十分乏味的劣等诗人。
　　第三，就算这是一首恶诗，译文仍然需要被证明是准确的，否则很可能意味着艾思柯女史将自己进入诗人构造景色之后的想象带入到杜诗中。而翻译是否正确可不能由一个小小的"纤"字来定夺。不管是否涉及其本义，当某个汉字占据着诗行中的某一个位置时，它不能单独担负决定译文正确的重担。它既受本句中字词顺序的限制，也受对句中第三字的约束，在这里"纤"是一个修饰词，修饰接下来的"月"。它必定是形容词"纤"，而不是名词"……丝段"。

最后，艾思柯女史喜欢引用《说文》（121 年）来说明汉字的语源来历。这部古代文字学典籍给"纤"的解释仅仅是"纤细"①。二世纪末的一位作者②，在为某部后来的经典佚文作注时，就涉及了这个"纤"字，它被大胆地推测为名词，意指白黑经纬交织的织物。这一特别含义仅仅适用于那条颇为可疑的佚文，尽管字典的编纂者也把它收入其中③。所以，这个意义与其说是"纤"字的祖先，不如说是它臆想出来的远房亲戚！

当洛威尔和艾思柯两位合作翻译《松花笺》时，后者的计划是首先尽可能按照字面意义，作逐字对应的翻译，然后最大限度地将字词析为一幅幅本义的画面。接下来，前者将依照以上信息写出草稿，然后把它缩减为一首诗歌。作为一名意象派诗人，洛威尔自然对经剖析而产生的丰富意象倍感兴味。只要想想，"纤"字能被分解出这么多意象，多有意思！通过其良好的诗歌训练和经验，洛威尔的确在《松花笺》中创作出了许多琅琅上口的好诗，自然，它们未必符合其原意。

对杜甫诗的翻译原本也准备由两人合作完成。但洛威尔于 1925 年去世之后，艾思柯女史只好将自己的手稿修订出版。从可读性的角度来看，它几乎不能与《松花笺》中为数不多的几首杜诗相比。我们上面引用的诗行就是这种独特翻译方法所得到的最好结果之一。

---

① 【译者按】《说文》：纤，细也。
② 此人为郑玄，关于他的种种奇思妙想，可以参见我为《礼记引得》所作的序。
③ 丁福保《说文解字诂林》，上海：医学书局，1928 年，5812b—13a。

在别的许多地方,杜甫听上去嘟嘟囔囔,尽说些白痴般的废话。无疑,艾思柯女史对我们诗人的热情,她试图介绍诗人的历史背景和诗歌的美好计划,她在字里行间的小心谨慎,都给我们以深刻的印象。但我们也会疑惑,那些她所选定的诗篇是如何符合她那善良的意图和尽职尽责的努力的? 我们应当明白,正是这种新颖的翻译方法导致了最后的讹误。

在接下来的章节中,我的基本计划在某种程度上和艾思柯女史相似。总的主题是:依照杜甫的生平与时代,将我对杜诗的理解和赏析,加以阐释,并附上我英译的 374 首杜诗。在对杜甫时代的描述上,我将侧重于某些政治、经济和社会的细节,这将使我们更切近地窥见诗人的生平和思想。同时,略去许多制度和人物,它们也许对了解时代的完整图景很重要,但和杜甫关系不大。同样,我会强调杜甫的交游,但又不会涉及那些为数众多却对他并无影响的人物,除非这种交往碰巧能够解决杜诗系年的某些难点。我赞同杨伦对杜诗加以系年的许多观点,杨伦本也是艾思柯女史采用的版本。言及此,不禁想起杜诗中描述他两个女儿的罩袍上补缀的装饰物,杜甫写道:"天吴及紫凤,颠倒在短褐。"(《北征》[89])我试图将这些零散碎片拼缀而成一副杜甫生平的新图景,唯愿能将某些一直被颠倒的细节归于原位。只怕现在呈现出来的图景中仍然存在许多错位。

由于我想将此书保持在一个比较适中的篇幅,所以在挑选杜诗加以翻译时就比较谨慎。含有杜甫生平重要信息的诗篇最先选入。其中某些以文学的视角看来较为平平。只要它们并非伪作,我就出于史料学的缘故选入。相当多的诗篇,因其名气太大,我也酌情选入。诗题后所附罗马数字代表此诗在本书中出现的顺序,同时也意味着杜甫写作它们的时间先后顺序。杜甫知道自己的诗篇将永垂不朽。因此，我选了《偶题》[324]一诗的第一行，附于本书的标题之下。

就翻译而言，我的原则是要说明我所认为的诗人想要表达的意思，这既要对照文本，也要参考历史语境，后者通常将远远超出个人诗歌的范围。诗歌的翻译将不会逐字逐句进行。对汉语白话口语的逐字翻译简单易行；对书面汉语的逐字翻译也是可行的，而且效果不错；但对文言的逐字翻译不但困难，而且容易令人误解。享受一顿社交晚宴，并不需要将桌面的装饰也一并吃掉，而热情和友谊则不可或缺。在典雅的汉语中，桌面装饰往往只是稍加涉及，以满足礼仪上的客套；真正的待客之情在宴会过程中自然会显现出来。

我也发现很难将译文以英语的节奏韵律表现出来。想要避免中国谚语所谓的"削足适履"几乎不可能。因此，我只试图传达杜甫的思想和精神，减少对形式的关注。我的通常做法是先译出自己的草稿，然后拿它与我所能找到的各种译本参照。这些译本列于附录卷中的注释。我对其中大部分译本都要表示感谢，它们常常能给我灵感，刺激我对草稿加以修订。除了大的谬误，我一般对其他译本不予评论。冯·萨克的译本经常给出了其他译本的线索。他的参考书目使我知道了大量不常见的版本，这是我没法从其他途径了解的。撰有中国典籍译本书目的玛莎·戴维斯（Martha Davidson）女史，惠我以大量杜诗译本书目。这些都是我在注释中特别提及的。

还必须提到我的翻译所依靠的杜诗文本。人所共知，翻译杜甫不能仅从一个版本出发。不同的读解需要归类，选择必须要有一定的原则。在《杜诗引得》（哈佛燕京学社，1940年）序中，我曾经对杜诗重要版本的源流关系作过广泛讨论。我提醒过使用钱注杜诗的版本（1667年）时需要审慎，并且使用在它之后的几乎一切版本都需如此，因为它们或多或少都受到钱注杜诗版本的影响。

钱谦益(1582—1664)治学博大精深,文学天分很高,而个性多疑。他对杜诗的阐释作出过某些重要贡献,纠正过许多流传已久的错误观念。他身前身后对杜诗学者的影响既要归功于他的显赫声名,也有赖于他对杜诗研究的真正贡献,更与钱注杜诗版本密不可分。钱注杜诗的版本建立在钱谦益所宣称的1133年成书的吴若版本,此本与诸本在文本上的异文颇令人印象深刻。钱谦益还雇了一位名叫朱鹤龄(1606—1683)的年轻学者,帮他从其他一些版本中捡出更多的不同文本,其中包括收录有杜诗的早期诗歌选集,然后把它们添加到吴若版本。之后,两人为了著述权发生争执,合作告终,每人都各自准备刊行自己的版本。钱谦益的版本直到他死后三年才问世,其刊行被委托给他的一个同宗和学生①。朱鹤龄版本不久之后就问世。两种版本在阐释方面比较而言,钱本更见才气,而朱本更加谨慎。后来的注释者一般不是采用此说,就是采用彼说。

就文本方面而言,普遍认为钱本最好。不过,乾隆皇帝(1736—1795年在位)强烈憎恶对钱谦益的追忆,下令全面禁毁他的文字著述。从1776年到几乎十九世纪末,署名钱谦益或是提及钱谦益的书籍只能冒险通过秘密渠道获得。不过,钱谦益的影响继续存在,尤其是关于杜甫的注释方面。大量新的版本主要遵循钱本,只是不提到他的名字。

据我判断,所谓吴若本及其所载的精彩异文——这一版本仅仅为钱谦益一人独有,之后再也无法找到——是一个相当聪明的赝本,出自1204年的一个剽窃的版本②,又加入了大量的变动。有比较明

14

---

① 【译者按】此人即钱曾,字遵王。其事可参见周采泉《杜集书录》157—164页(上海古籍出版社,1986年)。

② 【译者按】此指蔡梦弼的《杜工部草堂诗笺》有集注之实而无集注之名。

确的证据指出钱谦益本人就是作伪者。我的研究细节及其结论见于
上面提到的《杜诗引得》序①。在此提及这一问题，主要是为了指出
我的翻译与其他译本不同，除了其他一些因素，还要归结于文本基础
的不同。每首诗我都标明其在《杜诗引得》下卷中的页码和序号，该
索引包括了编纂于 1183 年的文本的再版②。我总是优先考虑这一文
本。当异文问题重要到了值得考虑的地步，那我将转而参考钱谦益
本与仇兆鳌本。如果一个理由充分、意义适合的异文出现——也就
是说，在杜诗版本中它所处的位置属于较早的谱系——在经过十三
世纪的伪王洙本③、1204 年蔡梦弼本的确证后（两书皆有重印本，易
得），我才会接受这一异文。《杜诗引得》上卷包含了一份前后对照
表，以给出每首诗在众多杜诗其他版本中的确切位置。

　　举个例子，关于“风林纤月落”一句，仇兆鳌本作“林风”，而非
“风林”。为什么仇兆鳌接受这样的倒置呢？不仅是因为仇兆鳌认为
它更好，还在于钱谦益的“吴若本”指出这一异文出自一个 945 年的
版本！因为我没法通过其他途径证明它，我只能认为它是钱谦益伪
造的，不予置评。

　　我心目中这一卷的读者乃是并非汉学专家的学者。汉学家
自然愿意由汉语原文入手欣赏杜甫。不过，因为我提出了一些关
于杜甫生平和时代的新假说，某些汉学家也许会对此感兴趣，我
欢迎他们的批评。附录卷的注释以及中文索引主要是为了他们的

---

① 【译者按】此说后来得到其他学者如张元济等的辨正，参见周采泉《杜集书录》卷二
　　“《杜工部集》(吴若)”条、卷四“《杜工部集》(钱谦益)”条。洪业于 1962 年所作《我怎
　　样写杜甫》一文也对此说有所修正。
② 【译者按】即洪业在《我怎样写杜甫》一文中提到的嘉庆年间翻刻乾隆武英殿翻南宋宝
　　庆乙酉(1225)广南漕司重刊淳熙八年(1181)之郭知达《九家集注杜诗》三十六卷。
③ 【译者按】这里指包含有伪王洙注的 1216 年初刊，1226 年重刊的黄希、黄鹤《黄氏补千
　　家集注杜工部诗史》。

便利起见①。

　　在重建杜甫生平的过程中,我严格使用当时的地名。在杜甫的 　　　15
时代,一个地名一般都经过三次更改。这些更改及其日期、加上地名
的今称,都可以在索引中找到。地图中地名的标示则参考了近来的
研究成果。我并未在本书中放进杜甫的图片,因为没有任何一张真
正可靠。

---

① 【译者按】此中译本已将附录卷注释(即注疏卷)摘要译出,散为脚注,原中文索引所载
　文献信息多已随文译出,故于此中译本从略。

第一章

記一不識十

——杜甫《送率府程录事还乡》

公元 712—735 年

长安—吴越

16　　在中国，家庭和宗族在一个人心目中占据了核心位置。杜甫的宗族相当显赫。杜氏宗谱宣称其宗族源于远古的尧帝，古史传说系年在公元前 2357—2257 年之间，这个宗族以涌现了许多美德秉耀、功勋卓著的成员而自豪，若干世纪以来，它一直具有高门贵胄的血统。其中，最为著名的当数京兆（首都）杜陵的杜预（222—284），他娶了一位皇室公主，封位侯爵，升迁为军队的最高将领和国家最高行政长官；杜预还留下了一部广为传诵的儒家经典的注释之作①；最重要的是，杜预以其高尚品德和纯醇学识，得以馨享孔庙供奉，受到宗族子孙后代的崇敬。

　　杜甫（712—770，又称杜子美）为这位先祖感到无比自豪，他自承是杜预的十三代后裔。就更为直接的血统传承而言，当时的习俗要求，一个人为了法律的目的，应当将他的世系追溯到曾祖父，而这个确切的谱系也表明杜甫并非出自寒门。杜甫的曾祖父杜依艺担任过巩县县令，这个职位在唐代官僚体制中的品阶属于正第六品上阶，要想从体制的底部走到顶端还需要三十级。杜甫的祖父杜审言，在 670

17 年通过科举考试，经过一段宦海沉浮，于 708 年在国子监主簿任上去世，死后追赠为从第五品上阶的著作郎。杜审言是当时最有名的“文章四友”之一。当杜甫说“诗是吾家事”时，他一定想到了未曾见过

---

① 【译者按】即杜预《春秋左氏经传集解》，唐修《五经正义》、清编《十三经注疏》皆据此书。

的祖父杜审言。

关于杜甫的父亲我们知道得很少。他的名字叫杜闲，见于元稹（779—831）于 813 年为杜甫所写的墓系铭，其中还说到杜闲曾担任奉天县令。这一说法为我们今天所有的杜甫传记所接受，而且目前的倾向还认为杜闲卒于奉天任上。812 年编成的《元和姓纂》（The Compendium of Genealogies）中添加了一条材料，说明杜闲在担任奉天县令之前还曾任武功县尉①。这一点问题不大，因为县尉品阶低于县令，其间有升迁是完全可以理解的。难点出现在杜甫于 744 年为其继祖母撰写的《唐故范阳太君卢氏墓志》中。在文中，杜闲被提到卒于正第五品下阶的任上——即兖州司马。杜甫的注释者和传记作家，没有细读这篇墓志文本，错误地下结论说诗人的父亲在 744 年之前就担任了司马一职，在此之后则担任县令。已故的闻一多教授甚至大胆猜测他很可能死于 751 年之后。

这些学者都忘了细致考证唐代地方官员系统中品阶的相互关系，也忽略了作为编年重要标准的地名会经常发生变化。我的假定是，杜闲进入唐代官僚体系的途径很可能是通过荫补制度②，这一制度允许品阶达到从第六品上阶的官员的儿子通过荫补入仕。在父亲杜审言去世几年之后，杜闲可能被任命为一个品阶不超过正第九品上阶的职位，而武功县尉的品阶是正第九品下阶。没办法断定杜闲在这个职位上待了多长时间，因为尽管官员通过累积循资会得到升迁，但实职不一定紧随品阶变动。当杜闲任职奉天县令时，他的品阶已经达到正第六品上阶。而兖州司马的品阶是正第七品上阶③。因

---

① 参见《元和姓纂》6.26b，金陵书局，1880 年。
② 关于荫补制度，参见《唐六典》2: 6b—7a（30 卷，约 739 页，广雅书局，1895 年）。
③ 【译者按】原文如此。似有误，应为"正第五品下阶"，上下文才贯通。或因此处原文将"step"（倒数顺序）错印为"rung"（正数顺序）而误。

此可见,杜闲的兖州司马任命是在奉天县令之后。742 年,兖州改名为鲁郡,这意味着杜闲的全部仕宦经历和他的去世都应该在这一年之前。

杜甫并未见过自己的亲祖母,即杜审言的第一任夫人薛氏。在生育了三儿三女之后,她于 691 年去世,当时大部分孩子年纪尚幼①。杜审言的第二任夫人卢氏,生育了三个孩子,两女一男。她于 744 年去世,时年六十九岁;在杜甫给她写的墓志铭中称她是一位"秉女仪之标格"的妇人。

就母亲的谱系而论,我们的诗人源出于大唐王朝的李姓皇族。他的外祖母崔氏,是太宗皇帝(627—649 年在位)的曾孙女,太宗是中国历史上最好、最有才干的皇帝。我们怀疑杜甫是否曾经见过这位外祖母,尽管他充满敬意地回忆到她,崔氏曾经英勇地为自己身陷囹圄的双亲供馔,他们是在武则天篡位时期(685—688)率先被投入狱中,随后被处死,在那个时代,李姓皇族的许多王子公主都被扫除殆尽。

杜甫去世之后若干世纪,关于诗人母亲名叫海棠的说法渐渐传开,还有人说她是杜闲的妾。这种说法仅仅是为了解释两个所谓的谜团。我们的诗人在蜀中(也就是今天的四川省)待了差不多十年(759—768),笔下几乎涉及了当地的每一种花草,却没有一首杜诗写到海棠,而蜀地颇因此花之美丽与繁盛而闻名。难道杜甫是在避讳吗?这是一种出于尊重而避免提及特定人名的禁忌,主要用于皇帝和自己直系祖先的名讳。海棠听上去像女性的名字,于是一个十一

---

① 大约在 1917 年,杜甫的叔叔杜并的墓志铭(684—699)出土。此文刊刻于罗振玉《芒洛冢墓遗文续补》(1 卷,1917 年)22b。在杜甫《唐故万年县君京兆杜氏墓志》中,"杜并"被误写作"杜升"。从出土的这篇墓志铭中,我们得知杜审言的第一任夫人卒于 691 年,而杜并生于 684 年,因此其兄长杜闲必然出生于此年之前。

世纪的作家则妄加猜测杜甫的母亲就叫这个名字①。

　　进而，因为杜甫的外祖母是崔氏，他的母亲当然也一定姓崔。但在杜甫为继祖母所写的《唐故范阳太君卢氏墓志》中，提到"有若冢妇，同郡卢氏"②。十七世纪的一个作者于是跳出来作结论说，鉴于杜闲法律上的原配夫人叫做卢氏，那么，杜甫的母亲，婚前名叫崔海棠，仅仅只能是一名妾③。猜测者也许觉得自己实在聪明，因为海棠是一种没有多大价值的普通花卉，以此命名的女子不是奴仆就是姬妾。他忘了公主的孙女、或是皇帝的曾孙女在本朝未曾倒台之前是不允许作妾的。

　　解决这个谜团的办法已经隐藏在杜甫姑姑的故事中了，742年，杜甫为这位姑姑写了一篇美丽的墓志铭，使得她从此不朽④。裴荣期的夫人，杜审言第一次婚姻出生的第二个女儿，可能是对杜甫一生影响最大的女性。杜甫称她为"有唐义姑"，希望她被后代铭记。杜甫从小就被姑姑照料，大概是在瘟疫流行的时期，杜甫和这位姑姑的儿子同时染疾，请来治病的女巫指出，只有被安置在卧室东南角的那个孩子才能幸存。于是，杜甫的姑姑把自己的孩子移出东南角，而把幼小的杜甫安置在那里，杜甫说："我用是存，而姑之子卒。"姑姑的性格可以解释我们诗人一生中作出的许多决定，在那些决定中杜甫都有意选择了自我牺牲。这个故事碰巧也说明了杜甫和亲生母亲的关系，她从未在杜甫的文章和诗歌中被提到：杜甫的母亲一定是在生

19

---

① 晚唐薛能作于867年的《海棠》诗并序（《全唐诗》卷五百六十）首先提出这一疑问。北宋李颀《古今诗话》（《笑林广记》前集卷二引）则推测说："杜子美母名海棠，子美讳之。故杜集中绝无海棠诗。"

② 【译者按】也就是说，她的嫡长子媳妇（杜闲的妻子）是卢氏，参见陈贻焮先生《杜甫评传》第二章《童年琐事》之"杜母小议"（上海古籍出版社，1982年，第22—24页）。

③ 参见徐如翰序薛益《杜工部七言律诗分类集注》（2卷，1638年）；以及钱谦益20.18a—b。

④ 【译者按】即《唐故万年县君京兆杜氏墓志》。

下杜甫之后不久就去世了。杜甫对她没有任何印象。

那么,杜甫是杜闲的崔氏夫人的唯一儿子吗? 杜甫同时代的人有时会称他为杜二①。这迫使我们不得不设想他应该有一个哥哥或是堂兄。《旧唐书》提到杜闲是杜审言的第二个儿子。这可以证实我们的设想,杜闲有一个兄长,这个兄长有一个比杜甫年长的儿子。但是,关于杜闲是杜审言的二儿子这一点并未得到编纂于 812 年的《元和姓纂》的证实,并且也不为杜甫撰写的《唐故范阳太君卢氏墓志》所支持。因此,我们只能推想,杜甫有一个兄长。因为这位兄长并未被杜甫的诗文提及,我们进一步猜测他一定在很小的时候就去世了。

根据我对史料的阐释,杜闲的卢氏夫人只是杜甫的继母,在杜闲的第一个妻子崔氏去世之后过门。在杜诗中,三个弟弟和一个妹妹常被饱含感情地提到。这些孩子无疑是杜闲和第二个妻子所生。然而,对于直到 744 年仍在世的这位继母,杜甫诗文中保持了完全的缄默。我推测,这种缄默相当雄辩地说明我们诗人的童年、青年和成年初期都没有在家中度过。

我们不能确知杜甫的出生地。汉语文献中的"籍贯"含义颇为模糊。它可以确实指为出生地,也可以暗指选择永久居住的地点,家族祖产所在地,或者宗族的发源地。在正式文件中,我们的诗人称自己是京兆杜甫,在他的时代这是唐帝国的首善之区,包括闻名遐迩的长安和二十来个辖区。这些辖区的头一个是万年,其下有杜陵,位于都城南边仅数英里之遥。在诗中,杜甫称自己为杜陵野老或少陵布衣——少陵是杜陵旁边一块稍微隆起的区域。被提到的京兆也许仅仅是宗族的发源地。在杜甫的时代,他的许多族人确实居住在杜陵,

① 此点可参见严武、高适和贾华写给杜甫的诗篇。

但直到杜甫四十岁初年在此地获得一些田产之前，他是否在这里居住却是个疑问。

在距离长安东边约300英里的偃师那著名的首阳山脚下，埋葬着杜甫显赫的祖先杜预；同样葬在此地的还有他的祖父、祖母，如果我没有猜错，他的父母也葬于此。杜甫在此地筑室，拥有一些田地。他和他的兄弟们可能在这里居住了一段时间①。因为这是河南的一个辖区，与东都洛阳的西部接壤，一些学者随之推想洛阳是他的故乡。但杜甫自己可不这么想，在写给李白的第一首诗中他一开始就说"二年客东都"（《赠李白》[9]）。

尽管《旧唐书》（945年）和《新唐书》（1060年）中有杜甫的传记，但仍然不断有人试图证明襄阳（洛阳南边大约275英里，略微偏西）就是我们诗人的故乡。但不论在杜甫或是他的祖父杜审言的诗歌中，襄阳从未作为家乡或祖庙的所在地被提及。无论怎么解释，我们都没有权力把襄阳视为杜甫的故乡，因为他把自己看作是其他地方的人。现代学者们还有一种倾向，认为巩县——偃师东边的一个区域——是杜甫的家乡。这一推断是因为杜甫的曾祖父杜依艺曾经做过巩县县令，他的家庭就继续居住于此地。但在杜甫的作品中也没

---

① 关于偃师的行政区划，可以参见《偃师县志》（30卷，1788年），卷25，41a—42b；卷26，29b—40a。从杜甫为继祖母所写的墓志铭中，我们清楚地知道，杜审言和他的两个妻子都埋葬在偃师西北8英里处的首阳山东麓。在杜甫写给杜预的《祭远祖当阳君文》中他说自己已在首阳山下建筑了一所房舍。而在写给河南尹韦济的诗《奉寄河南韦尹丈人》中，杜甫说自己"尸乡余土室，难说祝鸡翁"。这首诗的题下自注说："甫故庐在偃师，承韦公频有访问，故有下句。"古代尸乡亭据说在偃师西边6.5英里处（参见《后汉书》卷29，7a）。偃师在洛阳东偏北23英里处，区域的西边离此地首府所在城池只有12英里远，可见尸乡亭离洛阳西边很近。767年，杜甫居住在夔州时，曾让一位将要前往洛阳的孟姓朋友捎信到土娄庄。在《偃师县志》（1788年）中，土娄庄在偃师城西4英里处。因为偃师，尤其是土娄庄，离东都洛阳如此之近，所以杜甫的家乡在某个意义上可以说是在洛阳，正如今天一个居住在马萨诸塞州剑桥的居民也可以被认为是居住在大波士顿一样，不过，杜甫在讲到洛阳时从未用过"返回"或"归家"这样的辞句。

有这种迹象①。

　　我们也不清楚杜甫的生日。学者们花了几百年时间去断定杜甫的确切生年——712 年②。但 712 年是唐代历史上最为扑朔迷离的年份之一，一个人稍不小心就会弄错在位的皇帝，或者皇帝在位的时间。712 年 3 月 1 日之前，属于唐睿宗景云二年或三年。从 3 月 1 日起，到 4 月 20 日止，属于睿宗太极元年。从 4 月 21 日起③，到 9 月 11 日止，属于睿宗延和元年。从 9 月 8 日开始，睿宗传位于其子玄宗，也就是唐明皇，但直到第二年(713 年)7 月 31 日，他才放弃了某些最重要的政府权力。712 年 9 月 12 日至此年结束，都属于另一时期，即玄宗先天元年。到底是在哪个皇帝在位期间？史学家可以在睿宗和明皇中随便挑选。传记作家和注释者们一般都会说，杜甫出生在睿宗或明皇的先天元年。这无疑带有碰运气成分，因为我们没法知道杜甫出生的月份、日期，甚至是季节。

---

① 关于襄阳和巩县(在河南境内，偃师东边 8 英里处)，参见《襄阳县志》(7 卷，1874 年)卷 6，23b—24b，《襄阳府志》(26 卷，1895 年)卷 23，28a，《巩县志》(26 卷，1928 年)卷 4，9b，30b；卷 24，17a，卷 25，20b；卷 26，13b，20a，21b，29b，46b，53a，《河南府志》(116 卷，1867 年)卷 65，18a，卷 74，3b。杜甫诗中从未提及襄阳是自己的故乡或是家族发源地。而杜审言有一首著名的《登襄阳城》，首句就说"旅客三秋至"。而在《春日怀归》中，杜审言说"桑梓忆秦川"。《元和姓纂》把杜甫归在襄阳。《旧唐书》则说杜甫的祖先发源于襄阳，而后迁到巩县。这些若干世纪以来不断重复的模棱两可的说法使得学者觉得有必要把它们和杜甫自己的叙述相协调，于是就出现了一个三头怪论：杜甫的先祖在秦川，而他的五世祖居住在襄阳，其曾祖父则迁到巩县。可能是考虑到这还不足以将杜陵包括进来，于是又简单地宣称杜甫出生于秦川的杜陵。

② 杜甫生卒年的确定经历了一个很长的时间。元稹称杜甫五十九岁去世——日期不详。《旧唐书》说杜甫 766 年去世。尽管王洙的序对此表示怀疑，指出杜甫的一首诗系年在 770 年，《新唐书》则把杜甫的卒年放在大历年间(766—779)。吕大防计算得十分精确：712—770 年，尽管他把 49 和 47 这两年错认为是 50 和 48。吕大防的这一点小瑕疵误导赵子栎得出了 713—771 年的结论；但这一错误很快就被蔡兴宗和鲁訔所纠正。因此，可以说这个问题在十二世纪中叶就解决了，事实上，712 和 770 以后被中国文人普遍接受。

③ 【译者按】根据两《唐书·睿宗本纪》记载与陈垣《二十史朔闰表》的换算，"4 月 20 日"和"4 月 21 日"的日期似有误，此处姑从洪业原文。

从杜甫后来的诗歌回忆中,我们能勾勒出他早年生活的大致轮廓。767 年的冬天,在夔州一个朋友的家中,杜甫看了李十二娘的舞剑器,这使他回忆起五十一年前在郾城所看到的同样的舞蹈,舞者是李十二娘的师父公孙大娘①。一个早期的传记作者(吕大防)相当疑惑一个四岁儿童能有这般观察事物的天分。而另一个稍后的杜诗编纂者(钱谦益)指出存在异文,使得时间可能由 715 年变为 717 年②。对我来说,没必要去假设一个人不能记住三岁时令人印象深刻的经历,也不必排除这样的可能性,在幼年时期的此类经历能够在一个人长大之后仍然保持鲜活,可以被娓娓道来。需要说明的是郾城在洛阳东南约 159 英里,与杜闲任职之地并无关涉。也许杜甫仍然和姑姑在一起,可能裴荣期这时是郾城的一名官员?不过我们没有这方面的任何文字依据。

在一首题为《壮游》[211](我将此诗系年在 761 年)的长诗中,我们能找到杜甫对青年时代的大部分回忆。他在诗中说自己"七龄思即壮,开口咏凤凰",凤凰在儒家传统中是治世的先兆。"九龄书大字,有作成一囊。"如果我们相信他的话,那么十四五岁时,他已经"出游翰墨场",两位当时的著名文人(崔尚、魏启心),甚至将他比作古代文学大师(班固、扬雄)的再生转世。

不幸的是,我们对杜甫在哪里以及如何受教育的情况一无所知。当然,八世纪时唐代教育制度与二十世纪的公共教育制度有很大不同,后者在某种程度上受到了欧美模式的影响。大唐帝国确实有一个公立学校系统,但它只对特权阶层的子弟开放。不过,这种学校只收十三岁以上的学生。因此,我们诗人的早年教育可能是在一所私

---

① 【译者按】即杜甫作《观公孙大娘弟子舞剑器行并序》。
② 关于此点,参见我在第十一章中对诗篇《观公孙大娘舞剑器行并序》[330]的注释。

立学校中完成的，一般来说，这类私塾由一些能够负担得起聘请老师费用的家庭联合开设，以便对孩子进行文献经典的开蒙。在唐代科举考试中，候选者或者由公立学校选送，主要参加以儒家经典为内容的明经考试，或者由各州郡选送，主要参加以诗赋写作为主的进士考试。因为在《壮游》一诗中杜甫提到他被家乡所在州郡选送参加进士试，我们可以确定杜甫在年满十三之后并未进入公立学校①。（但他一定进入过某个学校学习，因为在一首作于766年的诗歌当中②，杜甫写到："同学少年多不贱，五陵衣马自轻肥。"这促使我们猜测他的学校教育至少部分是在京兆完成的。实际上，因为在另一首晚期作品中，杜甫还将自己老于夔州的情况与在渭水北部度过的童年相比，我们还可以推断诗人的部分教育完成于武功或奉天，两地都处于渭水北部，而且隶属京兆，距长安大约50英里。)③

如果杜甫的文学天赋在十三四岁时就足以打动当时的某些著名文人，那不仅意味着出色的文学禀赋，也说明极不寻常的刻苦学习。当然，这并不能够说明他缺乏孩童的天性。在另一首含有童年追忆的诗篇（《百忧集行》[182]）中，他回想起十四岁时自己"健如黄犊走复来"，为了采摘梨栗，"一日上树能千回"。

杜甫将自己饮酒的习惯追溯到年轻时期，他说自己需要以酒来消释胸中因强烈的怨嫉而堆积的块垒（"性豪业嗜酒，嫉恶怀刚肠"）。我们有点疑惑，一个十几岁的孩子能有怎样的怨嫉。源于家庭，或是社会？无论如何，杜甫说自己不和那些看似聪明的浅薄之人同游，而乐意与老辈交往（"脱略小时辈，结交皆老苍"）。在酒兴带

---

①　关于杜甫时代的学校和考试制度，参见《新唐书》卷44，2a，3a；des Rotours（2）136，143—44；《登科记考》（徐松，30卷，1838年）卷28。

②　【译者按】即杜甫《秋兴八首（其三）》[283]。

③　【译者按】洪业先生在1969年版中将括号内的这段话删去。

来的欢快情绪中,杜甫和他的老辈朋友们向整个宇宙和一切俗人投去不屑的目光,直至他们在自己眼中消散无踪("饮酣视八极,俗物皆茫茫")。我们需要知道,八世纪时可没有我们现在的禁酒法令。在中国,无论从道德或是身体层面出发,适当饮酒都不会受到谴责。甚至孔子也被传说为没有限度地饮酒,尽管他总是有所节制。在杜甫的时代,一般是把酒温热之后再喝的,就像跟今天的中国一样,酒劲来去都很迅速。像杜甫《饮中八仙歌》中描述的那种过量饮酒比较少见,即便如此,这种近乎素乱的沉迷于酒也被普遍视为乐观旷达而非受到强烈反对。在喜庆场合,酒总是能够助兴。在杜甫的诗歌中,新春佳节有椒酒和柏香酒;重阳节(九月九日)有菊花酒和竹叶青。这类家酿被认为对健康长寿有益,甚至儿童也被允许喝上一点。因此,八世纪的某些老辈会鼓励年轻的杜甫饮酒,对此我们没必要惊讶①。

当杜甫十九岁左右,就已经开始漫游了。那个年代,没有蒸汽、电力的交通工具,在中国旅行缺乏速度和舒适。如果一个人不想步行、涉水或游泳的话,马、驴、木制舟车是唯一的旅行方式。但杜甫早期为了散心的旅行与他后来不得不进行的迁移还是不一样。不但旅行的目的不同,而且时代也完全变了:早期充满了平安、繁荣和一路好客的景象;后期遇到的则是战争、贫穷和劫掠。

不幸的是,我们对杜甫初次旅行的细节了解得很少。我们只能猜测为什么一个孩子会被允许离家这么久远? 也许,那时的人认为对一个年轻人来说这是一种足够安全和值得体验的经历,对家族的亲属,尤其是杜甫的继母来说,这也是对某种紧张情绪的放松。不管怎么说,杜甫终于出发了。他渡过黄河,游览了蒲州的猗氏,我们仅

---

① 关于儒家对饮酒的态度,参见《论语注疏》(20 卷,何晏注,邢昺疏)卷 10,4a。

仅从后来诗篇中偶尔的提及才知道这一点。我们还知道杜甫对唐帝
国的东南沿岸做过广泛的游历,游览了苏州、杭州、越州、台州的名胜
古迹,英雄与阴谋,雅致与风俗,今昔对映,不胜感慨。这次游历结交
的朋友,杜甫在三十多年后还饱含感情地提到,有一位江宁的庄严僧
人①,杜甫与他诗歌唱和,下棋,泛舟。这次南方的游历可能花了好
几年时间。杜甫甚至想沿着扬子江顺流南下。他还雇了一条船,希
望能航行到东海的扶桑岛。但最终不得不放弃了。为什么?难道是
家中来信催促他回去,以便准备州郡和全国的贡试?在一切事务中,
似乎只有这件事情有足够理由使得他在 735 年的晚些时候回到长安,
参加 736 年春京兆为选拔参加全国贡试的乡贡进士而举行的解试。

　　这次南方壮游结束时,杜甫已经年满二十四岁了。毫无疑问,他
一定已经写下了不少诗文。除了一首偶然保留下来的小诗之外,它
们都没能呈现在我们今天所见的杜诗版本中②。

24　　　夜宴左氏庄[1]
　　　风林纤月落,衣露净琴张。暗水流花径,春星带草堂。
　　　检书烧烛短,看剑引杯长。诗罢闻吴咏,扁舟意不忘。

　　我们不能确认这位左氏是何许人也,也不知道左氏庄的地理位
置,甚至也不能确定杜甫写作此诗的时间。在诗歌竞赛中,蜡烛常常
是为了标志时间底线。剑也许是传家之宝,可能还是诗歌吟咏的主

---

① 【译者按】见杜甫《因许八奉寄江宁旻上人》[106]。
② 二十年前,我遵循前人注释,认为杜甫在 712 年至 735 年的诗歌都没有保存下来。现在
　我改变了这个观点,将此诗系年于 735 年。因为诗中提到了吴地方言("吴咏"),这使
　我相信此诗作于东南游历时期。它甚至可能是 735 年之前写的。杜甫"检书"、"看剑"
　也许跟他即将返回、准备科举考试有关。我甚至认为也许《江南逢李龟年》[367]这首
　诗也最好系年在 735 年之前。参见我在第十二章对该诗的讨论。

题。在诗歌用事中，作为惯例，书、剑常常指一个人做好准备要为他的国家贡献自己的才学与力量。公元前五世纪，范蠡帮助越王勾践打败吴王夫差，他放弃了对他非凡功业的一切报酬，驾着一叶扁舟离去，从此再没有回来。苏州、杭州和附近州郡的吴方言与首都以及其他北方地区的方言有很大不同。因为杜甫在南方已经游历了好些时候，也许有几年了，他可能已经学会了足够多的吴方言，能够理解吴咏——换句话说，能确切地了解并被范蠡功成身退的故事打动。我们的诗人是否已经想到了科考之后进入仕途的机遇？这次原计划中的浮海之航因科考而被迫推延到不可知的将来，他是否为此感到遗憾？我倾向于认为，如果将此诗系年于南方游历结束的 735 年暮春，它将变得极富意味。

　　这一早期阶段（712—735）还有没有其他作品？它们也许仅仅是散佚了，就像杜甫其他时期的许多作品一样。杜甫也许在晚年时发现这些诗作不符合其标准，故而将它们删汰了。不幸的是，由于这些诗篇的散佚，我们只能通过杜甫晚期诗文中的回忆和偶尔提及去重新建构其早年生活。我们缀拾的只是零星片段。借用一句脱离了上下文语境的杜诗，我们甚至可以说："记一不识十。"

第二章

快意八九年

—— 杜甫《壮游》

公元 736—745 年

长安—兖州—偃师—洛阳—陈留—兖州

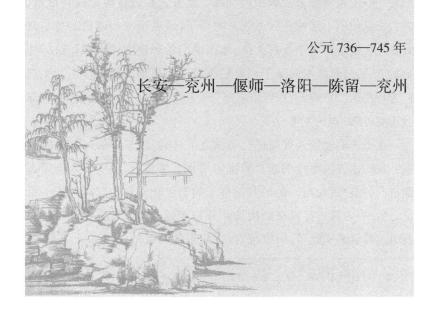

　　在杜甫的时代,唐帝国有前途的学者们都立志要通过进士科考①。科考告捷之后会有官方任命,由进士科入仕通常会在官僚体系中升迁较快。每年,仅仅只有大约三十人能够从好几百名候选人中脱颖而出。成功的难度极大地增加了进士科的荣耀和诱惑力。

　　一个学者必须首先申请参加州郡举行的初试,从而获得参加全国考试的候选人资格。州郡试的科目与全国考试的科目类似:首先是诗赋;然后是五篇策论,以当下政府面临的现实情况为主题;接下来是一些儒家和道家经典中的问题。地方官在选拔时会极其审慎,因为一旦他们不能选拔真正优秀的举子,或者经他们选拔的举子有太多人在进士科考中表现欠佳,那么他们的磨勘考评会被记过。仲冬时节,通过州郡考的举子们要到政府的相关部门登记造册。全国科考将在第二年春天举行,由吏部分管科考的部门的主要长官(吏部考功员外郎)担任主考。

　　在举子们被锁入贡院进行考试之前,他们在长安如何打发时间呢?我们也许以为他们能忙着温习书本。事实上,很少有人会这么勤奋。一般来说,当时的风气是举子们会忙着作自我宣传。若干世纪之后,对考卷进行糊名的措施才开始实行。因为考官能够直接在卷面上看到举子姓名,所以很自然,如果他们碰巧认识举子本人,或

---

① 关于唐代进士科的魅力所在,参见《通典》卷84。

者认识举子的权贵亲属、引荐者，或者了解此人的文学声名，他们的判卷就会在某种程度上受到影响。这样的风气助长了举子们提升自己声名的行为。在长安，春天成为一个寻欢作乐的季节，无数的宴会在举行。如果一位才学之士写出了一首敏捷之作，它很快会被传诵在歌妓们嘴边；这是获得名声的最好途径之一。不过，大多数学者们会把时间用来拜谒达官贵人，他们有着或真或假的文学兴趣。以寻求批评和指导为借口，一个举子可以向官员行卷，卷中抄录了他的诗文之作。如果这位显贵碰巧被一段文字、一联诗语所打动，他可能会对朋友们引述，而作者的声名就这样很快传开了。

　　那么，735 年的晚冬和 736 年的初春，举子杜甫在长安做些什么呢？我倾向于认为他没怎么宣传自己。他可能觉得没必要这么做，因为他完全有信心以真才实学在考试中赢得至高荣誉。后来的两首诗告诉我们①，在考试之前，杜甫就已经读破万卷书，下笔行文，如有神助。杜甫只拿自己与前代最优秀的作家相比，对于与同时代的人竞争，他毫不畏惧。当然，这些回忆可能会有诗歌的夸张。至少，环境会赋予他这些少年轻狂。难道他不是杜审言的孙子吗？那可是以文学技艺自诩、瞧不上一切对手的大诗人。难道他不是京兆选送的举子吗？京兆的中心城市长安可是整个帝国的文化和政治中心。来自这座伟大城市学术和智慧宝藏之外的"蛮荒之野"的举子就有八千之众。自然，京兆的选拔考试极其严格。事实上，成为代表京兆的举子本身就已经是一种杰出荣誉了，京兆举子很少听说不能通过全国科考的。再说了，我们的诗人在这座城市并不缺乏声名。在老辈官员中，有李邕和王翰，两人都是成名已久的文人。杜甫并未拜访二

---

① 【译者按】即杜甫《奉赠韦左丞丈二十二韵》[25]、《壮游》[211]。

人,但李邕自己要求与他见面("李邕求识面"),王翰甚至希望能与这位骄傲的举子住得近一些("王翰愿为邻")。

736年的科举考试颇为有名,因为一次激烈的争论导致了后来的科考改由另一个部门掌管。这次科考的主考官是考功员外郎李昂,此人性格刚急,想标榜自己完全以卷面的优劣来评判试卷。他毫无必要地将举子们聚集起来,批评那些试图通过其他途径影响他的举子的文字疏漏。其中一名被他批评的举子请求道,对于这样尖锐的批评,可否采取"来而不往非礼也"的回应。李昂怒气冲冲回答说:"有何不可?"这名举子引用了下面两句:

耳临清渭洗,心向白云闲。

并问道,这著名的两句是否是这位大主考所写。"是的。那又如何?"举子继续说,洗耳的故事来自古代隐士许由,他洗耳是为了不想听到皇帝将禅让帝位于他。举子问道,一个人是否可以假设当今皇帝会传位给他? 主考官又怒又怕,眼泪都快流出来了。李昂转而向朝廷抱怨,而这导致了那位不顺从的举子被关押。但皇帝也因此觉得考功员外郎的声威不足以使举子们敬畏,他下令从今以后由一名礼部副长官(侍郎)担任科考主考官①。

杜甫某句诗曾透露,他在这次人事变动之前就已经参加了科考("忤下考功第")。他还进一步说,这次科考失败之后,他曾经"快意八九年",之后才于745年再次返回长安。我们这里把此次考试的时间放在736年,而不是通常的735年。

---

① 【译者按】此事见于《大唐新语》及《唐摭言》。又,诸家多将杜甫首次参加科举的时间定在孙逖知贡举的735年。洪业先生定其事于736年,是颇具慧眼的创见。

　　杜甫没有通过科考。我们并不知道为什么。我倾向于相信我们的诗人自己也难辞其咎。杜甫生在这样的时代,唐代伟大的文艺复兴正在形成。散文方面,古文复兴运动尚未达到其顶峰,那要到杜甫之后的半个世纪。杜甫本人受新潮流的驱使,正试着用汉代(前206—前 220)文学大家的文体写作。保留在杜甫集子的三十二篇散文中,确实有一些在思想和形式上都充满活力。当然其中也有一些因为尝试而显得不够流畅、过于枯涩,有些段落几乎难以句读。在诗歌方面,杜甫取得了最高成就,在他的笔下,激情升华崇高,痛苦愈转深沉,他的诗歌变化多方,格律森严,用事精准,他还创造性地采撷俗语入诗。但是,他的大部分诗歌缺乏那些易受欢迎的通俗特质——简单的措辞,流畅的意思,迅疾的节奏——这些因素容易立刻被人关注,引发赞美。只有经过长时间的研习之后,读者才能学会欣赏杜甫的诗歌。杜甫广泛的阅读经验也助长了他使用隐晦典故的习惯。有许多诗行经过上千年的博学之士的努力也仍未能被读解。

　　杜甫在考试中如何写作他的诗赋呢?难道他只写自己想说的和自己擅长写的吗?或者他只写主考官能够理解和愿意阅读的吗?我恐怕他选择的是前者。在这种情况下,杜甫的成败就必须取决于他的主考官是不是碰巧有学识,并且愿意耐下性子去评判他所写的诗赋。

　　当然,失败是始料未及的。《壮游》中有一句诗说到:"独辞京尹堂。"这里的"独"包含了沉痛的哀伤。所有其他来自京兆的举子都通过了考试;一些人已经接到了任命,其他人正在等待任命;他一个人却失败了,玷污了京兆举子那令人艳羡的声望。

　　这不仅是对京兆说再见,还是对一切朝廷事业和科考的告别。尽管杜甫怀着极其沉重的心绪离开了京兆,这之后的生活仍然经历丰富,使得他在晚年仍怀着眷恋追忆。他把离开长安到再次回

28

来之间的这段时期称为"快意八九年"。因为我们知道杜甫后来回
到长安是在 745 年初冬，因此这次离别可能在 737 年初。在科举失
败和最终真正离开之间的这段时间，杜甫做了些什么呢？我们一
点也不清楚。

当然，他得面对失望的父亲和继母。这次见面应该发生在 737
年春夏的兖州（在长安东北大约 632 英里），杜甫的父亲是此地的司
马。这是杜甫集子中可以系于此年的一首诗。

登兖州城楼[2]

东郡趋庭日，南楼纵目初。浮云连海岱，平野入青徐。

孤嶂秦碑在，荒城鲁殿馀。从来多古意，临眺独踌躇。

29　　杜甫很可能没有在兖州逗留多久。他常常离开父母去漫游遣
兴。这里我们要停下来问了：费用是家里提供吗？他父亲的收入足
以供他在南方漫游数年；没有理由揣测家庭收入现在会减少。事实
上，我们可以作一个大略的估计，这个时候杜甫的家庭与唐代一般家
庭的经济状况相比如何①？

一般家庭可能是七口务农之家，有田地 300 亩，年产谷物 160 斛
左右。其中三分之一的谷物作为食物，剩下部分换成货币，用来买其
他生活必需品和奢侈品，用来交纳国家的各种捐税。杜闲的家庭是
官员家庭，免去了捐税和服役。作为兖州司马，杜闲可以拥有两份田
产，得到两份收入。如果我们计算他从田租中得到的收入，如果我们
以谷物为单位计算他的所有现金收入，那么杜闲从自己职位得到的

---

① 　关于唐代的经济体系，可参见《通典》卷 2—12；《旧唐书》卷 48—49；《唐会要》卷 84—
93；《新唐书》卷 51—55；以及日本和西方学者的相关论述，等等。

收入大约是 1796 斛——换句话说，是一般正常家庭收入的 11 倍①。

这个计算还没包括当地政府提供给杜闲的房舍——或者马匹，办公费用，以及其他特权和服务。我们还没有算上杜闲从父祖那里继承来的土地和财产，以及他自己的积蓄和投资；我们猜测他从这些资源中获得的收益足够负担生活在汴州（陈留）的继母卢氏，以及她的孩子，可能还有杜闲的两个寡居的弟妹。杜闲在兖州的家包括他的妻子和孩子们，也许现在有五个孩子。让我们推测他有五个奴仆，依靠他的收入生活。因此，兖州家中应该有十二个人，但杜闲的收入足以负担这个数目的好几倍。当然，他完全可以负担得起大儿子杜甫的旅行费用。

杜闲的资助一定非常大方，因为我们知道杜甫以一种相当奢华的方式旅行。他衣轻裘、策肥马。在兖州北部和西北部，杜甫花了大部分时间去观光和狩猎，这一带在黄河峡谷的两岸，在战国时代（前403—前222）被称之为齐、赵。这些地区今天不是狩猎的好场所，但在杜甫的时代，中国人口只有现在的十分之一（740 年的人口普查结果是 48 143 609）。乡村地区一定还被浓密的森林覆盖。在《壮游》一

---

① 为了计算 737 年杜闲一家的经济状况在整个唐帝国当中的层级，我采用了 25 年后一次廷辩的某些论证（《新唐书》卷 54，11b—12a），其中认为每人年平均的谷物消耗量是 7.2 斛，这是其生活资料总量的三分之一，其他的东西包括衣物、社会及其他消费。据说，每亩地年产谷物约二分之一斛，而普通农业家庭的人口是 7 人。因此，一般农业家庭的年消耗量是 151.2 斛，需要土地 302.4 亩。据《新唐书》卷 52（2a—b）记载，一个七口之家的所得土地是 260 亩，如果加上 40 亩继承来的土地，则是 300 亩。杜闲作为官员，其家庭还可以免除租赋劳役。官员俸禄是随官阶变化的。作为兖州司马，杜闲可以获得两份土地，一份 700 亩，任期内占有，一份 800 亩，终身拥有。他每年获得两种俸禄，一是320 斛谷物，一是 110 400 枚铜钱。他还能享有 25 名仆人的免费服务。如果他用货币折算这些仆人的服务，那他还可以获得额外的 49 000 枚铜钱。如果把钱币都折算成谷物（普遍价格是每斛 130 钱，尽管那时在偃师是每斛 30 钱），并假设土地租金是收益的三分之一，我们认为在杜闲的 320 斛谷物俸禄之外他还能额外得到 1 476 斛。总数是1 796 斛，这是一般家庭收入的 11 倍。这个计算当然是粗略的。但是它足以表明杜闲完全能够资助杜甫的生活开支。

诗中,杜甫回忆自己射飞鸟、逐走兽、呼猎鹰,纵横山林间。很可能在这段时间里杜甫学会了马术和箭术,这两项技艺都不是学校的科目,他颇为自得,直到晚年身体欠安时都还想要展示一番。正是这个时期他与一位年长的学者——苏预(源明)——结下友谊,苏预带他狩猎,并且认为他是一名令人愉快、技艺精湛的好猎伴。

再一次很不幸,我们没有更多杜甫写于这一时期的诗歌。下面三首诗歌可以系于此年。杜甫可能在离开兖州之前、或者在他开始北行之后,就写了《望岳》[3],因为泰山距兖州北边仅 10 英里之遥。在诗中,杜甫暗示了自己攀登绝顶的愿望。这一愿望,根据后来的一首诗歌回忆,他确实完成了。但在现存杜诗当中,找不到一首作品能够描述他在泰山绝顶上的所见所闻。

《房兵曹胡马诗》[4]与《画鹰》[5]可以归在诗人生平的其他某些阶段,但它们看上去最好还是放在这段呼鹰走马的漫游时期。

望岳[3]

岱宗夫如何,齐鲁青未了。造化钟神秀,阴阳割昏晓。
荡胸生层云,决眦入归鸟。会当凌绝顶,一览众山小。

房兵曹胡马诗[4]

胡马大宛名,锋棱瘦骨成。竹批双耳峻,风入四蹄轻。
所向无空阔,真堪托死生。骁腾有如此,万里可横行。

画鹰[5]

素练风霜起,苍鹰画作殊。㧐身思狡兔,侧目似愁胡。
绦镟光堪摘,轩楹势可呼。何当击凡鸟,毛血洒平芜。

当然,杜甫并未将八九年时间都花在观光和狩猎上。我们不能 31
确知他的这种生活何时不得不告一段落。我推测,他父亲在 740 年
去世。因此,杜甫不得不返回兖州,处理父亲的事物,张罗葬礼的安
排。最适当的安葬地当然是在偃师的家族墓地,他的祖父母,也许还
有他的母亲,都葬在那里。现在,作为一家之长,杜甫不得不为他的
继母和家庭其他成员找一个地方安置。偃师自然是首选。这个家一
定在那里已经有了一些产业,因为那里是家族墓地所在,儒家信条中对
先祖的祭祀需要经常拜谒墓地,尤其是在头二十七个月的服丧期中。

这个假设有助于说明为什么杜甫出现在偃师,并在首阳山下修
筑了房舍。741 年,新舍落成,杜甫写了一篇《祭远祖当阳君文》,祭
祀祖先杜预。这篇文字似乎能说明,他现在是一家之长,他和弟兄们
正居住在偃师。因为偃师距洛阳东北仅 23 英里,杜甫深爱的姑姑,
裴荣期的夫人,也在那里生活,这很自然使人推想杜甫会时常前去拜
望她,当然,这位姑姑可能已经年老羸弱了。如果杜甫从偃师到洛
阳,他很容易就会经过一座著名的为太上老君而建的寺庙。我们在
杜甫作品中发现了《冬日洛城北谒玄元皇帝庙》[6]一诗。他何时写作
此诗很重要。我们想要知道在杜甫一生中,他最早于何时就开始在
内心斗争,试图在入世的儒家信仰和神秘宗教之间保持平衡,这在此
诗中表现得颇为明显。我们想知道这一时期杜甫遇到什么样的个人
问题,使得他在这首诗的最后几行中暗示他陷入了进退两难的境地。
尽管 1226 年的注家将此诗系年于 749 年①,并得到了普遍接受,我仍
认为其论据并非无懈可击。一方面,诗题提供了确凿证据。如果此
诗作于 749 年,就会引起一个疑问,杜甫应该称玄元皇帝庙为太微

———————————

① 【译者按】即南宋黄鹤《补注杜诗》系年。

宫。仅仅在很短的一段时间,即741年初春至742年晚秋之间,这座建筑的官方名称才是我们诗人在诗题中采用的"玄元皇帝庙"。杜甫的拜谒一定在741年岁末,因为这首诗很明显作于冬季。

这是一系列"劝百讽一"诗歌当中的一首。道教受到唐代皇帝的一贯支持。早在620年,唐代第一个皇帝就被告知他是老子的后裔,根据传说老子被认为姓李。到了666年,这位与孔子(前551—前479)同时而稍年长、著有《道德经》的古代哲学家被赠予"玄元皇帝"的称号。唐明皇在733年还刊行了他自己对此书的注释,并下令在所有学校中学习。正史中的第一部、司马迁(前135—前87)的《史记》没有给老子一个显耀的位置,被认为是一个很大的缺陷,因此在735年皇帝下令对此书的章节顺序重新加以编排。老子学派地位的逐渐提高,随之带来了欺世盗名之徒伪造的种种不可思议的奇迹和神谕。

杜甫,一位伟大的儒家经典学者杜预的后裔,会怎样看待老子学派呢?他不会对它有敌意?但杜甫永远不会是那种正统的儒家学者,他们对一切其他学说都皱起眉头。再说了,杜甫生活在这样一个时代,道教炼金术和寻求长生流行在每个人的思想中,我们很快就能看到,杜甫自己有一段时间也受到这种思想的影响。但是作为一名勤勉且敏锐的学者,杜甫不可能不知道,正如《道德经》所说,清空了一切实在与虚无的"谷神"对于整个大唐帝国的尊严和财富而言并无用处。这首诗的最后两句带有迷人的暧昧意味。"拙"字更像是诗人的夫子自道。他已经开始想到要离开偃师的家了吗?

冬日洛城北谒玄元皇帝庙[6]
　　配极玄都閟,凭高禁御长。守桃严具礼,掌节镇非常。

碧瓦初寒外，金茎一气旁。山河扶绣户，日月近雕梁。

仙李蟠根大，猗兰奕叶光。世家遗旧史，道德付今王。

画手看前辈，吴生远擅场。森罗移地轴，妙绝动宫墙。

五圣联龙衮，千官列雁行。冕旒皆秀发，旌旆尽飞扬。

翠柏深留景，红梨迥得霜。风筝吹玉柱，露井冻银床。

身退卑周室，经传拱汉皇。谷神如不死，养拙更何乡？

742 年，我们再次在洛阳看见诗人。裴荣期夫人在这年秋天或冬天去世，杜甫前往参加葬礼。就在同一年，他可能还旅行到东边约 120 英里远的汴州（同年改名陈留）去看望继祖母。在那里杜甫写了一首小诗，对象是一座没什么特别意义的假山，那是一个亲属修筑以愉悦老太太的。

在接下来两年（743—744）的大部分时间中，杜甫寄居在洛阳，试着谋生——可能通过教授学生，更有可能是为东都洛阳的某位达官显贵作私人秘书或文字枪手。杜甫开始体味到贫穷。但他为什么不留在偃师呢？我的猜测是在父亲去世之后，不但家庭收入大幅度减少，另外葬礼、移居、修筑房舍又花去了不少积蓄。杜甫的继母对生活质量下降会感到满意吗？因为服丧期到 742 年就结束了，为什么杜甫不去寻求个一官半职呢？尽管他没有通过 736 年的进士考试，也拒绝参加后来的科考，他至少还可以通过荫补方式进入官僚体制，毕竟杜闲的官阶不但达到了从第六品上阶的标准，实际上还高过两级。为什么杜甫没有这样做？这里我冒险作一个推测。杜甫把这种特权让给了弟弟，或者说同父异母弟弟——杜颖。这当然使继母极为高兴，而这种无私的行为也很像我们诗人的行事风格。这个推测就可以帮助解释在 746 年，可能还包括 745 年，我们发现杜甫的一个弟弟，很可能是杜颖，作了临邑的簿曹，这是一个正第九品下阶的小官①，而作为兄长的杜甫却依旧还是一个平民和四处漫游的自由诗人。

这里我们列出两首杜甫作于洛阳附近的诗歌。确切的日期不可考。我倾向于把它们系年于 743—744 年之间。《过宋员外之问旧庄》[7] 很少为人所阅读和翻译。宋之问旧庄在伊阙境内的陆浑山下，位于洛阳西南 23 英里。我们的诗人可能是到陆浑山拜访一位远房兄弟——杜佐，此人我们在后面还会遇到②。宋之问，曾任考功员外郎，是杜甫祖父杜审言的好朋友，在他那个时代其诗名广为人知。他的两个弟弟在唐代著述中也常常被提及。杜甫此诗的最后两句，据诗人的自注（"员外季弟执金吾见知于代，故有下句"），与宋之问的三弟，一位勇敢的良将有关。但这里有个难点。按照《新唐书》中给出的三兄弟的名字顺序，排行第三的弟弟应该叫做宋之愻，一位天才的书法家。706 年发生过一件丑闻，因为刺杀主谋的好友告密，一次刺杀行动失败。据史料记载，这个告密者就是宋之愻①；其他一些记载则说此事或者为宋之问所为，或者为宋之问、宋之愻两人所为。我们的诗人是一个把忠诚的友谊看作生命中最宝贵之物的人，他怎么

---

① 关于此点，可参见杜甫《临邑舍弟书至，苦雨黄河泛滥，堤防之患，簿领所忧。因寄此诗，用宽其意》[17] 一诗。

② 浦起龙认为杜甫自己在首阳山附近的陆浑庄有房舍。这很明显是为了解决地理上的疑点。但其中包含了两个错误。第一，杜甫在陆浑庄没有任何房舍。在一首题为《忆弟二首》的诗中，1113 年的注家王得臣加上注说（《增注杜工部诗》卷 8，10b），"甫归在南陆浑庄"。在《分门集注杜工部诗》卷 9（19a）中，这条注释被归到 1039 年的注家王洙头上，此后，又被归到杜甫本人身上，文字也变成了"时归在南陆浑庄"；蔡梦弼等人的大部分版本都是如此。到了仇兆鳌、浦起龙和杨伦的版本，文字又变成了"时归在河南陆浑庄"。第二，杜甫家人的墓地在洛阳东北的偃师的首阳山麓。而陆浑山在洛阳西南，无法将陆浑山和宋之问旧庄移到偃师地区，也无法将首阳山和杜甫的房舍移到伊阙地区。

① 见张鷟《朝野佥载》。

会对宋之问的三弟表示含蓄的嘉许,对宋之问并无贬责之意呢? 我在编纂于 812 年的《元和姓纂》中找到了解开谜团的答案,此书记载宋之悫是二弟,宋之悌是三弟。由此可见宋之悫应该为背叛友谊之事负责,杜甫这里提及的是诗人和战士,并没有提到那位书法家。

　　　　过宋员外之问旧庄[7]
　　　　宋公旧池馆,零落守阳阿。枉道祗从入,吟诗许更过?
　　　　淹留问耆老,寂寞向山河。更识将军树,悲风日暮多。

　　我们的诗人是否敏锐地感受到权力和影响力——甚至包括成就与声名——的空虚无常? 在《游龙门奉先寺》[8]一诗中这种感受可能更多。龙门,也在伊阙境内,距洛阳南部大约 10 英里,黄河在这里从两座绝壁之间奔腾而过——所以诗中有"天阙"一辞,这里也是佛教雕塑的繁盛中心,在大约七十年前,皇后武则天下令在石壁上开凿了许多线条分明的佛像。我们的诗人可能是在前往陆浑山、或从那里返回的路上,在这座寺庙停留。

　　　　游龙门奉先寺[8]
　　　　已从招提游,更宿招提境。阴壑生虚籁,月林散清影。
　　　　天阙象纬逼,云卧衣裳冷。欲觉闻晨钟,令人发深省。

　　杜甫在洛阳的逗留或短期做事,毫无疑问因为继祖母在 744 年仲夏于陈留去世而中断;仲秋时节,继祖母被安葬于偃师的家族墓地。葬礼结束之后,我们的诗人返回陈留,卖掉一些财产。很可能就在这时他首次遇见了两位杰出诗人,无拘无束、已经是著名诗人的李白，还有野心勃勃、后来也声名显赫的高适①。

李白比杜甫大十一岁。他在蜀地长大，漫游了整个帝国，手刃仇人，挥霍万金，娶妻纳妾，纵情声色；显示了守护忠诚友谊的胆略才能，沉溺于对道教炼金方术的兴趣，以其醉酒狂傲引起他人的嫉妒和憎恨；也因其纵横俊逸的诗文激起大家的广泛钦佩。大约在两年之前，这位被认为是不朽天才的谪仙人的名声传到了明皇的耳边。于是他被召到长安，授予了翰林院的职位，这是一种皇帝的私人秘书性质的工作②。有一种说法指出，李白的文采招致了皇帝的驸马张垍的嫉妒。另一则传说认为李白在一次大醉狂兴之后，伸腿让宦官总管高力士为他脱靴。受到侮辱的高力士怀恨在心，撺掇皇帝的爱妾说，李白写给她的《清平乐》诗中隐含了一个侮辱性的历史典故。受到驸马或爱妾的唆使，明皇给了李白一大笔钱，将他遣返。我们不知道此事发生在什么时候，但是 744 年初春李白仍在长安。从李白的一首诗可以看出，他在被遣返之后离开长安东行，仲夏时节已经身在陈留了。

高适比杜甫大六岁。735 年，高适二十九岁，他应邀到长安，但在仕途上一无所获。回到洛阳，高适把家搬到宋州的虞城，声称要躬耕于此地。事实上，他四处漫游，与官员、学者交往。各种史料的记载都说高适直到五十岁之后才开始写诗。实际上，我们可以在他的诗集中找到一些佳什，它们肯定作于五十岁之前很多年。我们确切地

---

① 杜甫是在何时、何地遇到李白？自从钱谦益论证了两位诗人初次相遇于 744 年，时间的问题可以说就解决了，大多数人也接受了这一看法。但当他们接受钱谦益的看法时，也往往把钱氏的另一个疏忽的意见也照单全收，即李、杜二人首次相遇于洛阳。然而，《赠李白》[9]一诗的第十一行很清楚地表明，两位诗人首次相遇于梁宋地区。古梁地在 744 年名为陈留（今开封）。《九家注杜诗》219/14/7 认为杜甫与李白、高适的友谊开始于陈留的酒肆。

② 【译者按】当代学术研究已经指出李白担任的翰林供奉与翰林学士有很大区别，不宜混同。

知道高适在 744 年正在陈留和睢阳(742 年前称为宋州),在秋天之前他正沿着帝国的东海岸向南旅行。

比较三位大诗人的时间表,很明显他们在 744 年晚秋时节相遇于陈留。在多年之后写的一首回忆的诗篇中,杜甫提到他与高、李二人的友谊开始于一家酒肆,这两位文学大师很高兴和他结交,当三人酩酊大醉之后,他们一起登上吹台古迹,眺望远景,陷入对历史的沉思。他们可能从陈留启程,向东南进发,一起旅行了 100 多英里,来到虞城。在另一首诗中,杜甫追忆他们一同登上为纪念一位良吏所建的单父台。到了初冬,高适可能离开了两位朋友。那么李白和杜甫有没有继续旅行、寻访其他地方呢? 我们没有关于这些旅行的记录,实际上我们并不知道三位诗人所写的除了这两座著名高台之外的其他诗篇。

杜甫的《赠李白》[9]可能作于陈留,此时他刚认识这位年长于自己的诗人。

赠李白[9]
二年客东都,所历厌机巧。野人对膻腥,蔬食常不饱。
岂无青精饭,使我颜色好? 苦乏大药资,山林迹如扫。
李侯金闺彦,脱身事幽讨。亦有梁宋游,方期拾瑶草。

从睢阳出发往东北方向,大约 133 英里就到达鲁郡,也就是从前的兖州。在 745 年的初春,我们的诗人再次来到自己父亲曾经担任司马的州郡。我们不知道这次他住在哪里。可能杜甫租借了城市东郊石门的一所房屋。十八世纪早期,在这附近的一位学者(《居易录》说是孔尚任)说石门的来由是因为此地小山上有两块岩壁像门一样相向而对。杜甫可能住在山脚下的一个村庄，他曾上山去寻访一位张隐士。关于此事他写了两首诗，我们这里只选译第一首。

题张氏隐居二首（其一）[10]
春山无伴独相求，伐木丁丁山更幽。
涧道馀寒历冰雪，石门斜日到林丘。
不贪夜识金银气，远害朝看麋鹿游。
乘兴杳然迷出处，对君疑是泛虚舟。

745 年夏天，杜甫在离鲁郡很近的临淄。这里他遇到了儿时的朋友李之芳，他此前在长安官署任职（驾部员外郎），最近来到临淄作（齐州）司马。杜甫还再次遇到李邕，此时任北海（在东边约 100 英里）太守，恰好来临淄拜访。自然，友人之间的宴饮唱和是少不了的。杜甫又去到临淄下辖的临邑（往北 20 英里左右），这次行程的目的仅仅是为了看望弟弟杜颖，他现在可能已经担任当地的簿曹。秋天，杜甫又再次回到石门。从这里出发，他和朋友们寻访了不少地方。在石门，杜甫邀请朋友们一起聚餐。而有的访客又召开宴会，大家在一起举办了不少欢乐的聚会。

刘九法曹郑瑕邱石门宴集[11]
秋水清无底，萧然静客心。掾曹乘逸兴，鞍马去相寻。
能吏逢聊璧，华筵直一金。晚来横吹好，泓下亦龙吟。

李白可能也是拜访杜甫的朋友们中的一位。两位诗人自然会一起外出去拜会朋友。当然，杜甫会把这些事情写进诗里。下面两首诗的第一首常常被误读和误译。汉语中的诗歌语言总是很简洁，人称代词一般都被省略。这里，不能够加上第二人称，否则看上去好像年长的诗人被当作一个顽劣孩子一样被斥责①。

> 赠李白［12］
> 秋来相顾尚飘蓬，未就丹砂愧葛洪。
> 痛饮狂歌空度日，飞扬跋扈为谁雄？

> 与李十二白同寻范十隐居［13］
> 李侯有佳句，往往似阴铿。余亦东蒙客，怜君如弟兄。
> 醉眠秋共被，携手日同行。更想幽期处，还寻北郭生。
> 入门高兴发，侍立小童清。落景闻寒杵，屯云对古城。
> 向来吟橘颂，谁欲讨莼羹？不愿论簪笏，悠悠沧海情。

某些批评家试图将"阴铿"的比喻视为杜甫对李白诗歌的隐晦批评。他们说，六世纪的诗人阴铿远没达到李白的诗艺高度。他们忘了杜甫可是阴铿的热切崇拜者，因此这句对年长诗人的赞扬完全是真挚的。对我们来说，完全没有必要跟着那些批评家人云亦云，他们总是揣度两位大诗人之间存在嫉妒。他们总是把"飘蓬"一诗读解为杜甫对李白的严厉斥责。他们甚至还引用《戏赠杜甫》，把它当作李白的作品：

---

① 【译者按】为了更明确地显示洪业先生对这首诗的独特读解，我把他的英文译文附在这里："Autumn again, we are still like thistledown in the wind. Unlike Ko Hung, we have not found the elixir of life. I drink, I sing, and I waste days in vain, Proud and unruly I am, but on whose account?" 大意是："又到秋天，我们依旧像蓬草般飘荡在风中。我们未能如葛洪一样，找到长生的丹药。我痛饮，我狂歌，我白白浪费了每一天。我如此桀骜而不守规矩，这又是为了谁呢？"

　　　　饭颗山头逢杜甫，头戴笠子日卓午。

　　　　借问别来太瘦生，总为从前作诗苦。

　　　事实是这首诗并未出现在李白的诗集中，它来自一部汇集诗人逸闻轶事的书（《本事诗》），此书编纂于李、杜时代过去一个世纪之后。竹笠代表这是夏天；我们仅仅知道两位诗人有过两次聚会，都在秋天。而此诗的文字拙劣，不值得李白亲自动笔，更不用说它的思想根本配不上李白与杜甫之间的友谊了。因此，我们一定得接受对这些诗人最有研究的优秀学者的判断，即此诗是伪作。

　　　确实有两首李白写给杜甫的诗，都作于 745 年秋天。其中一首是《……石门送杜二甫》。李白遗憾飞蓬各自被风带走，建议一饮而尽手中的酒盏，因为在石门的这种令人愉快的结伴生活不会重现了。我们不清楚杜甫这次要去哪里？但在同一个秋天的晚些时候，杜甫可能沿着汶水向南进发，回到长安和咸阳，李白又寄给他一首诗，虽然我们不能确知李白此时身在何处，但毫无疑问他在鲁郡附近的某个地方。在《沙丘城下寄杜甫》一诗中，年长的诗人说，酒喝起来味道不那么醇正了，歌声听上去也不能令人振作，当听见沙丘城边古树的秋声，他的情感遂跟随汶水向南奔涌，去追寻他的朋友杜甫。这是对年轻诗人示以尊重的优美表达。

　　　但是什么原因让杜甫不得不西归呢？当然，他并不知道，等待在他面前的将是十年蹉跎岁月。在东部，杜甫的思绪关注于修炼来世的隐者、炼丹求长生的术士。为何他要返回京城这个政治阴谋和竞争的漩涡中心？难道他的旅费花光了？或者西归有一些新的发展机会？我们实在没法知道。然而，在杜甫诗集中，有一篇名为《杂述》的短文。此文一定作于鲁郡附近的某个地方，时间可能就在 745 年秋天。

杂述

杜子曰：凡今之代，用力为贤乎？进贤为贤乎？进贤贤乎？则鲁之张叔卿、孔巢父二才士者，聪明深察，博辩闳大，固必能伸于知已，令闻不已，任重致远，速于风飙也。是何面目黧黑，常不得饱饭吃，曾未如富家奴，兹敢望缟衣乘轩乎？岂东之诸侯深拒于汝乎？岂新令尹之人未汝之知也？由天乎？有命乎？虽岑子、薛子引知名之士，月数十百，填尔逆旅，请诵诗，浮名耳。勉之哉！勉之哉！夫古之君子，知天下之不可盖也，故下之；又知众人之不可先也，故后之。嗟乎叔卿！遣辞工于猛健放荡，似不能安排者，以我为闻人而已，以我为益友而已。叔卿静而思之！嗟乎巢父，执雌守常，吾无所赠若矣。泰山冥冥崒以高，泗水潾潾弥以清，悠悠友生，复何时会于王镐之京，载饮我浊酒，载呼我为兄？

40

除了张叔卿，这里提到的其他人将在后面的章节出现。薛据在731 年通过了科举考试，岑参则是在 744 年。他们在当时已经是文学名家，并且毫无疑问担任了官职。我们的诗人是否已经深切意识到，除非一个人在京城取得有效的成功，否则很难依靠地方权贵的关照来维持生计？这可能是杜甫回到京兆的真正原因。

第三章

骑驴三四载

—— 杜甫《奉赠韦左丞丈二十二韵》

公元 745—749 年

长安

【译者按】

杜诗原作"骑驴三十载",一作"十三载"。洪业先生改为"三四载",其说见本章末。

41　　　李隆基(685—762)在历史上以其死后的庙号"玄宗"闻名,更普遍的称呼是"明皇"。710 年夏天,他还仅仅是一名二十四岁的王子,就领导了一场为叔父中宗复仇的政变,杀死了中宗的妻子,也就是凶手韦后,以及韦后的情人和同谋者。然后他拥戴自己的父亲睿宗登基。睿宗皇帝是一个好脾气的谦退之君。睿宗的大儿子宋王李成器和父亲的性格一样,他坚持说弟弟李隆基应当立为太子。712 年 9 月8 日,睿宗宣布退位,太子继登大宝,尽管太上皇已经退位,但还有相当部分的重要权力掌握在他手里。

　　那时国家中权势最大的人既不是皇帝,也不是退位的太上皇,而是太平公主,也就是太上皇的妹妹,皇帝的姑姑。七位国家的宰相中,有五位完全承仰她的鼻息。因此,年轻的皇帝为了自己的利益不得不策划另一场政变,最终这场政变上演于 713 年 7 月末①。野心勃勃的太平公主及其党羽被朝廷军队镇压之后,她和家人被恩准自裁。这时退休的太上皇才交出了朝廷的一切权力,以完全退休的方式度过了馀生最后的三年,也许忙于注释儒家经典,练习书法,在这些方面他被誉为行家里手。

42　　　明皇在位共四十三年。在其执政的前半个时期,他全身心投入到治国事业中,促进经济发展,加强军事上的内卫外防,提高普通人

---

① 【译者按】1952 年初版作"8 月",1969 年第二版改为"7 月"。

的生活，繁荣文学艺术。作为拥有无限权力的绝对君主制的帝王，他确实可以做很多事情，而他也的确做了很多。有性格、有能力的人被任命为宰相。其中一位住在庙宇中，只为了节约房费开销，另一位去世时一贫如洗，以致于他的老仆要卖身为奴，以便筹集到足够的钱给主人下葬。在唐代的官员酬劳制度下，很难看到一名宰相会如此之穷，除非他拒绝接受他的分内所得或者放弃他的收入。这种节俭和自我牺牲的极端例子无疑是不寻常的，但的确会对朝廷的官僚作风产生一定的正面影响：这个时期，腐败实在是例外而非惯例。

由于皇帝挑选勇敢的良将去边塞任职，蛮族的入侵逐渐被赶回去。在742年，帝国拥有了362个州郡（这还没包括800个羁縻州），1 528个县，16 829个村镇，8 525 763户家庭，48 909 800人口。在边境地区还有大量的重要军事前哨镇，每一个都由一名将军镇守。在东北方向，由范阳节度使、平卢节度使镇守，首府在范阳和（营州）柳城，监控着奚、室韦、靺鞨、契丹等蛮族的所在区域，即后来的满洲和内蒙古地区一带。高丽人在七十年前就已经臣服于中国，承认其宗主权，就不需要朝廷军队的戒备了。在西方，由河东节度使、朔方节度使镇守，治所在太原和灵武，主要负责击退来自蒙古的突厥人的进攻。在明皇执政的初期，突厥人对北部边境造成过相当大的破坏，但随着突厥内部的纷争和中国军队的打击，这种破坏逐渐减弱了，721年之后他们就很少引起麻烦。到了743年，突厥的绝大部分势力被回纥部落统一，而这个部落与唐帝国的关系保持着友善。

在西南方向，由河西节度使镇守，治所在武威，其边境一直延续到西北，大致与今天甘肃省相对应，其主要职责是防止突厥部落从北部进攻、吐蕃部落从南部增援袭击。再往西南延伸，由陇右节度使镇守，治所在西平，主要职责是防止吐蕃部落的主力进犯。再往南，由剑南节度使镇守，捍卫蜀郡，同样是防止吐蕃从西面进犯，附带宣抚南方边境一带（今云南省）的蛮族。尽管吐蕃首领赞普在707年与唐朝金城公主成婚，成为唐朝廷的女婿，但这个部族好战，并未减少对边境的进犯。不过，他们败多胜少，到了730年，他们更渴望和平而非战争。在唐帝国的南海岸，由岭南节度使镇守，治所在南海，主要负责镇静山夷，其地相当于今天的广西和广东西部；另外还负责南部沿海的防务，因为此时南海已经是国外贸易的一个繁荣中心了，无数的外国商人往来于城市，许多阿拉伯商船在港口停泊。

这八个重要的军事前哨镇，以及三个较为次要的卫戍区（主要防卫东南和东部沿海的海盗入侵），构成了现代所谓"中国本土"（China Proper）的军事防卫链条①。另外两个重要的节度军镇在广大的西北边境地区，所谓东突厥，即今天的新疆。北庭都护府，治所在北庭，距离长安西北约1 760英里，镇守这一广大地区的北方部分，监视如今完全臣服于唐帝国权威之下的西突厥，并将军事力量向西延伸到国境之外的巴尔喀什湖和伊赛克湖之间的地区②。北庭西南100多英里，则是安西都护府，治所在龟兹，掌控着四支著名的驻军，分别驻扎在塔里木盆地的龟兹、鄢耆、于阗和疏勒四地，此地的印欧文化聚集区若干世纪以来一直是佛教和希腊—印度（Greco-Indian）艺术传入中国的中转站。安西都护府同样将自己的势力向西扩张到帕米尔高原，以保护拔汉那（Ferghana）、河中地区（Transoxiana），以及乌浒河（River Oxus）以南地域，在这些地区的人民看来，与其受到阿拉伯或吐蕃的征服，他们更愿意承认中国宽大仁厚的宗主权。

① 【译者按】所谓的"中国本土"是西方汉学中的一个概念，指历史上中国的心脏地带，或传统范围的中国领土，它相对于不断变动的中国外围边疆地区（亚洲内陆地带及东北亚、东南亚等地域）而言。
② 【译者按】在今天的中亚地区。

　　这一边境防卫体系的建立需要490 000名战士和80 000匹战马。明皇意识到机动性对于军队的极端重要性，十分明智地关注于获取并饲养良马。据说，到725年时，帝国的马厩中饲养了430 000匹骏马，其中大部分在陇右地区。

　　与和平接踵而至的是繁荣。朝廷慷慨地分配土地，减轻赋税。日用品充足，价格也低廉。人人都很容易谋生，很多人安乐地颐养天年。旅行者一路上都能受到善待。交通也很发达，在客栈中有许多驴子等着被雇用。没有盗贼，一个人大可以独自旅行数百英里，无须携带武器自卫。犯罪很少发生；公元730年，整个帝国仅有24桩死刑。尽管赋税很轻，但唐帝国的收入每年达到了2 000 000 000文，19 800 000斛（这是一种不太能确定准确数量的计量方式），7 400 000匹绢（42英尺约合1.89匹），10 800 000两丝（$1\frac{1}{3}$盎司），10 350 000端亚麻布（约合52.5英尺）。

44

　　和平与繁荣之后，文化也走向辉煌。皇帝本人就是一名学者，他自然对教育极其重视。他下令建造新的学校，增加政府出资的注册学生人数。在每年的常规考试之外，他还时常增加特科考试；通过这些考试，他想让更多有天赋的人找到进入官员体制的路径。此外，当他听说某人不寻常，他还会不经过任何考试直接征召，李白就是一个例子。有些学者仅将自己的作品呈给他，如果他感到满意——正如我们将看到的杜甫的例子——他会下令对这些作者进行考核，然后给他们任职的机会。实际上，他很愿意表现出他总是时刻准备任用贤才，并对嫉贤妒能的情况感到憎恶。有一个传说，隐士诗人孟浩然前去拜访大诗人、大画家王维（701—761）——后者此时已经身居高位、很得明皇宠幸，明皇忽然来到王维房间，孟浩然只好藏身床下。明皇命这位隐士出来，表示想听听他写的诗篇。当孟浩然念到"不才明主弃"这一句时，明皇很不高兴，"卿不求仕，"他说道，"奈何诬我？"

这位学者皇帝很遗憾始于曾祖父的收藏多年的皇家图书一直被忽视了，715年他任命了一个机构整理这些图籍，又从私人收藏中抄录副本，向其中添入新的著述。数年之后，这一工作宣告完成，四部（经、史、子、集）收藏共3 600部、51 852卷，其中包括2 500部、9 500卷佛道著述。每种著述都有两份蜀笺手抄卷轴的副本，分别置于长安和洛阳的皇家图书馆。

明皇还是两所重要文学机构的创建者。集贤院主要负责书籍的编撰，其主管官员常常要向皇帝诵读书籍并与他相互讨论。翰林院则是皇帝的私人秘书机构，由最优秀的诗文作家组成，为皇帝起草文件诏令。周围簇拥着这么多来自集贤院、翰林院以及其他政府机构的文学名流，明皇经常举办一些宴集，这种场合下产生了大量的纪念诗篇。宴集唱和在此之前很早就产生了，但只有在明皇的时代，这种文学形式的庄重和优雅才达到了史无前例的高度。

明皇还是一位伟大的艺术赞助者，他自己也是天才音乐家。在他的机构中雇用了一些最优秀的画家：王维善于山水，吴道子长于人物，韩幹精于骏马，他们都被认为在技法上达到完美境界。明皇还寻访一些有前途的童男童女进入宫廷，他自己与一些器乐和歌唱大师亲自教授他们。戏曲和舞蹈取得了相当可观的成功。各种游戏和体育活动也得到皇室的赞助，尤其是斗鸡和舞马。明皇的奖赏出手一般都很大方。

简而言之，尽管玄宗在晚年做了一些不可原谅的糊涂事，但他的人民依旧怀念，把他看作圣明皇帝。他们怀念他给予的多年和平、繁荣的生活，辉煌的文化。他们记得他是天才、慷慨、和善而快乐的君

王。历史上很少有君王能得到人民这样的爱戴。这种对皇帝的忠诚
和热爱可以帮助说明杜甫接下来的十年蹉跎岁月,在这十年间,杜甫
不能果断地下定决心是还要在京城等待一个为皇帝服务的机会,抑
或干脆离开。这也能帮助解释杜甫许多晚年的诗篇中,他会带着罕
见的怀念和遗憾的混合情绪去回顾明皇在位的初期。

745 年下半年,我们的诗人再次回到京兆,这时唐帝国灾难的种
子已经播散开来,有些已经开始萌发。这个八世纪最为辉煌的大帝
国的急剧衰落和濒临崩溃给史学家提供了道德训诫的绝佳题目。儒
家正统的史学家抨击那时文学不断增长的声誉,认为它们妨碍了正
统经典的学习。频频发生的叛乱和谋反被归咎于野心和欲望导致的
伦理纲常的失位。皇帝不断增长的对道教的迷信成为一个事例。通
过炼金术和道教仪式去获取长生不老的自私愿望使得皇帝疏于朝廷
事务。对于超自然神迹的进献,不加辨识地接受并予以嘉奖,这自然
刺激人们为了爵禄而背信欺诈。

46

另一些寻找经济原因的史学家则发现,明皇在位期间经济增长,
生活富足,富足导致了浪费,浪费则使得人们担心匮乏,而担心匮乏
并没有反馈到经济增长上,反而造成了囤积聚敛。说到铺张浪费,明
皇大手大脚的赏赐和维持乃至增加边防的巨额开销已经使人印象深
刻。官僚体系的规模也成为一种负担。唐代初期,明皇的曾祖父试
着以 730 名官员治理全国。这很快就被证明不切实际。在明皇执政
的 733 年,这一数量大量增加,包括 17 686 名官员和 57 416 属吏。

政府里敲诈性的度量标准变得司空见惯,而这本来是以惩治逃
税者的形式实施的。但在增加收入上取得的成功,使官员得到升职
和权力,于是这些经济专家们开始相互竞赛,发明和推行新政策,以
维持朝廷进一步的铺张和特权,当然,负担这一切的是人民。一位儒

学家曾经说过,一个为政府而穷征暴敛的宰相远比一个为私利而贪污的官员要危险。事实上,一个能够有效地为皇帝增加国库收入的宰相,他决不会忘了填满自己的小金库。

752 年,就有一个这样的宰相遇到麻烦被赐死,财产充公①。清查官员花了好几天才仅仅编排完他家房产的清单。铺张、勒索和腐败会像瘟疫一样传染蔓延。人民自然受到伤害。如果说,在明皇执政的中期,人民还对可以维持的舒适生活感到十分满意,到了末期,情况就完全变了。富者愈富,穷者愈穷。我们可以从杜甫的诗篇中找到社会不公平导致的权贵和弱者之间、暴富与赤贫之间的尖锐矛盾。这个舞台已经为明皇朝廷准备好了一出叛乱和崩溃的大戏。

那些强调军事局势重要性的史学家则将帝国力量的衰落追溯到 722 年的一次变革,即征召(府兵)制改为佣兵制。府兵制的兵士源于农村,也返回农村。经过长期的和平之后,这一制度变得效率低下,到处是逃避服役、冒名顶替和开小差。雇用强壮男子担任兵士被认为较为容易,国家还赋予他们某些特权作为激励。激励很快就显得不那么吸引人,而当兵的风险增加之后,军队不可避免地走向孱弱。无论何时有需要,例如边境防卫,而征兵都不得不通过强制手段。没过多久,边镇节度使的势力就强大起来,因为他们可以自己征收赋税,装备、训练军队。唯有京城的防卫变得越来越脆弱。当最强大的边镇节度使安禄山在 755 年叛乱时,皇帝为自己安全而建构的防御体系被击得粉碎。

不管归咎于道德沦丧还是制度缺失,抑或两者都需要对朝代的衰落负责,中国史学家们一致同意最早的失策是朝廷任用了奸人。

---

① 【译者按】此指王铁。

明皇犯下的不可挽回的错误是任用了一个极其狡猾的骗子去担任宰相。宰相李林甫不是一个文化修养很高的人。尽管他热衷于舞文弄墨，但大家很快就发现他在措辞上犯下了可笑的错误。虽然他在书面表达中辞不达意，但他通过异乎寻常的能言善辩加以弥补。据他同时代的人统计，有大量的牺牲者倒在他具有说服力的、迷人而置人于死地的言辞之下，大家把这叫做"口蜜腹剑"。

皇帝也是李林甫阿谀奉承的心甘情愿的牺牲品，734 年，他任命李林甫为三宰相之一。两年后，李林甫成为首相，占据此位十七年，直至 752 年病逝。通过巧妙的行贿，李林甫买通重要宦官，完全掌握了皇帝的一言一行。由于预先知道明皇的意图，他使得从前英明的皇帝渐渐变成一个被他玩弄于股掌的傻瓜。无论事情多么糟糕，只要明皇想要去做，就会得到李林甫的撺掇和支持，而他也看出这个帝国中没有人敢于反对这一切。

737 年，皇帝处死了自己的三个儿子，包括太子。737 年之后不久，他又把自己另一个儿子的妻子纳入后宫，745 年则公开将她册封为贵妃。这个女子，历史上称为杨贵妃，据说丰满美丽，极富音乐天分，具有异于常人的敏锐，很快就借此俘获了皇帝的爱情。她很快就被宫廷中的每一个人视为皇后，她的三个天生丽质的姐姐，崔氏、裴氏和柳氏，以姨姊的身份频繁出入宫廷，实际上也成了皇帝的新宠，分别被册封为韩国夫人、虢国夫人和秦国夫人。杨贵妃有三个从兄，一个娶了皇帝女儿，做了驸马；一个做了皇帝的侍御史，身居从第四品上阶的高位①；第三个就是后来的杨国忠②——一个没有受什么教

①【译者按】史载杨玉环从兄杨铦任鸿胪卿，杨锜任侍御史，为太华公主驸马。洪业先生此处叙述微误。
②【译者按】杨国忠最初名"钊"，因避图谶"金刀"之说，改名"国忠"。

育,四处游荡,但长得颇为英俊、口齿伶俐、十分聪明的无赖,寡居的
虢国夫人的情夫———一开始作为皇帝的博戏伙伴,后来成为掌管公
共财政的判度支郎,同时还身兼多职,最多时达到四十馀职,最后做
到首相,超越了他的老朋友和同盟者——最后也成了他的竞争对手
和敌人的李林甫。

　　明皇是否曾经停下来想过这样下去离末日还有多远? 在他执政
的初期,他对自己的兄弟和子侄十分亲切而且慷慨大方,关心他们,
并且不吝赏赐他们许多贵重礼物。但他决不允许他们在朝廷中担任
一官半职,他特别注意不让他们对任何朝廷官员产生影响。他很清
楚裙带关系的危害性。如今,杨家四姐妹和杨氏三兄弟在朝廷中拥
有了巨大影响,不管是直接的还是间接的。他们随意接受贿赂,行止
居处都极其僭越逾制。他们对自己的权力和财产毫不掩饰,与之相
反,他们大胆而骄傲地炫耀自己。皇帝有没有反省自己? 他应当意
识到他自己犯了中国史学家经常谴责的裙带关系中最差劲的一
种——因女性而产生的裙带关系。不过,明皇没有时间去反省自己。
他太忙了,忙着和他那迷人的伴侣游戏、赌博,一起求仙拜佛,希望能
永远保持这种充满欢乐的生活。744 年,他的确说过,因为这个世界
如此和平,处在最好的时代,他不妨享受自我,而朝廷事务有李林甫
去办理就行了。

　　这对李林甫来说真是如鱼得水。这个辉煌一时的骗子主要担心
的只是他的位置不会永远牢固。他已经注意到,所有他支持或默许
的腐败分子,包括朝廷中和受到皇帝宠幸的,施展阴谋诡计的能力都
比不上他。他已经铲除所有出于这个或那个原因不够尊重、抑或不
够害怕他的人,还有那些可能被提拔到能够挑战他权威的位置上的
人。这些人中,新的太子,后来的肃宗皇帝,是他的肉中之刺。如果

太子没有被叮嘱要万事谨慎,如果他没有得到宦官首领高力士和皇帝驸马张垍的暗中斡旋,他很可能会和他的三个兄弟一样招来杀身之祸。

韦坚,太子妃的哥哥,就是那些立志要成为一名经济专家以获得皇帝青睐的人物中的一员。因为他的妻子是李林甫的堂妹,他最初也得到了这位首相的支持。韦坚作为江淮租赋、水陆运使,大获成功:他凿潭通漕,引入扬子江流域的船只,满载富饶而令人眩目的远方货物,沿着水路来到长安的皇宫之前。接踵而至的数百艘船只秩序井然,载歌载舞,壮观华美,韦坚因此大得皇帝宠幸,被擢至高位①。李林甫懊丧自己没有早看出一直倚仗自己的韦坚有这样的能力。韦坚会成为宰相的可能性成了李林甫休戚相关的事情,不但因为韦坚是太子的小舅子,还因为他结交了一些很有权势的朋友,如河西、陇右节度使皇甫惟明,宰相李适之(此人在朝廷中的地位仅次于李林甫)。李适之,杜甫《饮中八仙歌》所咏八人之一,是一位著名的学者和诗人,他交游广阔,所交多正直勇敢之人。因为李适之拥有皇帝的信任,并且是反对势力的中心人物,李林甫首先谗谏皇帝疏远他。

某一天,这个大骗子装着很随意地对李适之提到华山可以开采

---

① 【译者按】见《新唐书》卷一百三十四《韦坚传》,这是大唐盛世的有名场面,兹引如下:"坚为使,乃占咸阳,壅渭为堰,绝灞、浐而东,注永丰仓下,复与渭合。初,浐水衔苑左,有望春楼,坚于下凿为潭以通漕,二年而成。帝为升楼,诏群臣临观。坚豫取洛、汴、宋山东小斛舟三百并贮之潭,篙工柁师皆大笠、侈袖、芒屩,为吴、楚服。每舟署某郡,以所产暴陈其上。若广陵则锦、铜器、官端绫绣;会稽则罗、吴绫、绛纱;南海玳瑁、象齿、珠玑、沉香;豫章力士瓷饮器、茗铛、釜;宣城空青、石绿;始安蕉葛、蚺胆、翠羽;吴郡方文绫。船皆尾相衔进,数十里不绝。关中不识连樯挟櫓,观者骇异。先是,人间唱《得体纥那歌》,有'扬州铜器'语。开元末,得宝符于桃林,而陕尉崔成甫以坚大输南方物与歌语叶,更变为《得宝歌》,自造曲十馀解,召吏唱习。至是,衣缺胯衫、锦半臂、绛冒额,立舻前,倡人数百,皆巾帼鲜冶,齐声应和,鼓吹合作。船次楼下,坚跪取诸郡轻货上于帝,以给贵戚、近臣。上百牙盘食,府县教坊音乐迭进,惠宣妃亦出宝物供具。帝大悦,擢坚左散骑常侍,官属赏有差,蠲役人一年赋,舟工赐钱二百万,名潭曰广运。"

矿石,而皇帝并不知道。李适之这位品酒行家可不是一个政治策略的鉴别能手,他中了圈套,于是到皇帝那里建议一项开采计划。当皇帝和首相李林甫商量此事时,后者说:"臣知之旧矣,顾华山陛下本命,王气之舍,不可以穿治,故不敢闻。"皇帝对次相李适之的热切一下子就变得冰冷,以致于李适之觉得最好辞职。这事发生在746年夏天。许多常常去享用李适之美酒佳肴的客人们由于惧怕李林甫,再也不敢登门。于是这位眼下无足轻重的前宰相写了一首诗:

> 避贤初罢相,乐圣且衔杯。为问门前客,今朝几个来?

　　这首诗获得了广泛的赞誉,因为它巧妙地把饮酒和政治的相关性联系起来。可是,在这些俏皮话中,李林甫的愠怒并没有被意识到。到了747年春天,皇甫惟明、韦坚、韦坚的兄弟、李适之以及他的儿子都被处死或是下令自裁。甚至年迈的北海太守李邕也被杖杀。李适之和杜甫的朋友,给事中房琯,也被流放出京城。

　　当奸邪的首相正在谋划陷害杜甫的这些杰出的朋友时,我们的诗人在哪里?他又在做些什么呢?我们既不知道745年冬天杜甫从东边回到京兆之后他如何谋生,也不知道他住在哪里。我猜他很可能依靠写作得到的润笔过活,居住在长安和咸阳附近的旅舍中。不过,《冬日有怀李白》[14]这首诗写于某个朋友或亲戚的房宅,可能他们给了杜甫一两个房间让他居住。《今夕行》[15]作于阴历的除夕之夜,按照西历应该是746年1月25日。《春日忆李白》[16]可能作于746年晚春,此时这位年长的诗人已经在东南沿岸了。《临邑舍弟书至……》[17]一诗,注家要为它找到一个合适的系年位置,颇为困扰。我发现这首诗所说的洪水应该是746年初秋的那一次。此诗的最后两行暗示因为他和京城的显贵们（李适之、房琯等人）在一起，他可以进言说明堤坝坍塌是由于异乎寻常的洪峰造成的，像他弟弟杜颖这样的低级官员不会因此受到斥责①。《饮中八仙歌》[18]作于李适之罢职和自杀之间。如果此诗作于朝廷清洗发生之后，那么以欢乐的笔调描述宰相李适之就未免堕入恶趣②。八仙无疑是当时身在长安的八个酒友。因此时间有所限定，我们还知道李白到长安的时间不可能早于 742年，贺知章则于 744 年春天离开了长安。还有一点不吻合的是苏晋去世于 734 年。可能这是杜甫的笔误，也可能是文本传抄时的疏漏。

冬日有怀李白[14]

　寂寞书斋里，终朝独尔思。更寻嘉树传，不忘角弓诗。

　褊褐风霜入，还丹日月迟。未因乘兴去，空有鹿门期。

今夕行[15]

　今夕何夕岁云徂，更长烛明不可孤。

　咸阳客舍一事无，相与博塞为欢娱。

51

---

① 这首诗有两个问题：写作日期和弟弟的身分。大多数编纂者将此诗系于 740 年，因为史书记载是年初夏有一场大洪水。不过，某些编纂者不太喜欢这个系年。诗中提到黄河泛滥，但 740 年的洪水是在伊洛地区。而在 740 年，杜甫就应该在这一地区，但诗中所说似乎又表明他在一片干燥的土地上。因此，一些学者如黄鹤就质疑系年的问题，他们指出，黄河泛滥是常有的事情，并不一定就在这一年。不过，从《高常侍集》可以得知，高适在 744 年晚秋前往南方，次年秋天回到北方，746 年秋天，在从济郡前往鲁郡的途中，经过东平旁边的黄河时，遇到了洪水。因为东平离济南（临邑就属于其辖区）很近，所以高适遇到的洪水也很可能就是杜甫从弟弟那里听说的这次洪水。这是杜甫的哪一个弟弟？注家一般认为是杜颖，我们还可以从后面的《送舍弟颖赴齐州三首》（其三）[258]一诗中得知，杜颖还在 764 年到成都看望杜甫，然后返回济州（济南在 758 年改名为济州）。我支持这一看法，而且我还认为杜甫在 745 年前去看望杜颖，而杜颖这个官职乃是通过杜甫让给他的荫补机会而得到的。

② 【译者按】关于《饮中八仙歌》的思想基调，程千帆先生提出了新的创见，参见《一个醒的和八个醉的——读杜甫〈饮中八仙歌〉札记》（收入《被开拓的诗世界》，上海古籍出版社，1990 年）。

冯陵大叫呼五白，袒跣不肯成枭卢。
英雄有时亦如此，邂逅岂即非良图？
君莫笑，刘毅从来布衣愿，家无儋石输百万。

春日忆李白[16]

白也诗无敌，飘然思不群。清新庾开府，俊逸鲍参军。
渭北春天树，江东日暮云。何时一尊酒，重与细论文？

临邑舍弟书至，苦雨黄河泛滥，堤防之患，簿领所忧。因寄此诗，用宽其意[17]

二仪积风雨，百谷漏波涛。闻道黄河坼，遥连沧海高。
职司忧悄悄，郡国诉嗷嗷。舍弟卑栖邑，防川领簿曹。
尺书前日至，版筑不时操。难假鼋鼍力，空瞻乌鹊毛。
燕南吹畎亩，济上没蓬蒿。螺蚌满近郭，蛟螭乘九皋。
徐关深水府，碣石小秋毫。白屋留孤树，青天失万艘。
吾衰同泛梗，利涉想蟠桃。赖倚天涯钓，犹能掣巨鳌。

饮中八仙歌[18]

知章骑马似乘船，眼花落井水底眠。
汝阳三斗始朝天，道逢曲车口流涎，恨不移封向酒泉。
左相日兴费万钱，饮如长鲸吸百川，衔杯乐圣称避贤。
宗之潇洒美少年，举觞白眼望青天，皎如玉树临风前。
苏晋长斋绣佛前，醉中往往爱逃禅。
李白一斗诗百篇，长安市上酒家眠，天子呼来不上船，自称臣是酒中仙。

张旭三杯草圣传，脱帽露顶王公前，挥毫落纸如云烟。

焦遂五斗方卓然，高谈雄辩惊四筵。

或许在 746 年，杜甫还未曾意识到李林甫造下了多少罪孽。然而，当 747 年到来，他不仅见到朋友们被流放、被逼自裁，或杖击而死，自己也亲身体味到这个骗子酿造的苦酒。

皇帝希望给那些在此前科举考试中失利的学者们一次机会。即使一个人只通一艺，他现在也会受到皇帝召试的激励，前来参加这次特别的制举考试。李林甫害怕某些试卷会涉及他不想让皇帝知道的内容，因此他劝说皇帝不必亲自主持考试，而是任命其他官员主持。结果，李林甫上表说，所有的考生都未能通过，他祝贺皇帝"野无遗贤"。具有文学天赋的元结（723—772）也是这批失利考生中的一员。从杜甫《奉赠韦左丞丈二十二韵》[25]一诗的几句中我们得知他是第二个。我还倾向于认为孔巢父是第三个失利者。

在杜甫赠别孔巢父的诗歌《送孔巢父谢病归游江东，兼呈李白》[21]中，我们了解到孔巢父似乎决定离开长安，而没有听从朋友的恳请继续留下来。也许这不但因为孔巢父对这次特别考试的失望，还由于他对这个时期政治上的道德沦丧感到极度厌恶，这使得他最终在 748 年春天下决心离开。我们发现在 747 年冬天，当李林甫尚未结束清洗韦坚、李邕及其朋友们的案子时，他又着手开始了新一轮的迫害。他有能力让他的党羽们背弃自己的亲朋好友。这可能是杜甫《贫交行》[20]一诗的写作背景。

像杜甫这样一个本性忠诚、感情真挚的人，面临这样的时代，他只能在希望和失望、快乐和沮丧、意欲出仕与担心迫害、感激友谊与愤慨背叛的种种极端变化的情感起伏之间感到震惊。《渼陂行》[19]

在某种程度上反映了这种变动不居的情绪起伏。我们的诗人写过关于渼陂的好几首诗，至少两次是和岑参一起；尽管岑参比杜甫年轻，但他此时已经担任官职，并且是一名声名在外的诗人了。我大胆将此诗系于 747 年初秋，部分原因在于诗中表现出来的情绪波动，部分原因还在于它看上去似乎是我们的诗人第一次寻访这个距长安西南 23 英里的著名湖泊。

渼陂行 [19]

岑参兄弟皆好奇，携我远来游渼陂。

天地黯惨忽异色，波涛万顷堆琉璃。

琉璃漫汗泛舟入，事殊兴极忧思集。

鼋作鲸吞不复知，恶风白浪何嗟及。

主人锦帆相为开，舟子喜甚无氛埃。

凫鹥散乱棹讴发，丝管啁啾空翠来。

沉竿续蔓深莫测，菱叶荷花净如拭。

宛在中流渤澥清，下归无极终南黑。

半陂以南纯浸山，动影袅窕冲融间。

船舷暝戛云际寺，水面月出蓝田关。

此时骊龙睡吐珠，冯夷击鼓群龙趋。

湘妃汉女出歌舞，金支翠旗光有无。

咫尺但愁雷雨至，苍茫不晓神灵意。

少壮几时奈老何，向来哀乐何其多？

贫交行 [20]

翻手作云覆手雨，纷纷轻薄何须数？

君不见管鲍贫时交，此道今人弃如土。

送孔巢父谢病归游江东，兼呈李白[21]
巢父掉头不肯住，东将入海随烟雾。
诗卷长流天地间，钓竿欲拂珊瑚树。
深山大泽龙蛇远，春寒野阴风景暮。
蓬莱玉女回云车，指点虚无是归路。
自是君身有仙骨，世人那得知其故？
惜君只欲苦死留，富贵何如草头露？
蔡侯静者意有馀，清夜置酒临前除。
罢琴惆怅月照席，几岁寄我空中书？
南寻禹穴见李白，道甫问信今何如？

　　《奉赠韦左丞丈二十二韵》[25]是杜甫写给自己年长的朋友韦济的三首诗之一，韦济于 748 年由河南尹拔擢至尚书左丞（正第四品上阶），担任这个京城中很重要的职位，监管吏部、户部和礼部事务。这一特别的诗篇作于 748 年终或 749 年初。我更倾向于后一个日期。其中有一句是这样说的，"骑驴三十载"。一个十七世纪的注释者注意到，即使是杜甫三十岁时，他也不可能有三十年骑驴的经历，他认为应该改为"十三载"①。尽管这个修订被普遍接受，但我发现还是很难将十三年乞食生涯与八九年的快意日子调和起来，要知道这八九年可占了十三年中的大部分时间。因此我建议将"三十"读为"三四"，这是杜甫说"三年多"的惯用方式。这首诗概括了我们诗人从

55

————————————————
① 【译者按】此指清朱鹤龄（1606—1683）及其《杜工部诗集辑注》。

745 年下半年至 749 年上半年在长安附近的生活。我们不太能确定《陪诸贵公子丈八沟携妓纳凉,晚际遇雨二首》[22][23] 和《乐游园歌》[24]是否作于此时。当然,也没有任何可以反对将它们系于此年的证据。无论如何,它们有助于解释我们诗人在写给韦济诗中表达的情绪。

陪诸贵公子丈八沟携妓纳凉,晚际遇雨二首

(其一)[22]

落日放船好,轻风生浪迟。竹深留客处,荷净纳凉时。
公子调冰水,佳人雪藕丝。片云头上黑,应是雨催诗。

(其二)[23]

雨来沾席上,风急打船头。越女红裙湿,燕姬翠黛愁。
缆侵堤柳系,慢卷浪花浮。归路翻萧飒,陂塘五月秋。

乐游园歌[24]

乐游古园萃森爽,烟绵碧草萋萋长。
公子华筵势最高,秦川对酒平如掌。
长生木瓢示真率,更调鞍马狂欢赏。
青春波浪芙蓉园,白日雷霆夹城仗。
阊阖晴开诀荡荡,曲江翠幕排银榜。
拂水低回舞袖翻,缘云清切歌声上。
却忆年年人醉时,只今未醉已先悲。
数茎白发那抛得? 百罚深杯亦不辞。
圣朝已知贱士丑,一物自荷皇天慈。

56

此身饮罢无归处，独立苍茫自咏诗。

奉赠韦左丞丈二十二韵[25]

纨袴不饿死，儒冠多误身。丈人试静听，贱子请具陈。
甫昔少年日，早充观国宾。读书破万卷，下笔如有神。
赋料扬雄敌，诗看子建亲。李邕求识面，王翰愿卜邻。
自谓颇挺出，立登要路津。致君尧舜上，再使风俗淳。
此意竟萧条，行歌非隐沦。骑驴三四载，旅食京华春。
朝扣富儿门，暮随肥马尘。残杯与冷炙，到处潜悲辛。
主上顷见征，欻然欲求伸。青冥却垂翅，蹭蹬无纵鳞。
甚愧丈人厚，甚知丈人真。每于百僚上，猥诵佳句新。
窃效贡公喜，难甘原宪贫。焉能心怏怏？只是走踆踆。
今欲东入海，即将西去秦。尚怜终南山，回首清渭滨。
常拟报一饭，况怀辞大臣。白鸥没浩荡，万里谁能驯？

57

第四章

陵厉不飞翔

—— 杜甫《奉留赠集贤院崔于二学士》

公元 749—752 年

长安

58　　　　在《奉赠韦左丞丈二十二韵》[25]一诗中，杜甫提到他将要东入海。还有其他一些诗篇表明这时——749 年初期——杜甫正在考虑乘舟东下。为了判定这是否属实，我们需要再次问，"他真的东下了吗？"绝大多数杜甫的传记作者都会回答是的，因为他们发现杜甫在749 年冬天寻访过洛阳的玄元皇帝庙。尽管我们已经在第二章中证明这次寻访发生在 741 年的冬天，而非 749 年，而且由于我们不能在杜甫的诗文中找到他于 749 年春天身在东边的任何证据，所以如果我们下结论说杜甫虽然想要离开京兆，但他并未真正离开，这恐怕会符合实际得多。杜甫写给韦济诗的最后几句听上去好像表示道："除非你为我做点什么，否则我将真的离去。"因此可以推断韦济真的做了点什么。至少他可能接济杜甫一些钱，暂缓燃眉之急。即使韦济觉得给杜甫介绍事情做并不明智，他也可能劝说朋友周济这位贫穷的诗人。杜甫是个极重感情的人，他很喜欢和朋友相伴。除非有道德伦理上的原因妨碍，否则不需要太多劝说就能使他留下来。这种情形在他的生活中总是一次又一次地重演。

　　　　此外，描述自己的乞食生涯时适当的诗歌夸张也是允许的。对
59　　杜甫而言，不是所有他领受的慷慨馈赠都带有对方屈尊俯就的味道。至少有一个著名的贤王和杜甫有着真挚的友谊。汝阳王李琎，杜甫"饮中八仙"中的一员，是玄宗皇帝大哥、以前的宋王的长子，宋王拒绝继承皇位，于 741 年去世，死后被追封为"让皇帝"，尽管李琎一再

辞谢，仍以帝王的规格安葬。虽然是皇帝喜爱的侄儿，汝阳王并未在朝廷中担任一官半职，直至去世。从《赠特进汝阳王二十二韵》[27]一诗可以看出汝阳王一定非常喜欢我们的诗人。

很难确切判断杜甫何时写作此诗。但它一定写于汝阳王去世的750年之前。在《壮游》[211]一诗中，我们的诗人回忆到当他在东边快意八九年之后，回到京兆，当时有名的文人们纷纷称颂他的文才，有位贤王（"许与必词伯，赏游实贤王"）也很喜欢杜甫作伴。这里的词伯应该指岑参、孔巢父等人，而贤王无疑就是汝阳王。但是在745年冬天我们的诗人返回西边之后多久他就和汝阳王开始结交了呢？现存诗篇显示初次见面在晚秋时节；因此，时间不会早于746年的秋天。因为诗中还提到了春夏两季，所以诗篇的写作也不会早于747年夏天。因此，这首诗的系年应该在747至750年之间。

诗中提到"岩栖在百层"，这很令人费解。这似乎表明我们的诗人处于半隐状态中。这和杜甫写给韦济诗篇中描述的生活截然相反。也许《去矣行》[26]能帮助我们解开这个谜团。此诗往往被注释者和传记作者系于755年，也就是杜甫接受官职任命之后。我不赞同这一系年，因为接受官职任命对杜甫来说意味着放弃隐居的打算。我特别倾向于将《去矣行》系于749年，我推测杜甫在接受了韦济和其他人的馈赠周济之后，打消了到东海岸的念头，仅仅只到离长安东南10英里远的产玉的蓝田山中作了一次短暂的隐退。这次短暂的隐居生活随着他再次受到好客的汝阳王的邀请而宣告结束①。

---

① 关于这首诗的系年还有一个特别的传说。鲍钦止可能是第一个将它系于755年的注家，他说："天宝十四载，甫在率府，数上赋颂，不蒙采录，欲辞职去，作《去矣行》。"但是鲍钦止的同时代人师尹将此诗系于764—765年杜甫在成都的时候，黄鹤补注说："鹤曰：梁权道编在天宝十四载长安诗内，与鲍注同。岂非以'明朝且入蓝田山'故云。然味'君不见鞲上鹰，一饱则飞掣，焉能作堂上燕，衔泥附炎热'，岂是在长安时语？（转下页）

去矣行[26]

60

君不见鞲上鹰，一饱则飞掣。焉能作堂上燕，衔泥附炎热。

野人旷荡无靦颜，岂可久在王侯间。

未试囊中餐玉法，明朝且入蓝田山。

赠特进汝阳王二十二韵[27]

特进群公表，天人凤德升。霜蹄千里骏，风翮九霄鹏。

服礼求毫发，惟忠忘寝兴。圣情常有眷，朝退若无凭。

仙醴求浮蚁，奇毛或赐鹰。清关尘不杂，中使日相乘。

（接上页）公在长安上赋投诗，唯恐君相莫我知，而卒无其遇，岂类鞲鹰之饱，未免如附炎之燕。当是广德二年在严武幕中作，所以永泰二年正月遂归浣上，入蓝田山云者，止是承上餐玉之句耳，非真去为蓝田之人也。师注为是。"面对这两种不同的说法，后来的注家应该如何处理呢？最为令人惊讶的尝试是将两种说法统一起来，伪邵注（《分类集注杜诗》〈25卷，1592,1719〉，托名邵宝〈1460—1527〉）卷14,41b认为，755年诗人四十四岁时，适在严武幕下，时有去意，次年正月即返回浣花溪。而最自然而然的做法则是两种说法中挑一种。也许因为师氏的说法晚出，黄鹤等人都倾向于接受鲍氏的解释。后来的学者大概认识到如果杜甫是在成都跟严武在一起，那他很难会想到要去往蓝田山——那地方远在700英里之外。因此他们都接受了鲍氏的系年。仇兆鳌（卷3,50a）、浦起龙（2A,17b）、杨伦（卷3,6a）都是如此。弗洛伦思·艾思柯（Florence Ayscough）按照杨伦的编年，自然也将此诗置于755年。也许她意识到，既然杜甫的妻儿都在长安东北8英里外的奉先，那杜甫就很难到长安东南40英里外的蓝田山去隐居。不过，在她对此诗的翻译中，她删去了最后两行，而在她对杜甫写作动机的叙述中，她使人以为在真正离开长安前往奉先之前，杜甫写了这首诗以宣称他将要从不如意的仕途生涯中脱身而去。在获得任命之后就产生隐居的想法，这对读者来说显得太不协调了。杜甫尽管有困顿迷惑，但他始终不渝地要为国家效命。在他生命的随后几年中，哪怕面临危险和困难，他都表现出了一贯的忠诚。这样看来，以上两种说法都不够好，因此，朱鹤龄认为不知此诗因何而作，旧注多牵强，尽删之。——这种失败主义的解决问题方式也许是最好的方式——换句话说，不打算解决它。但是，朱鹤龄其实还做了更多。他将此诗放在《官定后戏赠》[58]之前。我们自然明白他的用意。在诗中，杜甫叫自己"野人"，也就是没有官职的人，那么时间一定在他获得官职之前。朱鹤龄无疑是对的，因为杜甫经常这样用辞（参见《杜诗引得》820），只有一次例外，而那首诗乃是赝作（《九家注杜诗》421/27/30），他总是用这个辞语表示个人或卑微之人。不过，朱鹤龄没有把这首诗的系年放得这么靠前。在处理一块非常困难的拼图碎片时，我们必须试着找出另一块能与之边缘吻合的碎片。看起来，到蓝田山隐居的决定与《赠特进汝阳王二十二韵》[27]第37、38行诗句颇相契合。因此，我把此诗放在赠汝阳王的诗篇之前。

晚节嬉游简,平居孝义称。 自多亲棣萼,谁敢问山陵。

学业醇儒富,辞华哲匠能。 笔飞鸾耸立,章罢凤骞腾。

精理通谈笑,忘形向友朋。 寸长堪缱绻,一诺岂骄矜。

已忝归曹植,何知对李膺。 招要恩屡至,崇重力难胜。

披雾初欢夕,高秋爽气澄。 樽罍临极浦,凫雁宿张灯。

花月穷游宴,炎天避郁蒸。 砚寒金井水,檐动玉壶冰。

瓢饮唯三径,岩栖在百层。 且持蠡测海,况抱酒如渑。

鸿宝宁全秘,丹梯庶可凌。 淮王门下客,终不愧孙登。

61

　　我们不能、也没必要断定写给汝阳王的这首诗作于 749 年,但我们可以完全确定《高都护骢马行》[28]一诗应该按照传统的系年放在 749 年,而不是像近来的一些研究所认为的那样,系于三四年之后①。选择这早、晚两种系年方式中的哪一种,有赖于我们近来研究杜甫性格和才智得到的一些重要观点。此诗表面的主题是马,真正的主题是都护将军。我们的诗人公开颂扬高都护的胜利,而隐约暗示高都护不应留在京城,而应继续在西部边境延续他的胜利事业。

---

①　亚瑟·威利(Arthur Waley)推崇一种解释,即这匹马于 749 年被带到长安,而杜甫的诗则作于三四年之后。但是,系年到 752 年这么靠后有一点麻烦,因为到那时这匹马在长安可就不那么新鲜而引人注意了,而诗篇中的调子显示,这匹马是最近突然出现在长安人眼前的。威利也注意到杜甫如果在 752 年或者更晚些赞颂高仙芝的军事胜利,这会有点不太协调,因此他解释说杜甫之所以没有提到高仙芝于 751 年被阿拉伯人击败的事件,是因为朝廷有意隐瞒此事。《旧唐书》对此一字不提。"这并不确实。《旧唐书》在李嗣业的传记中全面记载了这次失利,而正是由于李嗣业的英勇战斗,才使得高仙芝得以逃出阿拉伯人的围困,而通过高仙芝的举荐,李嗣业也得以被提拔为骠骑大将军。关于李嗣业,参见《旧唐书》卷 109、《新唐书》卷 138。杜甫也有一些诗篇是写给李嗣业的,如《遣兴》[74]。我倾向于认为威利已经修正了他从前的观点。在他最近关于李白的书中,他将李白的《战城南》系于 751 年,认为此诗意中有高仙芝 751 年怛罗斯战役失利之事在焉。如果身在东都洛阳的李白能够这么快得知此事,那么身在京城长安的杜甫自然也能在 752 年之前听说此事。

　　749年,经过兴都库什山(Hindu Kush)外的几次成功战役之后,安西都护高仙芝——一名高丽人——返回长安,接受了额外的任命和提拔,在此逗留数月,同年再次被遣往西部边境。751年初,高仙芝再次告捷,重返长安,又一次被拔擢,继而返回西部任上。在帕米尔高原与阿拉伯人的战役中遭到惨败之后,高仙芝第三次,也是最后一次,来到京城,那大概是在752年初,此后再未出现在此地,直到755年末,那是在他因为所谓的失利之后、被处以死刑之前的几个星期。近来对这首杜诗的重新系年主要依据这样的假设,即高仙芝在749年短暂逗留长安数月不足以支持我们诗人的暗示成立,同样,高仙芝752年第三次返回长安后较长时间的无所作为也不足以让诗人写下类似的影射之辞。论证颇为有力,但是要接受这种系年,势必让杜甫面临一个为难的问题:当他在752或753年写下此诗时,他是否知道高仙芝在西部边境的惨痛失败? 如果他知道此事,而他又在诗中不说实情,难道不会因一味阿谀产生罪恶感吗? 如果他不知道此事,他也太孤陋寡闻了吧? 他会这么轻率地暗示? 他所自诩的政治才能不会如此孱弱可笑吧?

　　幸好,我们不必接受这种新的系年,倒是旧的系年证明了自己的可靠。诗中对高仙芝的头衔称谓以及诗题都不契合高仙芝在751年之后的更高职务和任命,但对749年的身份则很合适。诗中的暗示自然与749年高仙芝被拔擢为兼左金吾卫大将军同正员有关,这个职务可以让他留在京城,如果他愿意的话。再说了,我们会看到,接下来的750年,我们的诗人开始谴责边将的扩张。因此,750年之后,杜甫基本上不可能再像他这首诗一样,颂扬高仙芝的军事扩张行动了。

高都护骢马行［28］

安西都护胡青骢，声价欻然来向东。

此马临阵久无敌，与人一心成大功。

功成惠养随所致，飘飘远自流沙至。

雄姿未受伏枥恩，猛气犹思战场利。

腕促蹄高如踣铁，交河几蹴曾冰裂。

五花散作云满身，万里方看汗流血。

长安壮儿不敢骑，走过掣电倾城知。

青丝络头为君老，何由却出横门道。

　　李林甫实施的新边境防御政策已经被史学家批评为他最大的罪状之一。唐代的惯例是任命朝廷中有前途的政治家到边境前线的军事岗位任职。他们中的许多人因为成功地抗击蛮族、取得防御胜利而名声大振，从而被召回京城担任宰相，而且其中一些人还享有最高的文学声名。李林甫所关心的是摒除中央政府中有能力和影响取代他的那些人，他不得不终结这种惯例，以防止这些具有文学才能、行政经验和军事威望的人成为自己的劲敌。李林甫把自己忌惮的节度使一个个搞垮，不是诬蔑他们有谋反的罪行，就是控告他们在军事行动中有阻碍保守之意，之后他开始支持那些胡人将领登上边境军事的指挥职位。这些蛮族将领很少受到儒家政治哲学的教化，或者说他们中的某些人根本就是文盲，他们不能以中庸之道平和地节制自己，他们极具侵略性，敢于在边境执行大肆扩张的计划——而这一计划正是首相李林甫一直撺掇皇帝采纳的。

　　这些胡人节度使在军事上的开边冒险取得成功，换来了更高的爵位和更大的权力。他们不会被任命为朝廷的部级长官，因为他们受教育程度将会使他们在行政事务中捉襟见肘。这样，李林甫就可以高枕无忧了。但这一边疆新政对唐帝国则意味着灾难。暴躁激进的蛮族军人，缺乏伦理上的忠贞爱国观念，具备了巨大的军事、政治和经济权力，遍布广大的边境地区——他们难道不会垂涎唐帝国的宝座？李林甫才不会拿这个问题来烦自己。

在擢至高位的胡人将领中，有三人最为显赫，他们是高仙芝、哥舒翰和安禄山。高丽人高仙芝由于 751 年与阿拉伯人作战的可耻失败，被羁留在京城，担任一个名誉崇高而并无实际权力的军职。他并不是帝国安全的威胁。哥舒翰，一个带有胡人血统的凶猛斗士，河西、陇右节度使，对不时反叛的吐蕃保持着常胜纪录；他拥有巨大的权力、声威和财富；他的幕府佐僚中也拥有那个时代最具才干的文人学者。因为过度饮酒、生活放荡，他的健康在 755 年春天垮掉了，他不得不留在长安，间接指挥着他名下的边境地区和所属部队。因此，他也不是帝国权威的威胁。

至于安禄山，情况就完全不同了。这个胆怯的恶棍，也带有胡人血统，他主要通过欺诈对东北边境的蛮族占据上风。首相对其迅速扩张特别支持，因为安禄山完全是一个文盲。742 年，这个未受过教育的阴谋家已经成为平卢节度使。而自从他来到长安向朝廷进贡之后，他又获得了皇帝的信任和杨贵妃的喜爱。

通过无所不及的行贿，安禄山在宫廷赢得了上上下下一片叫好之声；他能得知朝廷或宫中发生的一切事情。尽管其内心疑虑多端、无比诡诈，但他总是装出一副天真无知、头脑简单的样子，以消除别人的戒备。他长得短小肥胖，大腹便便，十分可笑，据说体重至少有四百磅。他很乐意让男男女女发笑，参加宴集欢闹从不犹豫。皇帝曾打趣地指着他的肚子问其中容畜何物？"无他，陛下。"安禄山说，

"忠心而已。"他诱使杨玉环的姐姐认他为兄,但是通过她们介绍进入
内宫之后,他又拜杨贵妃为母。一次他在宫中庆祝自己的生日,这位
漂亮的贵妃让一群女子用一块丝绸锦缎作就的尿布把他兜起来。皇
帝被喧闹的笑声吸引过来,看到这一幕,被告知养母刚给这位养子沐
浴。我们的明皇竟然如此愚钝,他为这样的趣事开怀大笑,完全没有
觉得这种做法有什么不合适的地方。

751 年,安禄山已经成为范阳、平卢与河东三镇节度使。他唯一
害怕的就是老谋深算的李林甫。李林甫在 752 年冬天去世之后,他
的叛乱计划就迅速展开了。不过,我们已经在年代上走得太远了。
在稍后的章节中我们再回来谈论安禄山。

749 年,杜甫当然还不清楚朝廷军事政策的灾难性倾向。毫无疑
问他和大家一样还在为边境的胜利而高兴。《兵车行》[29]一定作于
750 年末,因为它所写的关西部队被派往讨伐吐蕃的战争。进一步而
言,此诗提及征兵遣往北部和西部,而不是 751 年那次为了讨伐今天
云南地区的蛮族叛乱而进行的声名狼藉的征兵。因此,它一定是作
于 751 年之前。《前出塞》九首中的五首[30]-[34],也许就是与《兵车
行》同时所作,因为其中表达的情感在某种程度上类似。诗中所说的
"擒王"可能是指高仙芝在克什米尔和塔什干战役中俘获、并于 751
年初献纳给朝廷的敌酋。

兵车行[29]

　　车辚辚,马萧萧,行人弓箭各在腰。
　　耶娘妻子走相送,尘埃不见咸阳桥。
　　牵衣顿足拦道哭,哭声直上干云霄。
　　道旁过者问行人,行人但云点行频。

或从十五北防河，便至四十西营田。

去时里正与裹头，归来头白还戍边。

边廷流血成海水，武皇开边意未已。

君不闻汉家山东二百州，千村万落生荆杞。

纵有健妇把锄犁，禾生陇亩无东西。

况复秦兵耐苦战，被驱不异犬与鸡。

长者虽有问，役夫敢伸恨？且如今年冬，未休关西卒。

县官急索租，租税从何出？信知生男恶，反是生女好。

生女犹是嫁比邻，生男埋没随百草。

君不见青海头，古来白骨无人收。

新鬼烦冤旧鬼哭，天阴雨湿声啾啾。

前出塞（九首）

（其一）[30]

戚戚去故里，悠悠赴交河。公家有程期，亡命婴祸罗。

君已富土境，开边一何多？弃绝父母恩，吞声行负戈。

（其四）[31]

送徒既有长，远戍亦有身。生死向前去，不劳吏怒嗔。

路逢相识人，附书与六亲。哀哉两决绝，不复同苦辛！

（其六）[32]

挽弓当挽强，用箭当用长；射人先射马，擒贼先擒王。

杀人亦有限，列国自有疆。苟能制侵陵，岂在多杀伤？

(其八)[33]

单于寇我垒,百里风尘昏。雄剑四五动,彼军为我奔。

虏其名王归,系颈授辕门。潜身备行列,一胜何足论?

(其九)[34]

66

从军十年馀,能无分寸功? 众人贵苟得,欲语羞雷同。

中原有斗争,况在狄与戎? 丈夫四方志,安可辞固穷?

750 年秋天,主要为了一位非常著名的学者,一座新的教育机构在京城建起。郑虔也许是当时最有天分和最为博学的人。他精通地理、天文、药理和军事史,并就这些题目写过内容广泛的论著。他是卓有声望的书法家、画家和诗人。有一次郑虔向皇帝进呈自己画的一轴山水长卷,并附以精心书写的优雅诗篇,皇帝在长卷末端题曰"郑虔三绝"。后来,郑虔被指控未经许可而试图私撰国史,因此遭到流放。如今他被召回京城。因为郑虔饮酒无度、放纵不羁,无法胜任政府部门的日常工作,皇帝特置广文馆于最高学府国子监,诏授他为首任博士。我们不知道一位穷困的博士和一名更加穷困的诗人之间的热切友谊从何时产生。我倾向于认为《陪郑广文游何将军山林》[35]-[38] 写于 751 年晚春。何将军别业在长安西南郊区。这组诗共十首,这里我们只选译了其中四首。

陪郑广文游何将军山林(十首)

(其一)[35]

不识南塘路,今知第五桥。名园依绿水,野竹上青霄。

谷口旧相得,濠梁同见招。平生为幽兴,未惜马蹄遥。

（其四）[36]

旁舍连高竹，疏篱带晚花。碾涡深没马，藤蔓曲藏蛇。

词赋工无益，山林迹未赊。尽捻书籍卖，来问尔东家。

（其九）[37]

床上书连屋，阶前树拂云。将军不好武，稚子总能文。

醒酒微风入，听诗静夜分。绨衣挂萝薜，凉月白纷纷。

（其十）[38]

幽意忽不惬，归期无奈何。出门流水住，回首白云多。

自笑灯前舞，谁怜醉后歌。只应与朋好，风雨亦来过。

　　有理由推测杜甫是在献三大礼赋之前写作这组诗篇的。赋是一种类似散文的文学体裁，因为它的长度和它对思想的逻辑展开都无须考虑辞句的简省，但它又很像诗歌，因为在结构上需要辞句对仗，并且还要押韵。这三篇赋是为纪念三个国家大典而作——大典特别选定的时间在 751 年正月，由皇帝进奉丰厚的祭品，分别祭祀太清宫、太庙和南郊。在《进三大礼赋表》中，杜甫祈求皇帝，说他已经年满四十；在弱冠之年，自己就已经浪迹远方，卑微地存活于世间；这样的境遇源于自己没能通过国家的常科和制科考试；自己在京城通过朋友的接济，勉强维持生计，恰逢国家郊庙之礼的非常时期，能够见证和记录这一切；尽管这些赋不配引起皇帝陛下的注意，也谈不上能传之久远，但是自己不想死得默默无闻，得不到任何承认，因此还是大胆地将它们投入延恩匦。

　　所谓延恩匦，由一名主事纳谏的官员掌管，是一项由来已久的制度,意在帮助有上进抱负者寻求承认,谋取一官半职。当我们的诗人投赋延恩匦时,他一定希望这会给他带来一个文职官员的任命。延恩匦每天一定充满了各种文件,毫无疑问只有少数才能通过主管官员的挑选进呈到皇帝面前。这位官员显然是杜甫的熟人,因为我们发现三年后杜甫为此写过一首诗给他①。

三大礼赋以最优美的汉赋体制写成,叙述铺张,用事典雅,以史为鉴,喻讽于颂。其中第三篇这样收尾:

> 于是天子默然而徐思,终将固之又固之。意不在抑殊方之贡,亦不必广无用之祠。金马碧鸡,非理人之术;珊瑚翡翠,此一物何疑?奉郊庙以为宝,增怵惕以孜孜。况大庭氏之时,六龙飞御之归。

明皇读完三大礼赋后作何反应?杜甫在《壮游》一诗中说,皇帝立刻中断了进食,下令召集群臣("天子废食召,群公会轩裳")——当然,这里用了历史典故,表示好皇帝被打动并立即作出回应。这次召集群臣似乎只是为了让杜甫一个人向集贤院报到,并等候下一步任命。可能是因为杜甫不得不等待,所以我们发现 751 年末他还待在长安,在一个远房堂弟家中度过除夕之夜。我猜想杜甫在长安并没有真正属于自己的家。这位远房堂弟是杜位,首相李林甫的女婿!杜位的宅子在长安市区的东南部分,滨临美丽的曲江。

---

① 【译者按】其人或即张垍,陈贻焮先生《杜甫评传》第六章《旅食京华》第四节《献三大礼赋的前前后后》言之甚详(第 173—174 页,《杜甫评传》,上海古籍出版社,1982 年)。献纳使、起居舍人田澄可能也与此事有关,见杜甫《赠献纳使起居田舍人澄》一诗。

杜位宅守岁[39]

守岁阿戎家，椒盘已颂花。盍簪喧枥马，列炬散林鸦。

四十明朝过，飞腾暮景斜。谁能更拘束，烂醉是生涯。

《重过何氏》五首[40]-[42]可能作于752年春天，当时杜甫仍在无奈地等待皇帝的进一步任命。也许他开始感觉到官职的无益，眼下只有俸禄才更能吸引他。这五首诗中我们挑选了以下三首。

重过何氏（五首）

（其一）[40]

问讯东桥竹，将军有报书。倒衣还命驾，高枕乃吾庐。

花妥莺捎蝶，溪喧獭趁鱼。重来休沐地，真作野人居。

（其三）[41]

落日平台上，春风啜茗时。石阑斜点笔，桐叶坐题诗。

翡翠鸣衣桁，蜻蜓立钓丝。自今幽兴熟，来往亦无期。

（其五）[42]

到此应尝宿，相留可判年。蹉跎暮容色，怅望好林泉。

何路沾微禄，归山买薄田。斯游恐不遂，把酒意茫然。

皇帝的任命到底来了：杜甫还得参加另一次考试。这次显然相当正式。名流们都聚集在中书省。首相李林甫出题。礼部尚书帮助判卷。集贤院的高官们像一堵墙似的环绕在杜甫周围，而他则端坐在中间,勇敢而骄傲地奋笔疾书①。

　　结果如何呢? 这次没有完全失败。可能李林甫的女婿杜位的求
情软化了他的心。或者也可能这个老恶棍这次十分谨慎,不敢冒险
对一个已经引起皇帝注意的学者太过苛刻。自然,李林甫很愿意看
到,考试的汇报结果是:尽管这位技艺娴熟的作者很希望通过极言
直谏为皇帝效劳,但他却并不适合这个职位——而我们知道,杜甫真
正的热心的职责恰恰就在于此。皇帝的下一道命令来了,考试的结
果令人满意,候选人可以进入吏部待选,直到他被授予官职。这个过
程是任何通过年度考试的国子监学生、或者通过荫补进入仕途的年
轻人、以及完成了漫长服务年限的流外吏员进入官阶体系第一级的
开始。在杜甫看来,这就等于失败。自然,他思绪万千,这样的情绪
在过去十五年中也时常涌现。

　　　　奉留赠集贤院崔国辅于休烈二学士[43]

　　　　昭代将垂白,途穷乃叫阍。气冲星象表,词感帝王尊。

　　　　天老书题目,春官验讨论。倚风遗鹢路,随水到龙门。

　　　　竟与蛟螭杂,宁无燕雀喧。青冥犹契阔,陵厉不飞翻。

　　　　儒术诚难起,家声庶已存。故山多药物,胜概忆桃源。

　　　　欲整还乡旆,长怀禁掖垣。谬称三赋在,难述二公恩。

----

①　关于这次在中书省堂中举行的特别考试,参见第十章所载杜甫《忆昔》[243][244]及下
　　面的《奉留赠集贤院崔国辅于休烈二学士》[43]一诗。艾思柯（Ayscough）(2)133 还提
　　到李林甫作为主考官,闹出了写错字的笑话。我怀疑这个故事是艺竹生提供给艾思柯
　　的。杜甫自己仅仅说出首相写下考试题目,并未提及题目是什么,以及如何被写下。哪
　　怕我们知道首相就是李林甫,也不能错误地认为他在这种场合会是一个在文学上被嘲
　　弄的家伙(关于这一故事的更好版本,可以参见《旧唐书》卷 106,6a)。在艾思柯的叙述
　　中,杜甫的这次特别考试失败了。看来她和艺竹生都不了解,杜甫在后来进呈《西岳
　　赋》所附的表奏中已经说明了这次考试的结果了。

　　注家认为杜甫这里的"故山"指巩县或咸阳,这是错误的。杜甫是否指偃师或下杜城呢? 文献资料倾向于后者。在《壮游》一诗中,杜甫希望读者知道他在中书省的考试之后,没有接受任何馈赠就离去,满足于隐姓埋名,纵意于酒("脱身无所爱,痛饮信行藏")。接下来他继续描述说,在下杜城他已经被认为是年长老辈,整日为杜氏家族的公共事务操劳("杜曲晚耆旧,四郊多白杨。坐深乡党敬,日觉死生忙")。看起来他的确返回了下杜城,至少在此居住了一段时间。

第五章

故山歸興畫

——杜甫《官定后戏赠》

公元 752—755 年

长安

71

　　一个长期困扰所有杜甫传记作者的问题是：他何时结的婚①？
754年，妻儿在杜诗中已经很明显了。是否杜甫在752年之前就已经
结婚了，他把家人留在偃师？在745年至752年长安时期，为什么他
不能骑驴或乘马走上几天，回到300英里之外的偃师去呢？我很难
理解为何杜甫甚至在新年也不回家，大多数人这一天都不会待在外
面。杜甫后来的诗篇显示他是一个情感十分深挚的丈夫和父亲，当
他和妻儿分离时，他的诗中也总是洋溢着思乡的情怀。杜甫从745
年至752年的作品中对家庭完全保持缄默，只有一首短诗（《一百五
日夜对月》）是例外——这首诗我系于755年。此外，我们还发现我

① 关于杜甫结婚的日期：元稹的《唐检校工部员外郎杜君墓系铭并序》提到杜甫夫人的父
　亲是杨怡，司农少卿。元稹还说杜甫夫人于四十九岁逝世，但他没有提到生年和卒年，
　也没有提及结婚的日期。艾尔文（Elwin）女士（587页）在1899年时指出："诗人何时成
　婚，与何人成婚，是否有孩子，我都不清楚。对中国人来说很少有保持独身的，除非他出
　家为僧，我们可以下结论说在他生活的这个时期（即与李白同游的时期），诗人成婚了；
　但是这种家庭事务在中国的传记中被认为不值得记载。"艾思柯（2）63则认为杜甫在
　741—744年间拜访了好些家庭成员，"他的婚姻之事可能就完成了。""妻子……是崔氏
　家族的一员"。家族的姓氏弄错了，应该是杨而非崔，这可能只是一个小的笔误。闻
　一多并未提到杜甫成婚的时间，但是将杜甫的二儿子宗武的出生定在753年秋天的东
　都洛阳（254页）。最近，冯至（《爱国诗人杜甫传》，《新观察》第二卷，1951年第3期，32
　页）写到杜甫可能成婚于741年。将杜甫的成婚日期放在752年之前的困难有消极和
　积极两面。就消极一面而言，除了《一百五日夜对月》[57]这首诗（参见我对此诗的说
　明），杜甫没有一首表达对妻儿的思念的诗篇可以系于752年之前。就积极一面而
　言，这一阶段有些诗篇包含了一些思想，而这些思想对于一个具有家庭责任感的已婚男
　性而言就显得有些奇怪了——例如想要退居山中作一名炼丹的隐士（《冬日洛城北谒
　玄元皇帝庙》[6]、《去矣行》[26]、《奉赠韦左丞丈二十二韵》[25]等诗篇）。而且，如果
　杜甫在745—751年把妻子留在偃师，我们会期待能看到他往返于长安和东都洛阳之
　间。但是在杜甫的诗中却找不到一点这样的痕迹。

们诗人的思绪在出则兼济天下和退而独善其身之间犹豫不决。这个矛盾在晚年杜甫那里表现得特别尖锐,那时他已经是一个担负家庭的男人,将自己对家人的责任看得很重。因此我冒险提出一个大胆的假设,即杜甫晚婚,婚期是752年。

事实是杜甫的夫人在757年秋天就已经是五个孩子的母亲了①,因此我们还得推想她这几年持续不断地生育,并且还可能产下双胞胎。这当然不太寻常,但据我的见闻也有过几例。杜甫在远房堂弟家度过除夕之夜这件事颇能反驳他在752年之前成婚的假说。而且,751年杜甫四十岁时,尽管出身于良好的缙绅之家,但却穷困潦倒,并无仕途前景和固定收入,倒是经常酩酊大醉,想要一个人浪迹天涯,去遥远而不可企及的地方。这些可能都妨碍他找到一个门当户对的姑娘成婚。到四十一岁,情况有了可观的变化。突然之间他声名大噪:三大礼赋打动了皇帝陛下!不错的任命、稳定的收入想来没有问题,如果再娶得佳妻,他一定不会再想浪迹四方,他甚至还可以节制饮酒。媒人们忙碌起来了。肯定有一些漂亮的良家女子因为这样或那样的原因耽误了青春,尚待字闺中。

杜甫的新娘是司农少卿(从第四品上阶)杨怡的女儿,她这时可能已经丧父,因为我们对杨怡一无所知,除了名字和官衔。她也许才二十几岁,因为我们知道她大概去世于770年之后若干年,享年四十九岁。通过杜甫在诗中表现出来对她的感情和敬意来判断,这次媒人的作合一定相当顺利。

在《重过何氏》(其五)[42]一诗中,我们的诗人很奇怪地不但想到

① 757年秋天,杜甫夫人已经是五个孩子的母亲了,参见诗篇《自京赴奉先县咏怀五百字》[59](一个婴儿夭折于755年),《忆幼子》[73],《遣兴》[74](小儿骥子),《得家书》[81](两个儿子,骥子和熊儿),《北征》[89](两个女儿)。

了俸禄，还开始念叨起田产。这可不像一个将自己在偃师修建的房舍和继承的财产留给同父异母弟弟的人。是不是这时婚礼已经在考虑中了，或者干脆就已经成亲了呢？想要取得某种官职任命——不是想要到东南沿岸漫游，或者到蓝田山的绝壁上隐居，而是想要在京城附近过田园生活——也显示出杜甫在接受新的责任之后，意识到有必要在经济上采取审慎态度了。

我们发现，在752年秋天，杜甫和另外四位诗人，高适、薛据、岑参、储光羲，一起登临了曲江旁边著名的慈恩寺大雁塔——这里离下杜城仅有步行几个小时的路程。毫无疑问，五人都写了诗。时间很确定，因为五位诗人同时身在长安或长安郊区，这样的秋天只有一个。高适在749年通过了一次特别考试（"有道科"），被任命为（封丘）县尉，一个他很讨厌的职务（"拜迎官长心欲碎，鞭笞黎庶令人悲！"），因此他弃职而去，来到长安寻求一个更好的任命。在诗中，高适表达了尚未找到满意任命的失望（"盛时惭阮步，末宦知周防。输效独无因，斯焉可游放"）。岑参在诗中说自己将要结束仕宦生涯（"誓将挂冠去，觉道资无穷"）；他显然对自己的右威卫录事参军官衔很不满意。监察御史储光羲则在诗中写道宝塔一定会有崩塌的一天，那些居住在此地的人不可能长久（"尉为非大厦，久居亦以危"）。薛据这时还是一名下级官员（水部郎中），他的诗没有保存下来。

比较这几首诗，文学批评家们一致认为杜甫所作最佳。杜甫的这首诗最难翻译。如果不参照历史背景以钩辑出诗中的丰富比喻和史实中隐藏的意义，这首诗将显得不合逻辑，毫无意义。举个例子，龙和蛇象征政治的错综复杂，它甚至能够影响到杜甫这样一位卑微学者的命运。天河西流可能指大唐帝国因西部边境的军事扩张而导致人力物力枯竭。遮蔽群山的云是李林甫及其党羽，他们欺骗了皇帝。清渭浊泾混淆，因为不再有任何判定善恶是非的标准。当然，远古的明君舜帝是指明皇，汉代传说中的西王母则是指杨贵妃。黄鹄则指离开京城的良善之辈。大雁则指高适、薛据、岑参、储光羲——每个人都在担心自己的生计。

同诸公登慈恩寺塔[44]

高标跨苍天，烈风无时休。自非旷士怀，登兹翻百忧。
方知象教力，足可追冥搜。仰穿龙蛇窟，始出枝撑幽。
七星在北户，河汉声西流。羲和鞭白日，少昊行清秋。
秦山忽破碎，泾渭不可求。俯视但一气，焉能辨皇州。
回首叫虞舜，苍梧云正愁。惜哉瑶池饮，日晏昆仑丘。
黄鹄去不息，哀鸣何所投。君看随阳雁，各有稻粱谋。

《曲江》[45]很可能与慈恩寺塔诗作于同时。我们这里只从三首中选了一首。需要注意的是杜甫现在在下杜城拥有了一些田产。我们不知道他怎么办到的。也许他为某些慷慨的人写了些东西，得到一小笔钱。也许，他得到诗中所赞颂的那位退休将军"李广"的帮助。李广是汉代将军，娴于军旅，英勇善战，但是仕途不顺。他曾误将石头看作老虎，一箭没入石中。诗中的这个暗示可能指一个朋友、或是资助者——也许是何将军？一位退休的军人，没准儿在私下的议论中他曾说过要射杀李林甫这只政治上的老虎和他的同党们。

曲江三章（其三）[45]

自断此生休问天，杜曲幸有桑麻田，故将移住南山边。
短衣匹马随李广，看射猛虎终残年。

《示从孙济》[46]毫无疑问写成于我们诗人忙于某些下杜城事务的时候。在杜甫晚年,这位远房从孙被拔擢至高位。很明显,两人这时的关系颇一般。据杜氏谱系,杜济比杜甫矮一辈。但是杜甫总是强调杜济属于他侄孙一辈——显然《世系表》的文字有误。

示从孙济[46]

平明跨驴出,未知适谁门。权门多噂嗒,且复寻诸孙。
诸孙贫无事,宅舍如荒村。堂前自生竹,堂后自生萱。
萱草秋已死,竹枝霜不蕃。淘米少汲水,汲多井水浑。
刈葵莫放手,放手伤葵根。阿翁懒惰久,觉儿行步奔。
所来为宗族,亦不为盘飧。小人利口食,薄俗难可论。
勿受外嫌猜,同姓古所敦。

当杜甫放弃了在李林甫主政的朝廷任职的念头,回到杜陵,忙于杜氏宗族事务的时候,李林甫仍在继续使自己成为这个帝国最令人敬畏的权臣。即使是炙手可热、无赖狡诈的杨国忠和安禄山也仰承他的鼻息,不敢招致他的怒气。但李林甫也是一个十分害怕别人的人。由于不正义地把很多人驱赶上死亡之路,他非常害怕遭到寻仇。他在长安的豪华府第是一座壁垒森严的真正要塞,遍布密室和地下通道。他的众多妻妾、二十五个儿子和二十五个女儿都不知道每天晚上他会在哪里过夜。但他疾病缠身。752年初冬,他就已经病入膏肓,到了753年1月3日,终于一命呜呼。这样,一项盘踞于政府最顶端的巨大事业终结了——那是十九年不间断的阴谋诡计、残忍争斗,它毒害了这个世界上最辉煌的帝国,一点点侵蚀其根基。历史上很少有人因为自己的死亡给同时代人突然间带来了巨大的释放和欢欣,这位邪恶的首相算是做到了。

我们不难想起,杨国忠,这位皇帝的赌伴和杨贵妃的堂兄弟,现在继承了李林甫的首相之职。他开始网罗罪名以指控他死去的朋友和对手。皇帝被激怒了,他下令加以惩处。李林甫的一切头衔和荣誉被剥夺,他的棺材被打开,他尸体上的服饰、珍珠宝石被掳去,他的亲戚被流放。他在朝廷中的五十多名党羽被驱逐。

无论以何种标准来看,杨国忠都不是一个正直、坦率的人,这一点杜甫当然知道。然而,如果杜甫认为杨国忠并不像李林甫那样险毒,那他倒也没错。对一个人来说,他对除掉了自己最大敌人的人总有些许好感。再说了,杨国忠还着手开始实施一些举措,使得那些长期寻求官职任命而未果的失败者对他颇为感激。他以惊人的速度开始官员任命工作,那些感激涕零的被任命者甚至为他建起了颂碑。杨国忠还将一位名叫鲜于仲通的著名文人召到京城,此人在杨国忠早年在蜀郡时常常周济他,杨国忠现在任命他为京兆尹。杜甫的《奉赠鲜于京兆二十韵》[47]毫无疑问写于753年,因为鲜于仲通的传记作者告诉我们他很快就被他从前所周济的人厌弃,在同一年就遭到贬斥。在李林甫去世以及新的任命程序开始实施之后,杜甫可能认为在鲜于仲通的帮助下,他不必徘徊在吏部大门外,和那些他比作麻雀和水蛇的候选人一起,等上几个月或是几年了。

奉赠鲜于京兆二十韵[47]

王国称多士,贤良复几人？异才应间出,爽气必殊伦。
始见张京兆,宜居汉近臣。骅骝开道路,雕鹗离风尘。
侯伯知何算,文章实致身。奋飞超等级,容易失沉沦。
脱略蟠溪钓,操持郢匠斤。云霄今已逼,台衮更谁亲？

凤穴雏皆好，龙门客又新。义声纷感激，败绩自逡巡。

途远欲何向，天高难重陈。学诗犹孺子，乡赋忝嘉宾。

不得同晁错，吁嗟后郤诜。计疏疑翰墨，时过忆松筠。

献纳纡皇眷，中间谒紫宸。且随诸彦集，方觊薄才伸。

破胆遭前政，阴谋独秉钧。微生沾忌刻，万事益酸辛。

交合丹青地，恩倾雨露辰。有儒愁饿死，早晚报平津。

77　　　杜甫希望这首诗能起作用，给自己带来任命，他现在从隐退的下杜城走出来，再次回到前一年离开的长安。家族长辈的责任一般与族人的婚丧嫁娶、募集捐款以修缮宗庙、掩埋无力安葬的死者、赈济孤儿寡母、调解族人之间的争执等事务有关。如果有很多例证表明杜甫对这些事情不上心，那么他抛开这些工作返回长安就不会受到责难。我们发现在 754 年的多雨月份里，他居住在一所靠近长安南城墙的房舍中。753 年夏天他应该在这里住得很惬意，并且还接待了李公（《夏日李公见访》[49]）①。

　　随着杨贵妃专宠宫中，杨国忠主政朝廷，另外五位杨氏变得越来越爱大摆排场。每一家都给自己的扈从、仆人和卫士穿上同一颜色的制服。偶尔会出现五种颜色在大街上喝道出行，队伍的最前面则

①　关于此诗有两个问题：地理上，杜甫的房舍位于何处？时间上，这首诗作于何时？关于地点，所有的注家都认为杜甫的房子在长安城南的下杜城，诗中所说的蜿蜒长流乃是樊川。我发现这首解释很难接受。杜甫时代的杜陵和下杜城不是被废弃的市集，而是十分繁华的城镇，许多权贵都在此拥有别墅。当杜甫说此地类似村坞，很明显这里不是一个城镇，这里并不在城外，而在城内。《苦雨奉寄陇西公兼呈王征士》和《九日寄岑参》两首诗通常被系于 754 年秋天；从这两首诗中我们可以看到杜甫住在长安城南的一条街上，离曲江很近。这首诗中的长流应该是指曲江；城南楼则是指启夏门。这条街可能是指长安东南部分最南端的街道。关于时间，闻一多将它系于 754 年（478 页）。不过，我相信 753 年更合适。754 年夏天（【译者按】当为"秋天"，原文如此）有超过六十天的降雨。这首诗写于夏天，而其中提到天气很晴朗。

是坐轿的女主人或是骑马的男主人。首相杨国忠出行时，旌节前导，擎盖遮顶，带着耀眼的兵士和随身装备，因为他现在又兼任了剑南节度使的头衔。《丽人行》[48]则帮助我们瞥见杨氏在某个节日的盛况，这可能是在753年4月10日。诗中提到"红巾"大概是暗示这种非法的朋比勾结。

因为杜甫对首相杨国忠的性格的估计是如此的不堪，我们没必要怀疑有时他一定很想痛斥这个小人，尤其是想到他还不得不向这个无赖乞求帮助。《白丝行》[50]可以视为杜甫内心良知的一种斗争。高适在753年夏天来到武威，成为节度使哥舒翰的掌书记，毫无疑问，在杜甫《送高三十五书记十五韵》[51]一诗中，他向西部边境投去了艳羡的目光。尽管杜甫仍然对哥舒翰的边境扩张倾向感到疑虑，但他意识到在哥舒翰的庇护下，一个有高适这样才干的人能够在仕途上突飞猛进。

丽人行[48]

三月三日天气新，长安水边多丽人。
态浓意远淑且真，肌理细腻骨肉匀。
绣罗衣裳照暮春，蹙金孔雀玉麒麟。
头上何所有？翠微㔉叶垂鬓唇。
背后何所见？珠压腰衱稳称身。
就中云幕椒房亲，赐名大国虢与秦。
紫驼之峰出翠釜，水精之盘行素鳞。
犀箸厌饫久未下，鸾刀缕切空纷纶。
黄门飞鞚不动尘，御厨络绎送八珍。
箫管哀吟感鬼神，宾从杂遝实要津。

后来鞍马何逡巡！当轩下马入锦茵。

杨花雪落覆白萍，青鸟飞去衔红巾。

炙手可热势绝伦，慎莫近前丞相嗔！

夏日李公见访[49]

远林暑气薄，公子过我游。贫居类村坞，僻近城南楼。

傍舍颇淳朴，所愿亦易求。隔屋唤西家，借问有酒不？

墙头过浊醪，展席俯长流。清风左右至，客意已惊秋。

巢多众鸟斗，叶密鸣蝉稠。苦遭此物聒，孰谓吾庐幽？

水花晚色净，庶足充淹留。预恐尊中尽，更起为君谋。

白丝行[50]

缫丝须长不须白，越罗蜀锦金粟尺。

象床玉手乱殷红，万草千花动凝碧。

已悲素质随时染，裂下鸣机色相射。

美人细意熨贴平，裁缝灭尽针线迹。

春天衣著为君舞，蛱蝶飞来黄鹂语。

落絮游丝亦有情，随风照日宜轻举。

香汗清尘污颜色，开新合故置何许？

君不见才士汲引难，恐惧弃捐忍羁旅。

送高三十五书记[51]

崆峒小麦熟，且愿休王师。请公问主将：焉用穷荒为？

饥鹰未饱肉，侧翅随人飞。高生跨鞍马，有似幽并儿。

脱身簿尉中，始与捶楚辞。借问今何官，触热向武威？

答云一书记，所愧国士知。人实不易知，更须慎其仪。
十年出幕府，自可持旌麾。此行既特达，足以慰所思。
男儿功名遂，亦在老大时。常恨结欢浅，各在天一涯。
又如参与商，惨惨中肠悲。惊风吹鸿鹄，不得相追随。
黄尘翳沙漠，念子何当归。边城有馀力，早寄从军诗。

754 年，杜甫绝望了。鲜于仲通走了，而吏部也没有任何令人鼓舞的消息。一个孩子，也许还是双胞胎，前一年来到人世。家庭规模增加了，添了仆人和乳娘，经济上的压力也大了起来。如果新首相——他的官阶在稍后的春天被提升为更高一级的司空——不肯帮忙，是不是又要向皇帝陈情呢？

我们的诗人往延恩匦里又投了一篇《封西岳赋》。这一次杜甫建议皇帝陛下再行典仪，祀封太华山，以护卫圣躬之精魂。这篇赋毫无疑问是冲着皇帝的迷信爱好而作的。为了不重蹈李林甫当政时期的覆辙，杜甫甚至在《进〈封西岳赋〉表》一文中颂扬起新首相杨国忠："维岳授陛下元弼，克生司空。"我们禁不住会想，这一切实在不值得我们优秀而正直的诗人杜甫去做啊！不过，我们必须同情他内心不顾一切的绝望状态，因为这次新冒险的真正目的仅仅是为了告诉皇帝自己已经在官员任命的惯常机制中等待了两年之久而一无所获，而且他还常常因为肺部的疾病而感到虚弱（不一定就是肺结核，可能仅仅是过敏性的哮喘），他很担心在效命君王之前就撒手人寰。

杜甫还写了一首诗给田澄，他是掌管延恩匦的献纳使。关于扬雄（前 53—18）的比喻暗示如今献上的这篇赋和此前的几篇一样，包含了对皇帝的重要建议。

赠献纳使起居田舍人[52]

献纳司存雨露边，地分清切任才贤。

舍人退食收封事，宫女开函近御筵。

晓漏追趋青琐闼，晴窗检点白云篇。

扬雄更有河东赋，唯待吹嘘送上天。

　　绝大多数杜诗的批评者都不认为这首诗有多大的文学价值，我这里征引仅仅是出于保存史料的缘故。此诗颇似草率成章，我都怀疑田澄是否被打动。我甚至还怀疑那篇赋是否进呈到皇帝面前。如果这篇赋是在夏天投入延恩匦，田澄——尽管杜甫诗中描写他是一个勤勉的人——恐怕不很情愿在高温酷暑中忙于处理大量的案头文卷事务。如果他直到秋天才看到杜甫的赋，那么很可能匆匆一瞥之下，他就足以作出决定把它扔进废纸篓。754 年秋天开始，一场降雨持续不断地下了六十天。京城的房舍被冲塌，郊区的庄稼也被毁掉。饥荒开始。750 年，祀封西岳的典仪开始着手，但又因为干旱推迟了——没有一点雨水。华山未能阻止这样一场灾难，所以它不配获得巨大的荣誉封号。现在到了 754 年，雨水太多了。因此很自然的，杜甫的赋不可能被进呈到皇帝面前。皇帝甚至很可能对诗人和献纳使发下雷霆之怒。

81　　等待令人沮丧。杜甫等着降雨停止，等着食物的价格降低，等着皇帝和吏部的命令降临。皇帝陛下很是仁慈，下令将一百万斛太仓米以低价卖给长安城中饥饿的人们①。但每个家庭每天只能买二十

---

①　关于这场超过六十天的淫雨，参见《旧唐书》卷 112,9b。关于一百万斛太仓米，参见《旧唐书》卷 9,19b。关于每家只能买二十分之一斛，参见诗篇《醉时歌》[54]，第 11 行。关于杜甫的家庭人口规模，参见《自京赴奉先县咏怀五百字》[59]，第 82 行。

分之一斛,这个数量足以满足两个大人加上一个孩子的需求。我们知道杜甫一家后来有十口人左右。这时他可能不得不为大约六口人提供食物。怎么办呢? 没错,他写了一些关于这场淫雨的诗篇。我们从三首《秋雨叹》中选了下面这一首[53]。另外一件他能做的事就是跑到朋友广文博士郑虔那里,一起喝个大醉(《醉时歌》)[54]①。《戏简郑广文兼呈苏司业》[55]可能作于754年,也可能不是。我们诗人的老朋友苏预在753年秋天之前、755年冬天之后,都不可能以国子监司业的身份来到长安。我把此诗系年于此,借以表明三人之间的密切友谊。

秋雨叹(三首)

(其二)[53]

阑风伏雨秋纷纷,四海八荒同一云。

去马来牛不复辨,浊泾清渭何当分?

---

① 此诗的17—18行有一些难点。因为17行提到了"春酤",那么这首诗是否写于此年的第一个季节?《杜诗引得》554页中有不少春酒的例子。春天显然是个酿酒的好季节。郑虔和杜甫可能是在秋天到酒肆去买了春天酿好的酒。第18行有两种读法,可以读作"雨从屋檐落下,就像灯花从蜡烛上落下",也可以读作"花朵从屋檐落下,就像雨水从灯前落下"。很难从中选择一种。我们可以倾向于第二种,如果我们把17行的"清夜"理解为晴朗的夜晚——这是杜甫惯用的手法(参见《杜诗引得》553页)。我们也可以倾向第一种理解,因为灯花在杜诗中比较普遍,而屋檐上落下的花朵则比较罕见(参见《杜诗引得》768,760页)。但如此而来我们就必将把17行的"清夜"理解为安静而无人打扰的夜晚,但这是杜甫很少见的用法。进一步,如果我们选择了18行的第二种读法,就必须把此诗系于754年春天,而不是秋天。这是可能的,因为753年秋天有十万斛太仓米的赈济(参见《旧唐书》卷9,17b),杜甫可能仍在754年春天购买其定量。我得抱歉在两种读法、两个季节之间摇摆不定,花了太多时间。现在我决定更倾向于秋天,主要因为杜甫进呈《西岳赋》所附的表奏表明此文成于晚春时节。杜甫将那段时间描述为平和、富足,并感谢西岳华山的庇佑。这使我推测754年春天长安城中可能已经没有饥荒了。753年秋天的饥荒可能比起754年秋天来要轻而且短;比较一下两次赈济粮食的数量就知道:十万斛与一百万斛。换句话说,如果假设诗中提到的"太仓五斛米"乃是从753年秋天到754年晚春时节的粮食赈济量,这种假设的可能性会很低。

木头生耳黍穗黑，农夫田父无消息。

城中斗米换衾裯，相许宁论两相直？

醉时歌[54]

诸公衮衮登台省，广文先生官独冷。

甲第纷纷厌粱肉，广文先生饭不足。

先生有道出羲皇，先生有才过屈宋。

德尊一代常坎轲，名垂万古知何用？

杜陵野客人更嗤，被褐短窄鬓如丝。

日籴太仓五升米，时赴郑老同衾期。

得钱即相觅，沽酒不复遗。忘形到尔汝，痛饮真吾师。

清夜沉沉动春酌，灯前细雨檐花落。

但觉高歌有鬼神，焉知饿死填满壑？

相如逸才亲涤器，子云识字终投阁。

先生早赋归去来，石田茅屋荒苍苔。

儒术于我何有哉？孔丘盗跖俱尘埃。

不须闻此意惨怆，生前相遇且衔杯。

戏简郑广文兼呈苏司业[55]

广文到官舍，系马堂阶下。醉则骑马归，颇遭官长骂。

才名三十年，坐客寒无毡。赖有苏司业，时时与酒钱①。

可能就是在晚秋时节，在他意识到自己第二次献赋延恩匦已

---

① 【译者按】"时时与酒钱"，一作"时时乞酒钱"。在初版中，洪业先生采用"乞"（beg）；再
版时，则改为"与"（get）。

经没有意义之后，他开始转向到西部边境从军的可能性上。事实上，朝廷不能任用那些有才能的优秀人才，这使得越来越多的人投奔遥远边境的军事将领，在他们的机构中任职。诗人高适已经在武威节度使哥舒翰的幕中任职一年多了。诗人岑参，杜甫的另一个朋友，也已经离开长安，到那位治军严厉的跛脚将军、安西节度使封常清幕中任职。因此杜甫很自然地想到是否要效法高、岑二人。正好此时哥舒翰派到朝廷的信使即将返回武威。杜甫为使者写下一首告别的诗歌（《赠田九判官梁丘》），又托他转交给哥舒翰另一首诗作（《投赠哥舒开府翰二十韵》）。后者实际上就是想要任职幕府的申请书。这无疑是徒劳的一步，因为这位大将军仅仅只是让高适找出一些申请者的反战言论。不管怎么说，如果杜甫不是处于极其困顿的境地——无休止的淫雨、贫穷、饥寒交迫，他是不会走出这一步的。

也许觉得在郊县会比在城市中更容易找到食物，杜甫在深秋时节——或许在淫雨期间，或许在这场雨刚刚结束的时候——把家搬回下杜城。但是他能否在饥荒时节从田庄的租户那里得到足够的粮食还是个问题。不能指望从宗族得到救济，因为饥荒的影响遍及每个人。当然，唯一可行的是再次迁移——到一个饥荒尚未波及、或者灾情轻一些的地方。我们在杜甫的集子中找到一首长诗（《桥陵诗三十韵因呈县内诸官》），写给奉先县掌管睿宗陵墓的官员们，那里距长安东北约80英里。诗中说到，因为饥荒，他和他的家人，包括营养不良的孩子，离开了下杜城，渡过泾水，在夜间抵达奉先，涕泗交流，像秋天的萤火虫一样孤独无依，被安置在一个不常用的廨署临时住宿。杜甫一定在奉先有朋友或亲属，他希望他们能帮他找到固定的居处①。

我倾向于认为杜甫在 754 年冬天一直待在奉先，仅仅为了给自己和家人找到借贷之资和馈赠，他出行到周边地区。《沙苑行》[56]很可能作于这个冬天；沙苑的马群就在附近，往东南方向几英里。诗中的最后几句影射安禄山。

在杜甫集子中还有一篇作品，他和郭给事的诗作，吟咏骊山（官方名称叫蓝田山）下华清宫温泉东边的一个深潭。这里杜甫也提到别的一些东西（《奉同郭给事汤东灵湫作》）：

> 坡陀金虾蟆，出见盖有由。至尊顾之笑，王母不遣收。
> 复归虚无底，化作长黄虬。

我们并不能确凿地指出此诗写作的时地与《沙苑行》相关，不过有理由认为杜甫此诗作于 754 年春天之后，此时安禄山已经离开长安返回范阳。蟾蜍（虾蟆）无疑是指安禄山，龙（虬）则是君王的象征。前面已经提到安禄山和首相杨国忠之间早就产生了不可调和的嫉妒和敌视。杨国忠警告皇帝："安禄山一定会谋反。假如你召见他，他一定不敢来。"皇帝果然召见安禄山——他立即于 754 年春天来到长安。安禄

---

① 关于杜甫一家前往奉先的旅行，以及他们在睿宗陵墓的短暂停留，参见仇兆鳌 34/2/12. 49—60。我的猜测是在去往奉先之前，杜甫一家已经从长安迁往杜陵，证据只是"辗轲辞下杜"这句诗。诗篇《秋雨叹》[53]表明杜甫身在淫雨的城中。而另一首关于淫雨的诗篇（《秋雨叹》其三，仇兆鳌 14/1/16c）当杜甫在室内待着，他的小儿子在雨中弄得湿漉漉，十分开心（"老夫不出长蓬蒿，稚子无忧走风雨"）。这表明杜甫和家人在一起住在长安。他如何和家人一起到下杜城？我猜想他们返回杜陵寻找食物。当他们前往奉先，自然会经过下杜。大多数学者都认为杜甫和家人住在下杜而非长安，闻一多（477—479 页）甚至说杜甫在 754 年将家人从东都洛阳迁到下杜城。参见我对诗篇《夏日李公见访》[49]的注释。当然，尽管杜甫的土地和房舍在杜陵，他也可以将它们租出去，在 753 年春天和家人一起前往长安，而当他们一家在 754 年秋天回到乡村时，就不得不暂时住在下杜了。

山在华清宫备受宠遇。皇帝不再怀疑他的绝对忠诚。凭借着这种信任,这个恶棍又让皇帝任命他为知四十八马苑监总事;于是他便删汰劣马,选取数以千计的健马拨归他自己在范阳的军队。此外,安禄山还获得了皇帝签署的空白委任状,包括将军 500 名和中郎将 2 000 名,他可以自行填署姓名! 安禄山以此封赏了他信任能够一起实施叛乱计划的蛮族士兵。当他在 754 年暮春离开京城时,他担心杨国忠会阻挠归程,因此乘船昼夜兼程回到范阳。有些人斗胆向皇帝报告安禄山的谋反准备:皇帝逮捕了他们,然后交给安禄山去惩处。

> 沙苑行[56]
> 君不见左辅白沙如白水,缭以周墙百馀里。
> 龙媒昔是渥洼生,汗血今称献于此。
> 苑中騋牝三千四,丰草青青寒不死。
> 食之豪健西域无,每岁攻驹冠边鄙。
> 王有虎臣司苑门,入门天厩皆云屯。
> 骕骦一骨独当御,春秋二时归至尊。
> 至尊内外马盈亿,伏枥在坰空大存。
> 逸群绝足信殊杰,倜傥权奇难具论。
> 累累坡阜藏奔突,往往坡陀纵超越。
> 角壮翻同麋鹿游,浮深簸荡鼋鼍窟。
> 泉出巨鱼长比人,丹砂作尾黄金鳞。
> 岂知异物同精气,虽未成龙亦有神。

可能在 755 年初春杜甫回到长安,把家人留在奉先。《一百五日夜对月》[57]是一首诗人思念妻子的爱情诗。从冬至算起,第 105 天之后就是为了纪念一位古代英雄的悲剧的寒食节。公元前七世纪的介之推，被封赏犒劳臣下忠诚的晋文公遗忘，于是退隐于山林，当晋文公放火焚林，逼他出来接受封赏时，他拒绝从命，被烧死在林中。为了纪念介之推，晋文公下令每年的这一天禁止取火做饭。杜甫的这首爱情诗一般被系于757年春天。我发现有误，因为这一年的寒食夜里，天空中只有半月，但是诗中提到了满月。在杜甫一生中只有三次满月的寒食之夜：747年、755年和763年。763年杜甫和家人在一起。747年，他很可能尚未成婚。因此，我将此诗系年在755年4月1日。

　　批评家认为这首诗是杜甫使用民间传说隐喻最为巧妙的作品之一。我们只需要说明牛郎和织女分别指天河两边的两颗星辰，织女每年只有一次渡过天河与牛郎会面的机会，这一天在七夕（七月七日）。满月中的阴影被认为象征着桂树。

　　　　一百五日夜对月[57]

　　　无家对寒食，有泪如金波。斫却月中桂，清光应更多。
　　　仳离放红蕊，想象颦青蛾。牛女漫愁思，秋期犹渡河。

　　当哥舒翰于755年春天抵达京城时，他病得如此之重，以致于不得不请求暂时离开职位，杜甫想要进入河西和陇右节度使幕府的希望也就烟消云散了。这时候他写了一首长诗给韦见素，此人在去年秋天被任命为宰相，仅次于杨国忠。韦见素年长忠厚，通过科举进入仕途，经过很多年才一步步升到现在的位置。不过，他也是一个胆小的人。即使他同情杜甫的遭遇，他也不会做些什么，除非得到杨国忠的首肯。

　　晚春时节，杜甫可能曾短暂地摆脱了穷困窘迫的境地。他为一位去世已久的皇家淑妃，驸马郑潜耀的岳母，写了一篇神道碑文。郑潜耀据说是广文博士郑虔的侄子，其实更可能是他的二堂兄，杜甫这次撰写神道碑文很可能就是郑虔推荐的。这类文字事务通常都会有润笔报酬。从杜甫几首诗描述他拜访这位公主的园林以及同驸马出游等经历来看，公主和驸马显然十分阔绰。润笔的出手应该慷慨大方。在碑文中，杜甫毫不谦虚、但也不乏公正地把自己跟古代最好的碑文作者（嵇康、阮籍、崔骃、蔡邕）相提并论。同时，他也谦恭地感谢皇室宗亲对他这样一个没有任何官职的白头村野之夫的关注。是否杜甫希望皇帝能读到这篇写给他年轻时期淑妃的典雅文字，从而意识到这是同一个作者——即四年前自己欣赏的三大礼赋的作者——进而想起这个作者现在仍是白身？如果杜甫真作如此念想，那又是徒劳了。

　　秋天已经来了，我们的诗人仍看不到任命的希望。在绝望中他第三次来到延恩匦。《雕赋》和《进雕赋表》中没有任何可资系年的线索。我倾向于认为正是这篇赋促使有关部门给予了我们可怜的诗人一个任命，时间不是在同年秋天，就是在这年初冬。在《进雕赋表》中，杜甫暗示皇帝说他不想通过通常的磨勘程序获得任命，而是希望以自己的文学才能直接为皇帝陛下效劳，就像自己的祖父杜审言一度在中宗朝中服务一样。他在赋中极其优美地描写了猎雕在秋天的捕食活动。当然，他是在暗示，他将像雕一样勇敢无畏地为皇帝效力，清除朝廷中孽狐狡兔①。

---

①　在《进雕赋表》中，杜甫说："自七岁所缀诗笔，向四十载矣。"这说明他还不到四十七岁。黄鹤因此将此赋系于750年。仇兆鳌认为这个时间太早，而将此诗移至754年，杜甫是年四十三岁。我不明白仇兆鳌为何不将此诗尽量往后编排，也就是到755年——755年之后，文字语境就不适合杜甫生活状态的整体氛围了。因为文中很明确提到秋天，754年应当被排除在外，杜甫不可能呈上赋之后就立即离开长安前往奉先。因此我认为时间应该在755年秋天，在他获得任命之前不久。

如果皇帝对这篇赋有所反应,那么我们的诗人一定会在诗中大加炫耀或是表示失望。我怀疑这篇赋并未在延恩匦的办事机构中被归入档案或是被扔进了废纸篓。这篇赋的调子太大胆,其中提出的要求也太异乎寻常了。当这篇赋传到那些摰狐和狡兔手中,他们中的某些人一定会认为最好是在这个莽撞的诗人干出点什么来之前,赶紧把他给弄出京城。于是,吏部发下一道委任令。杜甫被任命为离奉先不远的河西县县尉①。真够慷慨!设想一下,以最大的仁慈和最深切的同情任命一位伟大诗人——一个敏感得甚至能体会到鸟兽痛苦的人——担任这样的工作,其主要职责就是鞭笞逃避服役和拖欠赋税的老百姓!

还好,唐代制度允许一个被任命者拒绝担任一项不情愿的职务。我们不知道这次改任的任何细节,但是它显然很快就作出了。《官定后戏赠》[58]可能作于 755 年初冬。题下注曰:"时免河西尉,为右卫率府兵曹。"

有必要指出,这时各种各样归在率府名下的卫将多半是虚衔而非实职,而兵曹参军也基本上无事可做。在官阶上这个职位属于从第八品下阶。这个级别的职位赋予任职者以 200 亩土地的永久拥有权,在任职期间则为 250 亩,年收入约 134 斛谷物,月收入总计 35 640文钱,另带其他一些福利,例如配给两名仆人,使用马匹,等等。这样的收入能够使得我们诗人维持大概十口人的日常开销。

在杜甫这首自我嘲弄的诗中,"折腰"一辞出自著名的陶潜(372—427)的传说,他辞官归隐,只因为不想为了五斗米(二分之一

---

① 在唐代,不同时候有好几个地方叫做河西。杜甫被任命的这个地点很明显属于黄河西岸的同州辖区。760 年,此地改名夏阳。位于今郃阳东 13 英里处。参见《元和郡县图志》卷 2,11b;《唐会要》卷 70,18b;《旧唐书》卷 38,15b;《中国古今地名大辞典》690 页,"夏阳"条。从奉先往东北方向到河西有 50 多英里。

斛)的微薄俸禄而不时对上司折腰鞠躬。我们的诗人也可能开玩笑地用这个典故说明作了河西县尉之后会有很多老百姓在自己面前折腰。我们参看杜甫写给高适的《送高三十五书记》[51],就不难明白对他来说这个工作最令人厌恶之处就是惩罚下级和普通百姓。

官定后戏赠[58]
不作河西尉,凄凉为折腰。老夫怕趋走,率府且逍遥。
耽酒须微禄,狂歌托圣朝。故山归兴尽,回首向风飚。

可能在任命下达后不久,杜甫很快就离开长安了。《自京赴奉先县咏怀五百字》[59]作于他抵达奉先之后、闻听安禄山叛乱之前,这场叛乱始于范阳(即今天的北京),时间是 755 年 12 月 16 日。叛乱的消息于 12 月 22 日传到华清宫的皇帝那里,它散播到奉先的时间不可能比这还早。根据杜甫这首长诗中的悲观情绪判断,毫无疑问他对这场迫在眉睫的叛乱爆发有所预料。

自京赴奉先县咏怀五百字[59]
杜陵有布衣,老大意转拙。许身一何愚?窃比稷与契。
居然成濩落,白首甘契阔。盖棺事则已,此志常觊豁。
穷年忧黎元,叹息肠内热。取笑同学翁,浩歌弥激烈。
非无江海志,萧洒送日月。生逢尧舜君,不忍便永诀。
当今廊庙具,构厦岂云缺?葵藿倾太阳,物性固莫夺。
顾惟蝼蚁辈,但自求其穴。胡为慕大鲸,辄拟偃溟渤?
以兹误生理,独耻事干谒。兀兀遂至今,忍为尘埃没。
终愧巢与由,未能易其节。沉饮聊自遣,放歌破愁绝。

88

岁暮百草零，疾风高冈裂。天衢阴峥嵘，客子中夜发。

霜严衣带断，指直不得结。凌晨过骊山，御榻在嵞嵲。

蚩尤塞寒空，蹴蹋崖谷滑。瑶池气郁律，羽林相摩戛。

君臣留欢娱，乐动殷胶葛。赐浴皆长缨，与宴非短褐。

彤庭所分帛，本自寒女出。鞭挞其夫家，聚敛贡城阙。

圣人筐篚恩，实欲邦国活。臣如忽至理，君岂弃此物？

多士盈朝廷，仁者宜战栗。况闻内金盘，尽在卫霍室。

中堂有神仙，烟雾蒙玉质。暖客貂鼠裘，悲管逐清瑟。

劝客驼蹄羹，霜橙压香橘。朱门酒肉臭，路有冻死骨。

荣枯咫尺异，惆怅难再述。北辕就泾渭，官渡又改辙。

群水从西下，极目高崒兀。疑是崆峒来，恐触天柱折。

河梁幸未坼，枝撑声窸窣。行旅相攀援，川广不可越。

老妻既异县，十口隔风雪。谁能久不顾？庶往共饥渴。

入门闻号咷，幼子饿已卒。吾宁舍一哀？里巷亦呜咽。

所愧为人父，无食致夭折。岂知秋未登，贫窭有苍卒。

生常免租税，名不隶征伐。抚迹犹酸辛，平人固骚屑。

默思失业徒，因念远戍卒。忧端齐终南，澒洞不可掇。

89

第六章

東胡反未已

—— 杜甫《北征》

公元 756—757 年

奉先—长安—凤翔—三川羌村

　　安禄山叛乱始于755年12月16日。安禄山的托辞是要清君侧，矛头指向长安的首相杨国忠。叛军，据说有200 000人之众，从范阳出发，一路南下；河北州郡望风披靡，不战而降。

　　明皇此时正在京城东边的华清宫，直到12月22日才得到叛乱的准确消息。两天之后，安西节度使封常清受命出发，由长安前往东都洛阳，计划阻止叛军的推进。几天之内，跛足的封常清征召了60 000人，建起洛阳防御体系，捣毁了东边27英里之遥的河阳桥，以切断安禄山军队从河内越过黄河的北进通道。

　　12月28日，皇帝返回长安，处死安禄山的儿子安庆宗，并下令安庆宗的妻子，皇室的一位公主（荣义郡主）自裁。安禄山的兄弟，朔方节度使安思顺，被召回京城，给了一个虚衔。而空出来的指挥位置被交给朔方右兵马使郭子仪，此人后来成了唐王朝最重要的捍卫者。卫尉卿张介然被任命为河南节度使，掌管以陈留为首的十三州郡。从此，遂开内地设立节度使军镇的先例，随着时间推移，整个唐帝国都被节度使军镇所覆盖。12月29日，老将高仙芝被任命指挥一支刚由皇帝私人府库出资招募而成的军队。756年1月7日，高仙芝带领这支匆匆组成、纪律涣散的50 000人部队东进。部队驻扎在位于潼关以东67英里的陕郡，而潼关正好扼制住通往京城的道路。

　　其间，安禄山从范阳一路向西南方向进犯（差不多类似沿着现在的京汉铁路线），于 756 年 1 月 8 日，抵达灵昌，在此渡过黄河。1 月 12 日，安禄山占领陈留，为了替被处死的儿子报仇，他处死了节度使张介然，屠杀了一万名投降的官员和士兵。继而由陈留向西进犯，1 月 18 日占领洛阳并将之洗劫一空。封常清带领他的残馀部队退至陕郡，并劝说驻扎在此地的高仙芝放弃陕郡，退守潼关。

杜甫这时尚与奉先的妻儿在一起。《后出塞》（五首组诗）可能作于他遇见一位老骑兵军官之后，这位军官多年前从洛阳被招募到东北的安禄山军队中服役，当叛军向东都洛阳进犯时他开小差逃走了。我们在此翻译了其中三首。

后出塞（五首）

（其二）[60]

朝进东门营，暮上河阳桥。落日照大旗，马鸣风萧萧。
平沙列万幕，部伍各见招。中天悬明月，令严夜寂寥。
悲笳数声动，壮士惨不骄。借问大将谁，恐是霍嫖姚。

（其四）[61]

献凯日继踵，两蕃静无虞。渔阳豪侠地，击鼓吹笙竽。
云帆转辽海，粳稻来东吴。越罗与楚练，照耀舆台躯。
主将位益崇，气骄凌上都。边人不敢议，议者死路衢。

92

（其五）[62]

我本良家子，出师亦多门。将骄益愁思，身贵不足论。
跃马二十年，恐辜明主恩。坐见幽州骑，长驱河洛昏。
中夜间道归，故里但空村。恶名幸脱免，穷老无儿孙。

在潼关，两位主将，高丽人高仙芝和跛脚将军封常清，齐心协力巩固捍卫京城大门的防御。但是监军边令诚，一个宦官，向皇帝进谗言说这两人贪污军粮、对叛军无能为力。皇帝于是授权给这个宦官，在 1 月 24 日将二人处斩，而尚在病榻的哥舒翰被派遣镇守潼关。反叛的安禄山这时本应乘着唐帝国防守的士气溃散，把全部兵力集中起来攻下潼关。但他一进入东都洛阳之后，就匆忙自立为皇帝，于 2 月 5 日，农历的新年这一天，登上皇位，国号大燕，并任命群臣。

此外，在安禄山刚一离开东北，他的后方就出了麻烦。一度投降安禄山的常山太守颜杲卿，会同其堂弟平原太守颜真卿，反正抗击叛军，至 1 月 28 日，杀死和俘获安禄山叛将，恢复了河北二十三郡中的十七郡。常山郡地位尤其重要，因为它掌控了土门，这是穿越太行山脉的一条狭窄通道，而西部的朝廷军队可以由此增援。安禄山不能让自己的后方受到威胁，他派遣自己最得力的将领史思明东进，破灭后方反抗。他命令副将崔乾祐驻军陕郡，向西进攻潼关和长安。

叛将史思明于 2 月 12 日攻陷常山，太守颜杲卿被执往洛阳寸磔而死。但在史思明攻陷东北部的反正州郡之前，唐王朝最重要的捍卫者——郭子仪，已经向朝廷推荐了他的副将之一李光弼，此人随即被任命为河东节度使，带领 10 000 名兵士从朔方启程，征讨河北。3 月 20 日，李光弼再次收复常山。史思明立即回头反扑，于是从 3 月 12 日开始展开了一场持续数周的消耗战；郭子仪率部穿越土门关，加入了李光弼的常山战役。两人麾下的步、骑兵号称 100 000 人之众，其中不但有汉族士兵，也有回纥战士。在多次小规模战斗之后，他们决定在 7 月 1 日在常山东部地区对史思明发起一次歼灭战。据说这次歼灭战中有 40 000 名叛军被消灭，1 000 多人被俘。

进而许多河北州郡杀死叛军指派的官员，反正归唐。例如平原的颜真卿，北海的贺兰敬明，东平的吴王李祗，睢阳的许远，颍川的来瑱（绰号"来嚼铁"），南阳的鲁炅，扼制了叛军进一步向东部、东南部和南部的进犯。此时仍在洛阳的安禄山据说十分焦虑。他斥责那些不满足于等待唐帝国治下的升迁机会、从而撺掇他造反的谋士们。"汝数年教我反，以为万全。今守潼关，数月不能进，北路已绝，诸军四合，吾所有者止汴、郑数州而已，万全何在？"这段话可能是史家杜撰的安禄山之语。但是，它很好地描述了当时的军事形势。因此，严谨可信的《资治通鉴》（1084 年）将其载入，我们在谈到杜甫诗歌所涉及的该时期政治、军事事件时，一般都以此书为依据。

郭子仪和李光弼的战略意图是，哥舒翰部队仅仅据守潼关天险，不必与叛军出战，而他们自己的部队则直捣范阳。当安禄山麾下的叛军将士意识到他们的故土和家人处于朝廷军队的控制之下，他们将溃散开来，而整个叛乱将结束。

不幸的是，在哥舒翰和杨国忠之间出现了嫉妒和猜疑，杨国忠在皇帝面前抱怨说哥舒翰过于怯懦，面对陕郡不到 4 000 人的叛军疲惫之师而不敢出击。皇帝并不了解这种疲惫的表象是叛军将领伪装的，他一再派出宦官催促哥舒翰出战。7 月 4 日，哥舒翰将部队开出潼关，向东进发。7 月 9 日，与崔乾祐率领的叛军在灵宝（距陕郡西南 25 英里）交战。叛军借助东风之利，焚烧麦秸，用烟雾包围了朝廷军队，而朝廷军队慌不择路，一下子被击溃了。180 000 人的部队只剩下 8 000 人回到潼关。第二天，崔乾祐攻陷潼关，哥舒翰被俘，被解往洛阳。

在潼关和长安之间，每 10 英里就有一座烽火台，共有十座，它们白天黑夜都被点燃，以报平安。在 7 月 1 日夜里，平安火不再燃烧，皇帝害怕了。7月14日，皇帝从禁苑西门（延秋门）离开京城，身边跟随着宫中太监和侍女，还有杨贵妃和她的三姐妹，一大群王子公主，宰相杨国忠、韦见素和御史大夫魏方进，以及掌管御林军的龙武大将军陈玄礼，由魏方进兼置顿使，负责旅程的物资供应。这次离京安排得悄无声息，居住在宫廷之外的皇亲国戚在毫不知情中就被抛弃了。当官员们照常来到宫前准备朝见时，他们首先发现一切都秩序井然。而后宫门大开，宫女们四散逃走，传出了皇帝离京的消息。整个城市一片混乱。乱民开始抢劫，直到京兆尹崔光远和那位掌管皇宫钥匙的讨厌的监军边令诚下令处决了几名抢劫者，事态才有所平息。京兆尹崔光远派儿子到洛阳向安禄山示好，而边令诚也交出了钥匙。

到了中午，皇帝和他的随从们已经行进到京城西边 12 英里处。他们十分饥饿。杨国忠买了一些胡饼给皇帝充饥。周围乡下的普通百姓带来一些掺杂了麦豆的粗饭，皇帝的孙子们争相用手捞饭吃。饭很快没了，但他们却没有吃饱。旁观者无不哭泣，皇帝也在其中。《资治通鉴》告诉我们，有一个老者上前说："禄山包藏祸心，固非一日……自顷以来，在廷之臣以言为讳，惟阿谀取容，是以阙门之外，陛下皆不得而知。草野之臣，必知有今日久矣，但九重严邃，区区之心，无路上达。事不至此，臣何由得睹陛下之面而诉之乎？"皇帝道歉说："此朕之不明，悔无所及。"

第二天，7月15日早上，车驾一行来到距京城西边约 38 英里的马嵬驿站。士兵又累又怒。正好此时二十来名吐蕃使者围着杨国忠讨要食物。一些军士，看到这群人，就喊道杨国忠伙同吐蕃谋反。军士们放箭射中杨国忠的坐骑，在他逃进驿站之前，把他抓住杀死，屠割尸体，用枪把头颅挑起。军士们还杀死了杨国忠之子杨暄和韩国夫人、秦国夫人。御史大夫魏方进想要阻止，也被杀死。听到骚动，韦见素冲出驿站欲看个究竟，军士们打得他头破血流。幸运的是，士兵中有人喊道："勿伤韦相公。"他们这才放了他。

皇帝拄着拐杖走出驿站，命令军士们收队。他们阴沉沉地站着不动，一言不发。御林军将领陈玄礼说："国忠谋反，贵妃不宜供奉，愿陛下割恩正法。""朕当自处之。"皇帝回答说。回到驿站，皇帝倚杖倾首而立良久。韦见素的儿子韦谔最后打断他说："今众怒难犯，安危在晷刻，愿陛下速决。""她是无辜的。"皇帝说。"将士已杀国忠，而贵妃在陛下左右，岂敢自安！"宦官高力士说，"愿陛下审思之，将士安，则陛下安矣。"

皇帝于是命高力士带贵妃到驿站的佛堂缢杀。她的尸体被放在庭中，陈玄礼和一部分官员被召进去验看。他们高呼"皇帝陛下万岁！"表示满意。馀下的杨国忠家人，包括杨国忠的妻子——从前蜀地的一个娼妓，幼子杨晞，虢国夫人和她的儿子（裴徽）——向西逃到陈仓，在那里被县令薛景仙逮捕并处死。

7 月 16 日早上，车驾离开马嵬驿，前往蜀郡，皇帝一行遇到一群父老，他们想知道为什么皇帝陛下要遁走，把百姓留给叛军。皇帝继续前进，而将太子留下抚慰百姓。人群开始聚集到几千人，他们希望太子留下做他们的君主。太子的两个儿子，广平王李俶、建宁王李倓和太监李辅国敦促太子顺从人民的意愿。他们的争论焦点在于真正的儿女孝顺并不是伴随皇父流亡，而是力图兴复唐室。他们认为可以召回河北的郭子仪和李光弼，集结西北边境的部队，恢复两京的机会仍然很大。当明皇闻听此事，他分出后军二千人及飞龙厩马给儿子，又把东宫内人送过来。同时，还准备将皇位传给太子，但太子坚辞不受。在作了这些安排之后，皇帝向西边一口气赶

路 65 英里，来到扶风，又往西南行进 38 英里，于 7 月 21 日来到散
关。从这里起，通过主要驿道到蜀郡的距离是 654 英里，皇帝于 8
月 28 日最终抵达。

而太子一行从马嵬向北进发，通夜奔驰约 100 英里，抵达新平，
一路上士卒、器械失亡过半。7 月 18 日，沿着泾水南岸行进，抵达新
平西北 60 英里的安定，在这里遇到两位逃跑的太守（新平太守薛羽、
安定太守徐毅），并将他们处斩。7 月 20 日，抵达西北 107 英里处的
平凉。在此停驻数日，补充了几百人部队，得监牧马数万匹。在太子
逗留期间，驻扎灵武的朔方留后杜鸿渐派人奉笺于太子，劝他来到灵
武。恰好御史中丞裴冕也到了平凉，他也劝告太子以灵武为根据地，
兴复唐室。8 月 9 日，太子抵达平凉以北 167 英里处、长安西北 417
英里处的灵武。在这里，太子被群臣劝进，遂于 8 月 12 日登帝位，尊
玄宗为上皇天帝。这样，太子李亨，明皇的第三个儿子，在 44 岁又
296 天的时候，成为唐代的第七个皇帝，死后谥为肃宗。

自然，新的政权带来了新的分封任命。但对我们来说，只有在杜
甫作品中有意义的名字才在这里提及。杜鸿渐和裴冕被任命为宰
相。陈仓令薛景仙因其奋力抵抗叛军，被任命为扶风太守，兼防御
使，扶风在 8 月 27 日被改名为凤翔。薛景仙的主要贡献在于维持散
关，保持了蜀郡和灵武之间的联系通畅，从而进一步使得扬子江、淮
河和汉水的经济支援能输送到流亡朝廷。

在新皇帝的群臣之中，李泌是最特殊的一个。在孩童时期，他就
是皇帝的玩伴。后来他作了隐士，主要是为了减少杨国忠的嫉妒和
猜疑，杨国忠很不喜欢太子有一个这样杰出和足智多谋的朋友。如
今，得到皇帝的召唤，他从隐居之地走出来，成为皇帝最亲密的顾问，
从军国要务到个人小事，无不咨询。黄袍的帝王和白衣的隐士，出则

联辔,寝则对榻。李泌坚决拒绝任何任命,包括首相之职,他幽默而又不容反驳地说:"陛下待以宾友,则贵于宰相矣。"当颜色的争执——至尊的黄色和全无官阶的白色——已经成为军士们窃窃私语的话题时,皇帝有了更好的论据说服李泌。难道你的拒绝是为了使官员和军士们认为你有别的野心吗?李泌最终只好被迫穿上了紫袍——这是从第三品以上官员才允许穿的服色。于是他被任命为侍谋军国、元帅府行军长史,辅佐皇帝长子广平王李俶。李泌接受了这个官职虚衔,而皇帝保证一旦战争结束,他就可以回归到个人无拘无束的生活中。正如我们后来所见,他确实实现了承诺。李泌可能不是我们诗人杜甫的亲密朋友之一,但他是那个时代中我们诗人最钦佩的极少数人。这不难理解,如果我们回忆起《夜宴左氏庄》[1]一诗,李泌的勋业和范蠡非常相似,范蠡在帮助君王复国之后,驾着一叶扁舟飘然远逝。

98

如果李泌可以被视为能够组织人力物力、将唐王朝从敌人手中拯救出来、并加以重建的第一等重要人物,那么第二和第三的荣誉则可以归到两位将军的名下。郭子仪和李光弼,如果我们还记得,现在正在东边作战。听到潼关陷落的消息之后,他们从土门关把部队撤出河北。8 月 30 日,他们也率领 50 000 人抵达灵武,大大增加了朝廷的兵力。善于协作、无往不利的郭子仪被任命为武部尚书、灵武长史;前途无量、足智多谋的李光弼被任命为户部尚书、北都(太原)留守,以五千兵赴太原,阻止叛军从北路的进攻。

对明皇来说,最近在灵武发生的一切他并不了解。当明皇还在前往蜀郡的路上时,宪部侍郎房琯在普安赶上车驾一行。由于对自己最宠爱的驸马张垍没有追随车驾一事感到极度失望,明皇对房琯的到来十分高兴,立刻任命他为同平章事。在房琯的建议下,明皇在

8 月 15 日下诏,以太子亨充天下兵马元帅,领朔方、河东、河北、平卢节度都使,又任命另外几个儿子担任各地方节度使。据说,当安禄山读到这道诏令,叹气说自己永远不可能征服整个帝国了。自然,有血缘联系的王子比其他官员更适合抗击叛军,引导唐王朝得到更好的结局。

当灵武的信使在 9 月 10 日抵达蜀郡,带来太子即位的消息,明皇据说感到十分高兴。他立刻宣布自己退位为太上皇,两天之后,他派遣以韦见素、房琯为首的代表团奉传国宝玉册到灵武传位。

在灵武,新皇帝正在酝酿一项军事进攻行动。他派遣郭子仪去弹压黄河以北(即今天的绥远中心地区)总是制造麻烦的突厥部族。他派遣一名王子到回纥去寻求帮助。他甚至还希望拔汉那(Ferghana)军队从安西向东来支援。李泌建议皇帝移行在于彭原,以待西北军队,并由此迁移到凤翔,把凤翔作为兴复大业的基地。10 月 15 日,皇帝离开灵武。路上遇到从叛军那里逃出来的内侍边令诚,皇帝立刻将他处斩。10 月 23 日,抵达顺化,正好遇到从蜀郡前来奉太上皇传国宝玉册的韦见素和房琯。皇帝对韦见素并无好感,因为此人一贯党附杨国忠。但皇帝早就听说过房琯的名声,对他的学识和辩才留下很好的印象。他赋予房琯极大的信任,其他宰相在军国大事上都拱手避让于房琯。10 月 30 日,流亡朝廷来到彭原,在此伫候了几个月。

在潼关陷落之后,安禄山遣孙孝哲部队占领长安。孙孝哲果于杀戮。他给一名将军三天时间搜寻皇室的宝藏。这基本上等于允许掠夺京城及其附近地区。大部分战利品都送到洛阳安禄山那里。追随流亡朝廷的官员的家人都被处死;即使是婴儿也不能幸免。安禄山不但下令处死明皇的亲属们,还刳其心以祭安庆宗。凡属杨国忠、高力士的党羽皆以铁棓揭其脑盖杀之。为了平息安禄山的怒气，或是为了祭奠安禄山死去的儿子，前后有一百多人被杀死。

孙孝哲又将剩下的官员、太监、宫女和乐工们数百人送往洛阳。他强迫这些人为他服务，效仿明皇的盛大宴会，将从长安略劫而来者——陈列，音乐、舞蹈以及舞马、犀、象悉数入场表演。

安禄山在东都日夜以欢娱为务，而西京长安的叛军将领也不再汲汲于战事。长安百姓日夜期盼太子率军收复京城。北方烟尘稍起，就有传言说朝廷军队已经抵达。京畿的许多豪杰之士组织起来不断骚扰叛军。一支支持安禄山的5 000人的突厥部队在8月22日背弃了他，带着2 000匹战马离开长安往北。由于长安的骚乱，被叛军依旧任命为京兆尹的崔光远得以在8月27日带领一批官员逃脱并抵达灵武。返回河曲地区（黄河在这里盘旋弯曲）的突厥部队又招来其他突厥部队进犯朔方。尽管郭子仪对他们赢得过几次胜利，但直到12月7日才在回纥军队的帮助下完全击败了他们。

在7月潼关被攻陷之前不久，我们的诗人杜甫正在白水县，大概在奉先西北10英里远的地方。他很沮丧，因为军事行动关闭了长安东边郊县通往其他地方的道路（"东郊何时开？"）。看起来似乎在756年上半年他都不可能返回长安了①。而在京城陷落之后，摆在他

① 关于杜甫在白水的情况，参见《九家注杜诗》39/2/17。在《白水崔少府十九翁高斋三十韵》一诗中杜甫说得很清楚，他在盛夏从南县（显然指奉先）前来拜访母舅（很可能只是母亲的一个远房堂弟），崔二十九（【译者按】原文如此，当作"十九"），他是白水县尉。杜甫还提到哥舒翰部队在华州附近地区，哀叹长安东边道路杜塞，没法旅行。从这首诗中我们得知在接下来的冬天杜甫在奉先及其附近地区流荡。不过，某些学者认为在755年冬天看望了自己的家人之后，杜甫于756年春天回到长安。这种说法主要源于两首诗，参见《九家注杜诗》63/4/6和61/4/3。第一首是《苏端薛复筵简薛华醉歌》，注家黄鹤说："此诗是天宝十五载正月初旬作。是时方讨禄山，故云'恶闻战鼓悲'。若京归已陷，身在城中，不应诗中无一语及之，岂能快意于酒，复简薛华乎。薛华同在（转下页）

面前的问题则是把家人安置在哪里，如何抵达行在？在他现存的诗篇中，没有写于此时的作品。从他后来的诗篇中，我们知道杜甫最后把妻儿安置在三川洛交县的羌村——也被称为鄜州①。白水到三川的距离大概是 133 英里。但我们只能大概知道杜甫和家人离开白水的时间。

　　他们行程的第一部分在《彭衙行》[82]一诗中有描写，此诗作于757 年秋天杜甫在凤翔时，写给同家洼的孙宰。在雷雨和泥泞中跋涉

（接上页）座中，此乃醉后记叙席上情事而简之。"参见仇兆鳌卷 4，24a。另一首《晦日寻崔戢李封》，被《集千家注杜工部诗集》（卷 4，10b）、张溍《读书堂杜工部诗集》（卷 4，10a）系于 758 年。卢元昌《杜诗阐》（卷 4，11a）说："此诗诸家编于乾元元年春，公方在谏垣，此时两京复，禄山亡，诗中不得作长鲸吞、地轴翻等语，范氏编至德二载春，此时身陷贼中，岂能为令节之饮？且朝官降贼，岂得以公侯目之？断是天宝十五载，与《苏端薛复筵》为一时作。"仇兆鳌（卷 4，24a—b）和浦起龙（1A，17b）都接受了黄鹤和卢元昌的观点，闻一多（第 482 页）认为杜甫在 756 年春天从奉先至长安，仲夏再次回到奉先，然后离开白水。杨伦很难相信杜甫能在 756 年上半年频繁往返于奉先与长安的军事要道上，所以他认为《晦日寻崔戢李封》作于 756 年春天的奉先，而《苏端薛复筵简薛华醉歌》作于 757 年长安。参见杨伦《杜诗镜铨》卷 3，11a，19a；艾思柯（Ayscough）（2）196—198，229—230 翻译了其中的一部分。我的意见是，两首诗都应该系年于 757 年春天的长安，正如朱鹤龄（卷 3，19b，33a）所认为的那样。奉先并没有公侯，但是在叛军中有很多，而杜甫并不愿意遇见他们。尽管长安出于叛军控制之下，但歌舞依旧，杜甫有时也不得不加入这种场合，参见诗篇《郑驸马池台喜遇郑广文同饮》[77]。不过，我同意杨伦和艾思柯的意见，杜甫在 756 年春天尚未返回长安。

① 在杜甫将家人安置在三川之前的旅行经历，部分可以从诗篇《彭衙行》[82]中得知，此诗见于《九家注杜诗》238/15/23.41—54。杜甫在 770 年初期写了一首诗（《送重表侄王砅评事使南海》）给一位年轻的远房亲戚，他在诗中回忆起这位年轻人在从冯翊（在 742 年前和 758 年后这里是同州；在奉先东南 13 英里处）出发的道路上给自己帮助。看起来似乎杜甫的家人没有和他在一起，我倾向于推测 756 年夏天杜甫在奉先附近旅行，试图寻找一个可以安置家人的地点。杜甫集子中还有一首诗叫做《三川观水涨二十韵》（《九家注杜诗》41/2/18），一开始就写到："我经华原来。"因此黄鹤认为杜甫一家从白水向西北前往华原，然后转而向北前往三川，后来的学者一般都采取这个说法（参见朱鹤龄卷 3.16b，仇兆鳌卷 4.30b—31a，浦起龙 1A.19b，杨伦卷 3.14a，闻一多第 483 页）。但是我发现很难接受黄鹤的路线，因为华原位于白水西南 60 英里处，它已经远远离开白水到三川或是芦子关的路线之外了。而且，这首诗并未表现出杜甫在从华原到三川的路上与家人在一起。看上去杜甫是单独一人旅行，这次旅行或者在他安置家人到三川之前，或者在此之后。如果是前一种情况，我们猜想他是再次离开三川前往奉先，以便将家人送到此地。后一种情况，我们假定他离开在三川的家人，向西南方向行进，来到华原，发现道路杜塞，然后只得返回三川，准备下一次前往流亡朝廷的旅行。

了一天,才走了两英里左右,又累又倦,杜甫和家人好不容易才沿着山侧的小道来到了彭衙——白水东北约 20 英里的地方,避免落入叛军的魔掌,杜甫把他们比作虎狼。同家注,现在还不清楚其具体情况,可能是彭衙旁边的一个村庄,孙宰是一个好客的主人,这天晚上他招待杜甫一家,给他们准备饭菜,把我们的诗人安置到一个秘密处所——可能是一个存放武器以及某些当村庄遭到袭击时用于抵御的物资的地窖。诗中提到的两点可以作为了解杜甫一家行程的线索:"月照白水山",以及"欲出芦子关"。芦子关在三川西北 143 英里处,正如某些注家认为,我们的诗人可能想要穿过此关,绕开正在作战的地带,抵达灵武行在。如果这个猜测正确,杜甫一家可能在听说新皇帝登基灵武的消息之后不久就离开了白水,时间应该是在 8 月中旬刚满月之后。

另一方面,因为诗人还提到了路边树上的苦李,我倾向于认为这次旅程开始于 7 月中旬之后不久。杜甫想穿越芦子关仅仅是为了开始一段更长的旅途——为了避开叛军——去寻找流亡朝廷。

无论如何,他没有在三川逗留太长时间,就出发加入了流亡朝廷。不过,接下来我们发现杜甫羁留在叛军控制下的长安。显然,他不是自愿去的。可能他在路上出乎意料地遇到了叛军,被俘获并带到长安。叛军可能把他洗劫一空,然后他当作挑夫进入京城。即使他们发现他是一名诗人和官员,他的名气和官阶都不足以引起叛军的尊重。这就可以解释为什么他被留在长安,而不是被押解送往安禄山所在的洛阳。

101

《月夜》[63] 可能写于长安的中秋之夜,756 年 9 月 13 日。我们的诗人自然在思念身在三川的妻儿。《哀王孙》[64] 描述了一个年轻的皇室成员的处境,他被人们隐藏了一百多天,没被叛军抓获。这首诗一定写于 10 月结束之前。

月夜[63]

今夜鄜州月，闺中只独看。遥怜小儿女，未解忆长安。
香雾云鬟湿，清辉玉臂寒。何时倚虚幌，双照泪痕干？

哀王孙[64]

长安城头头白乌，夜飞延秋门上呼；
又向人家啄大屋，屋底达官走避胡。
金鞭断折九马死，骨肉不待同驰驱。
腰下宝玦青珊瑚，可怜王孙泣路隅。
问之不肯道姓名，但道困苦乞为奴。
已经百日窜荆棘，身上无有完肌肤。
高帝子孙尽隆准，龙种自与常人殊。
豺狼在邑龙在野，王孙善保千金躯。
不敢长语临交衢，且为王孙立斯须。
昨夜春风吹血腥，东来橐驼满旧都。
朔方健儿好身手，昔何勇锐今何愚？
窃闻太子已传位，圣德北服南单于。
花门剺面请雪耻，慎勿出口他人狙。
哀哉王孙慎勿疏，五陵佳气无时无。

102

　　在彭原，因为一个新来官员（贺兰进明）的谗言，皇帝对房琯的态度突然冷淡起来。房琯交游极广；难道他没有试着建立一个政治小圈子吗？房琯劝太上皇任命皇子们为各地方节度使；他的意思不就是以为太上皇任何一个儿子得了天下，自己都不失富贵吗？这些警告，使得皇帝对房琯变得十分猜忌。而更糟的是，房琯自愿率领一支部队收复京城,他自选参佐,却用一群毫无作战经验的文人为幕僚。11 月 17 日,当战役在长安西部不远的陈陶打响,房琯效古法,用车战,结果招致惨败。朝廷军队死伤四万馀人。两天之后,房琯再战,叛军再次获胜,皇帝很有理由对房琯大发雷霆。要不是李泌连忙营救,房琯毫无疑问会遭到处罚,至少会被解职。我们诗人的两首诗,《悲陈陶》[65]和《悲青坂》[66]就作于长安,当时他听到了官军作战失败的消息。当然,他对彭原发生的一切并不知情。《对雪》[67]一定也作于这个冬天,就在这些战役结束之后不久。在诗中,杜甫哀叹到没有别的州郡传来的消息。

悲陈陶[65]

孟冬十郡良家子,血作陈陶泽中水。
野旷天清无战声,四万义军同日死。
群胡归来血洗箭,仍唱胡歌饮都市。
都人回面向北啼,日夜更望官军至。

悲青坂[66]

我军青坂在东门,天寒饮马太白窟。
黄头奚儿日向西,数骑弯弓敢驰突。
山雪河冰野萧瑟,青是烽烟白人骨。
焉得附书与我军,忍待明年莫仓卒?

对雪[67]

战哭多新鬼,愁吟独老翁。乱云低薄暮,急雪舞回风。
瓢弃尊无绿,炉存火似红。数州消息断,愁坐正书空。

103

　　传来的都是坏消息。到 756 年底，叛将史思明已经陷覆了官军在东边的地盘。整个河北再次陷入叛军之手。即使是颜真卿，这个地区最可依赖的朝廷官员，也不得不弃郡而去。甚至河南的鲁郡、东平、济阴也沦陷了。《得舍弟消息》二首[68][69]表达了我们诗人对杜颖和其他兄弟的关切之情，他们可能流亡于东平郡的平阴县一带。

> 得弟消息（二首）
>
> （其一）[68]
>
> 近有平阴信，遥怜舍弟存。侧身千里道，寄食一家村。
> 烽举新酣战，啼垂旧血痕。不知临老日，招得几时魂。
>
>
> （其二）[69]
>
> 汝懦归无计，吾衰往未期。浪传乌鹊喜，深负鹡鸰诗。
> 生理何颜面，忧端且岁时。两京三十口，虽在命如丝。

　　史思明在河北、河南大胜之后，挥兵西向，攻打太原。另一叛军将领高秀岩从大同出发加入史思明的部队，共同围攻北都。意图很明显。在拿下李光弼镇守的坚固城市之后，他们就会往西寇掠河曲地区，进而向南通过芦子关进入关内地区。那时，不但彭原的流亡朝廷将会背后受敌，而且洛交郡和杜甫家人所在的鄜州也会被暴露在敌军之前。《塞芦子》[70]显示杜甫对此十分惊惧。因为身处长安贼中，他不知道李光弼稳守太原，郭子仪不但将河曲地区牢牢掌握在手中，而且还将行辕建在洛交。

> 塞芦子[70]
>
> 五城何迢迢？迢迢隔河水。边兵尽东征，城内空荆杞。

思明割怀卫,秀岩西未已。回略大荒来,崤函盖虚尔。

延州秦北户,关防犹可倚。焉得一万匹,疾驱塞芦子。

岐有薛大夫,旁制山贼起。近闻昆戎徒,为退三百里。

芦关扼两寇,深意实在此。谁能叫帝阍,胡行速如鬼。

《元日寄韦氏妹》[71]一诗作于 757 年 1 月 25 日,阴历的新年。杜甫的同父异母妹妹,寡妇韦氏,此时正在淮南的钟离郡,离长安东南约 700 英里①。757 年春天,杜甫所作诗尚有《春望》[72]《忆幼子》[73]

① 此诗第三行的"郎伯"一词是一个难点。《称谓录》(梁章钜,32 卷,1848 年,1884 年)卷 126a—b,卷 5.3a—b 给出了两个解释:父亲;丈夫。关于父亲的用法,应该读为"郎罢",只有一条黄庭坚(1045—1105)诗歌的用法。在翻检了《山谷诗集》(黄庭坚,20 卷,任渊注,1111 年,陈三立翻刻自日本版本,1895 年)卷 11.14b,以及《豫章黄先生文集》(黄庭坚,30 卷,《四部丛刊》本)卷 4.13a,以及《山谷正集》(黄庭坚,30 卷,方沆编,1527 年,1604 年)卷 5.1a 之后,我发现没有一种文本和注释给这种变异留有余地。因此,第一个解释"父亲"应该去掉。关于"丈夫"的解释,《称谓录》举出的例子是杜诗以及一个不专业的注家。实际上还有其他注家也将这个词解释为丈夫。例如,朱鹤龄卷 3.21a,张溍卷 3.11a,卢元昌卷 4.21b,仇兆鳌卷 4.40a,浦起龙 3A.18b,杨伦卷 3.20a,而冯·萨克(von Zach)的翻译也采用了这一解释。但是杜甫作这首诗时是在 757 年春天,759 年冬天,他又写了诗篇《乾元中寓居同谷县作歌七首》其四[157],在那首诗中杜甫说自己在钟离的韦氏妹是寡妇,丈夫很早就去世了。朱鹤龄相信杜甫的小舅子韦氏在 757—759 年之间去世,那么为什么杜甫不说"已殁",而是说"早殁"?如果"郎伯"一辞真指丈夫,那么说韦氏在 757 年就已经是寡妇,这有点冒险。朱鹤龄认为,因为郎和伯都指丈夫,两者的结合也就是丈夫。"郎"指丈夫,这在任何中国字典中都很容易得到证明。但是"伯"并非如此。朱鹤龄引用了《诗经》,其中妇人在说到"伯"时是指自己丈夫。但是有注家指出这里是指君王和统治者,而另一种注释则说这是那个妇人的丈夫的名字,参见《毛诗注疏》(24 卷,郑玄注〈127—200〉,陆德明音义,583 年,孔颖达疏〈574—648〉,阮元编,1806 年)3C.5b。这样,朱鹤龄的解释无论从历史还是语言学意义上都不能被证明,因此"丈夫"这个解释也应该去掉。看起来,我们似乎应该把"郎伯"视为松散组合("丈夫的"),而不是牢固的一个结构。这样处理之后,这个组合的意义就取决于"伯"的意义(参见《称谓录》卷 1.27a,卷 3.4b,卷 4.4a),这样一来,"郎伯"就意味着"丈夫的兄长"、"丈夫的父亲"或者"丈夫父亲的兄长"。作为惯例,寡妇不能和她的丈夫的兄弟一起生活,也不能和她丈夫的叔父(伯父)一起生活,除非她丈夫过继给这个叔父(伯父)。她被要求留在丈夫的父母身边。但是,在战乱期间,这些规矩都可以被忽略。赵子栎就认为韦氏是前去投奔丈夫的兄长(参见《九家注杜诗》95/6/16D.1)。实际上,我举棋不定。我用"father-in-law"一词翻译"郎伯",仅仅因为这包含了三种可能性中的两种("丈夫的父亲"或者"丈夫父亲的兄长")——如果韦氏的丈夫过继给了韦刺史,韦刺史就是韦氏的公公。

《遣兴》[74]——都是思乡的内容。我倾向于认为当杜甫离开三川家人时，杜夫人就要生产了。母子是否都还平安？生下的是男孩还是女孩？这可能就是为什么杜甫觉得一封家书抵得上万金的缘故。杜甫在755年失去了一个襁褓中的儿子。而剩下的儿子——骥子，应更加珍爱。根据杜甫关于他早熟的说法，骥子应该已经五岁了。

元日寄韦氏妹[71]

近闻韦氏妹，迎在汉钟离。郎伯殊方镇，京华旧国移。
春城回北斗，郢树发南枝。不见朝正使，啼痕满面垂。

春望[72]

国破山河在，城春草木深。感时花溅泪，恨别鸟惊心。
烽火连三月，家书抵万金。白头搔更短，浑欲不胜簪。

忆幼子[73]

骥子春犹隔，莺歌暖正繁。别离惊节换，聪慧与谁论。
涧水空山道，柴门老树村。忆渠愁只睡，炙背俯晴轩。

遣兴[74]

骥子好男儿，前年学语时。问知人客姓，诵得老夫诗。
世乱怜渠小，家贫仰母慈。鹿门携不遂，雁足系难期。
天地军麾满，山河战角悲。倘归免相失，见日敢辞迟。

从《哀江头》[75]一诗中，我们得知杜甫从长安南郊的少陵来到宫城外。杜甫能够在城中走动，某天晚上他去拜访了《大云寺赞公房》[76]，此寺在长安城西市附近（朱雀街南），这说明他并未被叛军监管。

也许在东都发生的可怕事件之后，长安的监管放松了。谋逆的僭帝安禄山毫无理由地变得性情乖戾，他的儿子安庆绪极其憎恨他；安禄山的谋士严庄和近侍太监李猪儿联合起来谋划杀死他。夜里，李猪儿执刀直入安禄山帐中，斫其腹——这个叛军头子撼动帐竿并大喊有家贼——肠子一直流到地上。谋杀者随后将尸体用毯子裹起来埋在宫中。此事发生在757年1月30日前一两天。尽管安庆绪继承了僭帝之位，但伪朝廷的士气受到严重影响。杜甫在《郑驸马池台喜遇郑驸马同饮》[77]一诗中影射了此事，他说可悲的叛国者（董卓）的死亡将使得爱国者（苏武）得以返回故国。董卓这个窃国大盗，在公元192年被养子吕布杀死，一根灯芯被放在他的肚脐中，燃烧他肥胖肚子的油脂——这是一个聪明而贴切的比喻，用在安禄山身上再适合不过。在被拘留于北边匈奴之地十九年之后，苏武于公元前81年回到汉朝，在此期间苏武一直持汉节而不辍，表明自己是汉朝的官员。安禄山曾任命郑虔为水部郎中（正第五品上阶），郑虔佯装风缓，求摄市令（从第九品上阶）。他甚至还潜以密章达灵武。杜甫将郑虔出现在长安与苏武回到汉朝相提并论，等于是说郑虔已经在前往肃宗行在的半路上了。

106

哀江头[75]

少陵野老吞声哭，春日潜行曲江曲。

江头宫殿锁千门，细柳新蒲为谁绿？

忆昔霓旌下南苑，苑中万物生颜色。

昭阳殿里第一人，同辇随君侍君侧。

辇前才人带弓箭，白马嚼啮黄金勒。

翻身向天仰射云，一箭正坠双飞翼。

明眸皓齿今何惜？血污游魂归不得。

清渭东流剑阁深，去住彼此无消息。

人生有情泪沾臆，江草江花岂终极？

黄昏胡骑尘满城，欲往城南望城北。

大云寺赞公房（四首）

（其三）[76]

灯影照无睡，心清闻妙香。夜深殿突兀，风动金琅珰。

天黑闭春院，地清栖暗芳。玉绳回断绝，铁凤森翱翔。

梵放时出寺，钟残仍殷床。明朝在沃野，苦见尘沙黄。

郑驸马池台喜遇郑广文同饮[77]·

不谓生戎马，何知共酒杯。然脐郿坞败，握节汉臣回。

白发千茎雪，丹心一寸灰。别离经死地，披写忽登台。

重对秦箫发，俱过阮宅来。留连春夜舞，泪落强徘徊。

　　毫无疑问，郑虔和杜甫都想要加入肃宗的流亡朝廷。我们不清楚为什么最终郑虔没有和杜甫一样逃离长安。也许因为生病了，也许是因为声誉显赫的缘故，郑虔很难不被人发现地溜掉。无论如何，没有逃出长安导致了郑虔后来的麻烦。如果观察一下安史之乱给杜甫和他的亲密朋友们——郑虔、苏预、李白和高适，他们都有着杰出的文学成就——的生活之路造成的不同影响，那将是很有趣的。郑虔带有接受伪职的污点，而且在京城被光复之前未能投奔新皇帝，作为惩罚,他在流放中走完了一生。而苏预则以生病为借口断然拒绝接受安禄山的任何伪职,尽管他在朝廷军队光复洛阳之前并未离开这里,但他却因自己的忠诚获得晋升。

高适的成功和李白的不幸都源于一场短命的叛乱。由于明皇任命他的几个儿子担任各地方节度使,他的十六子永王李璘担任山南、江西、岭南、黔中四道节度使,建使府于江陵,势力盛大。他受到一些居心不良的谋士的撺掇,决定割据自固。757 年 1 月 19 日,他领兵顺扬子江而下,试图征服东南地区。路上,他征召了李白,李白被迫应征。李白的朋友高适,由潼关哥舒翰幕下追随明皇流亡蜀地,后来奔赴流亡朝廷所在的彭原,曾经警告过明皇要警惕不可靠的王子——他被任命为淮南节度使,协助其他王子阻止永王的叛乱。这样,两个诗人和朋友现在分别处于敌对阵营。757 年 3 月 14 日,永王叛军在金陵大溃,永王本人被杀。李白被关押在浔阳监狱中,徒劳地期待着他的朋友高适能够帮他脱身桎梏。尽管李白后来通过御史中丞宋若思在朝廷中为他斡旋获得释放,但仍在 758 年秋天被流放夜郎,直到759 年春天才被赦免放归。

当杜甫从长安西郊潜逃出来,流亡朝廷已经不在彭原,而于757 年 3 月 4 日迁到了凤翔。凤翔在长安以西 103 英里处;我们诗人潜逃旅程的前半段仍处于叛军的地盘。《述怀》[78],杜甫诗中最为动人和精湛的篇章之一,作于晚夏的凤翔,向我们回忆了他从初夏逃窜,最终抵达行在,并被任命为左拾遗的经历。我倾向于认为他是在 5 月 5 日至 28 日之间步行走完这段旅程的,恰好在两次重要战役之间。郭子仪,朝廷的兵马副元帅,这时也在前往凤翔的路上,在长安东北约 40 英里处给了叛军骑兵以沉重的打击,但是随即又于 5 月 28 日在长安西北又遭到重大失利。可能就是在这之间，当西郊的叛军部队忙于监视北面而来的官军，我们的诗人得以向西逃脱①。

如果我们关于时间的假设正确，杜甫可能是在6月1日之前被任命为左拾遗的。6月1日，皇帝罢房琯政事，理由是房琯经常听门客董庭兰鼓琴，而此人据说有受贿行为。左拾遗杜甫对自己的头衔和责任非常重视，他按照拾遗的职务传统，不断向皇帝提出谏言，指出一国之相不能因为这么一点小指控就被免职；他并不知道，也许是并不在乎，皇帝对房琯的成见已经相当深的。这个新拾遗怎么敢干预朝廷的重大人事任命？这难道还不是结党的证据吗？皇帝下令逮捕杜甫，诏三司(御史大夫韦陟、宪部尚书颜真卿、大理寺卿崔光远)推问。

如果杜甫对皇帝的冒犯被判定十分严重的话，他很可能会被处以极刑。幸运的是，宰相张镐建议皇帝宽宏大量一些，御史大夫韦陟也汇报说尽管杜甫的言辞很不谨慎，但他的意图不过是要履行职责。6月21日，皇帝授命张镐宣布他的赦免令，杜甫获释。在《奉谢口敕放三司推问状》中，杜甫仍然坚持为房琯说话，并表示为唐帝国有这样一位宽宏大量、能够容忍他这样坦率而鲁莽的臣子的皇帝而感到

① 杜甫是否在757年6月1日之前抵达凤翔？早在十七世纪，据说杜甫被任命为左拾遗的告身就被发现了。钱谦益给出了这份告身的形制和文字(卷2.4a)。告身的日期是757年6月7日("至德二载五月十六日行")。这意味着杜甫的任命是在房琯被贬谪之后六天，而他抵达凤翔可能是在6月1日之后。但不论学者对这一告身的普遍接受，我毫不犹豫地认为这是一件赝品。不必讨论唐代文书的细节问题(参见 Niida Noboru, To-So horitsu bunsho no kenkyu, Academy of Oriental Culture, Tokyo institute, 1937, pp. 793ff)，我们可以拿这件告身与韦济的拾遗任命相比较，韦济告身见于《文苑英华》(1000卷，987年，1567年)卷383.5b；作伪者对唐代用法的无知立刻昭然若揭。此文并未提及杜甫从前的官职，而是一开始就说"襄阳杜甫"。而且，在现存杜甫集子中有一篇《奉谢口敕放三司推问状》(仇兆鳌卷25.4b—5a)，感谢皇帝宽恕自己免于审判，写作时间是757年6月21日，在署衔时杜甫在自己的官衔前用了一个"行"字，这在唐代的文书用法中表示他现在的官阶要高于左拾遗(参见《旧唐书》卷42.3b；《新唐书》卷203.3b)。而作伪者依照某些无知编纂者的修订，将"行"改为"行在"，把杜甫任命为"行在左拾遗"！

庆幸,我们提到过尽管拾遗的品阶是从第八品上阶,但杜甫的实际官阶是从第七品下阶。

　　我们很难设想杜甫因为说得太多而招致危险的这段经历会让他保持沉默。7月2日,他又写了《为补遗上岑参状》——补遗是另一种谏官。可能还有更多的表状没有保存下来。在他待在奉先的短暂时期,他写下了大量为朋友送行的诗篇。这些人都被任命到各个地方,杜甫总是勉励他们为国为民尽忠守职。但在《月》[79]一诗中我们的诗人显然在谈论一些完全不同的事情。在神话传说和诗歌文学中,月亮上的阴影被认为是代表蟾蜍,它最初是指一个逃亡的女子,和一只兔子,它在用钵盂和槌杵捣药。但是杜甫提到蟾蜍和兔子,则带有隐含的贬义。在各种各样的阐释中,最令人信服的一种是说杜甫用遮挡月光的蟾蜍比喻皇帝的妃子,即后来的张皇后,研制良药的玉兔指太监李辅国。皇妃和太监两人合谋在皇帝耳边诽谤中伤朝廷中的忠臣。皇帝听信他们的谗言,在震怒之下下旨命令第三个儿子建宁王李倓自裁。甚至皇帝的长子,广平王李俶,以及皇帝最亲密的朋友李泌都变得小心谨慎。

　　《奉赠严八阁老》[80]可能是杜甫第一次写诗给年轻的严武,正如我们后面所见,此人在我们诗人的后期生活中对他帮助很大。拾遗和给事中都是门下省官属。给事中官阶为正第五品上阶,因此比拾遗高许多。其职责包括指出不称职的官员,故而严武被比作凌越于狐鼠之上的雕鹗。

　　《得家书》[81]一定作于九月的第一个星期。杜甫和家人分别一年了。我们可不能责备杜夫人没有写信来。她可能托善良的旅行者带过好几封书简,但在战争年代只有其中一封被送到杜甫手里。孩子降生了,这就是后来的杜宗武,时间大约在前一年的晚秋时节①。在杜甫经历了所有的担心和最坏的打算之后，这封信多么受欢迎是可想而知的！回到三川和家人团聚的愿望有多么强烈啊！皇帝本来就不愿意让我们的诗人担任左拾遗，自然准许他告假离开。

　　持续不断的降雨耽搁了杜甫离去的行程大概两周。雨过天晴了，门下省的给事中严武、中书省的舍人贾至，带领两省补阙诸公，给杜甫送行。自然，送别的主人们都写了诗，我们的诗人作为离去的客人也写了一首（《留别贾严二阁老两院补阙》[83]）。我们有必要简单提一下，贾至是当时最有名的文人之一，他负责为皇帝起草官员的任命书，其文风可为典范。

　　9月18日，我们的诗人离开凤翔。向东北方向的三川进发的旅程大

---

① 此诗第5—6行引起了关于杜甫两个儿子的问题。因为伪王洙注断定骥子就是杜甫在后来诗中几次提到的宗武（《分门集注杜工部诗》卷9.25b，26b），后来的注家基本上都接受了这一论断，只有一个人例外。那么谁是熊儿呢？《王状元集百家注编年杜陵诗史》卷6.9b与《分门集注杜工部诗》卷9.26a认为："熊儿为杜甫幼女。"因为有文本写作"態儿"，而非"熊儿"，而前者是指有礼貌和仪态的孩子。到了蔡梦弼《杜工部草堂诗笺》卷10.12b，文本被正确地写做"熊儿"（说它正确是因为"熊儿"正好与"骥子"相对）；而蔡自然认为"熊"是一个男孩的名字；到了《集千家注杜工部诗集》卷3.23a，出现了订正："熊儿为宗文，骥子为宗武。诗人二子。"这一论断为此后所有注家所接受，如朱鹤龄卷3.36b，张溍卷3.21b，浦起龙5A.19a，杨伦卷3.28a——唯一的例外是胡震亨（1597年）。不幸的是，我手边没有胡震亨的《杜诗通》。仇兆鳌卷5.10b说："旧注：'骥子、熊儿，二子小字。'胡夏客曰：'骥，当是宗文。熊，当是宗武。'"这意味着推翻了伪王洙注。我相信胡震亨的解释正确，因为宗文在两个孩子中是老大，这在《熟食日示宗文宗武》（《九家注杜诗》423/27/37）中已经得到证实，而且这篇《忆幼子》[73]和《遣兴》[74]中的骥子是那时杜甫唯一的儿子（幼子的"幼"只包含年龄小的意思，并无排行的考虑），换句话说，熊儿可以是一个尚未出生的期待中的孩子的名字（参见《毛诗注疏》10B.4b）。仇兆鳌顺便重排了两个孩子的名字，看起来似乎接受了胡震亨的解释。不过，他没有纠正"骥子是宗武"的错误，在其他地方又重复了这一错误（卷4.41b，卷17.14a）。于是在他之后的所有作者都继续传承这个错误。艾思柯女史甚至认为在两个孩子中杜甫偏爱小的一个（参见艾思柯〈3〉81，cf）。这是一个颇为严肃的结论。当我还是一个孩子，在读《忆幼子》[73]和《遣兴》[74]的时候，我也在为这种想法所困惑，杜甫更关心他的幼子，而不是长子。作为家中的长子，我自然会有一种敏锐的遗憾，看到自己最爱的诗人也有一般父母所具有的偏心。经过了将近四十年的时间，我才发现伪王洙注使我们都——除了胡震亨——误入迷途，骥子是指宗文，杜甫的长子。（【译者按】洪业后来在《我怎样写杜甫》中纠正说，胡夏客是胡震亨的儿子，"夏客"并非胡震亨的字。）

概是 215 英里。一名朝廷官员通常可以使用政府的驿马，但是《徒步归行》[84]一诗表明杜甫不得不至少步行头 73 英里，抵达新平，也就是通常所说的邠州。在那里，我们推测，李（嗣业）将军给了他一匹马①。当杜甫写《玉华宫》[85]的时候，他已经走完了回家路程的三分之二还多。玉华宫修建于唐太宗时期的 646 年，杜甫凭着他对历史的熟悉，不可能不清楚这座已经废弃的建筑的起源（"不知何王殿？"）。我倾向于赞同一位十二世纪的注家的意见，我们诗人有意避免提到伟大的先祖太宗皇帝的名字，是为了强调虚无这一主题，哪怕描述的是最壮丽的皇室建筑②。

《羌村》三首[86]-[88] 和《北征》[89] 作于杜甫到家之后不久。我们不知道杜甫抵达羌村的具体日期，但不可能太晚于九月末或十月初。在后一首诗中，杜甫提到了回纥军队从西北来帮助帝国的兴复大业。他听说这支军队包括 5 000 士兵和 10 000 匹马。据史料记载，回纥的怀仁可汗派遣其子叶护和帝德将军率 4 000 人来。他们于 10 月 29 日之前到达凤翔，受到皇帝的宴劳赐赍，皇帝甚至允诺叶护一旦光复京城，回纥军队可以在城中任取所需。10 月 29 日，广平王李俶，在叶护的协助下，率领回纥及朔方等部队共 150 000 人，号称二十万，从西边的凤翔出发往东进发。在前往长安的半道上，副元帅郭子仪又率军加入。他们已经准备好进攻叛军占领下的西京。

述怀[78]

去年潼关破，妻子隔绝久。今夏草木长，脱身得西走。
麻鞋见天子，衣袖露两肘。朝廷愍生还，亲故伤老丑。
涕泪授拾遗，流离主恩厚。柴门虽得去，未忍即开口。

---

① 【译者按】杜甫回家步行、骑马的问题，陈贻焮、莫砺锋都有讨论，但洪业此说更早。
② 【译者按】"不知何王殿"一事，陈贻焮《杜甫评传》上卷第 374—376 页亦有详细论证。

寄书问三川，不知家在否？比闻同罹祸，杀戮到鸡狗。
山中有茅屋，谁复依户牖。摧颓苍松根，地冷骨未朽。
几人全性命？尽室岂相偶？嶔岑猛虎场，郁结回我首。
自寄一封书，今已十月后。反畏消息来，寸心亦何有？
汉运初中兴，生平老耽酒。沉思欢会处，恐作穷独叟。

月[79]

天上秋期近，人间月影清。入河蟾不没，捣药兔长生。
只益丹心苦，能添白发明。干戈知满地，休照国西营。

奉赠严八阁老[80]

扈圣登黄阁，明公独妙年。蛟龙得云雨，雕鹗在秋天。
客礼容疏放，官曹可接联。新诗句句好，应任老夫传。

得家书[81]

去凭游客寄，来为附家书。今日知消息，他乡且旧居。
熊儿幸无恙，骥子最怜渠。临老羁孤极，伤时会合疏。
二毛趋帐殿，一命待鸾舆。北阙妖氛满，西郊白露初。
凉风新过雁，秋雨欲生鱼。农事空山里，眷言终荷锄。

彭衙行[82]

忆昔避贼初，北走经险艰。夜深彭衙道，月照白水山。
尽室久徒步，逢人多厚颜。参差谷鸟行，不见游子还。

痴女饥咬我,啼畏虎狼闻。怀中掩其口,反侧声愈嗔。
小儿强解事,故索苦李餐。一旬半雷雨,泥泞相牵攀。
既无御雨备,径滑衣又寒。有时经契阔,竟日数里间。
野果充糇粮,卑枝成屋椽。早行石上水,暮宿天边烟。
少留同家洼,欲出芦子关。故人有孙宰,高义薄曾云。
延客已曛黑,张灯启重门。暖汤濯我足,剪纸招我魂。
从此出妻孥,相视涕阑干。众雏烂熳睡,唤起沾盘飧。
誓将与夫子,永结为弟昆。遂空所坐堂,安居奉我欢。
谁肯艰难际,豁达露心肝。别来岁月周,胡羯仍构患。
何时有翅翎,飞去堕尔前?

留别贾严二阁老两院补阙(得云字)[83]
田园须暂住,戎马惜离群。去远留诗别,愁多任酒醺。
一秋常苦雨,今日始无云。山路时吹角,那堪处处闻!

114

徒步归行(赠李特进,自凤翔赴鄜州,经邠州作)[84]
瞑公壮年值时危,经济实藉英雄姿。
国之社稷今若是,武定祸乱非公谁?
凤翔千官且饱饭,衣马不复能轻肥。
青袍朝士最困者,白头拾遗徒步归。
人生交契无老少,论交何必先同调。
妻子山中哭向天,须公枥上追风骠。

玉华宫[85]
溪回松风长,苍鼠窜古瓦。不知何王殿,遗构绝壁下。

阴房鬼火青,坏道哀湍泻。天籁真笙竽,秋色正萧洒。
美人为黄土,况乃粉黛假。当时侍金舆,故物独石马。
忧来藉草坐,浩歌泪盈把。冉冉征途间,谁是长年者?

羌村(三首)
(其一) [86]

峥嵘赤云西,日脚下平地。柴门鸟雀噪,归客千里至。
妻孥怪我在,惊定还拭泪。世乱遭飘荡,生还偶然遂。
邻人满墙头,感叹亦歔欷。夜阑更秉烛,相对如梦寐。

(其二) [87]

晚岁更偷生,还家少欢趣。娇儿不离膝,畏我复却去。
忆昔好追凉,故绕池边树。萧萧北风劲,抚事煎百虑。
赖知禾黍收,已觉糟床注。如今足斟酌,且用慰迟暮。

(其三) [88]

群鸡正乱叫,客至鸡斗争。驱鸡上树木,始闻叩柴荆。
父老四五人,问我久远行。手中各有携,倾榼浊复清。
苦辞酒味薄,黍地无人耕。兵革既未息,儿童尽东征。
请为父老歌,艰难愧深情。歌罢仰天叹,四座泪纵横。

北征 [89]

皇帝二载秋,闰八月初吉。杜子将北征,苍茫问家室。
维时遭艰虞,朝野少暇日。顾惭恩私被,诏许归蓬荜。
拜辞诣阙下,怵惕久未出。虽乏谏诤姿,恐君有遗失。

君诚中兴主，经纬固密勿。东胡反未已，臣甫愤所切。
挥涕恋行在，道途犹恍惚。乾坤含疮痍，忧虞何时毕！
靡靡逾阡陌，人烟眇萧瑟。所遇多被伤，呻吟更流血。
回首凤翔县，旌旗晚明灭。前登寒山重，屡得饮马窟。
邠郊入地底，泾水中荡潏。猛虎立我前，苍崖吼时裂。
菊垂今秋花，石戴古车辙。青云动高兴，幽事亦可悦。
山果多琐细，罗生杂橡栗。或红如丹砂，或黑于点漆。
雨露之所濡，甘苦齐结实。缅思桃源内，益叹身世拙。
坡陀望鄜畤，谷岩互出没。我行已水滨，我仆犹木末。
鸱枭鸣黄桑，野鼠拱乱穴。夜深经战场，寒月照白骨。
潼关百万师，往者散何卒？遂令半秦民，残害为异物。
况我堕胡尘，及归尽华发。经年至茅屋，妻子衣百结。
恸哭松声回，悲泉共幽咽。平生所娇儿，颜色白胜雪。
见耶背面啼，垢腻脚不袜。床前两小女，补绽才过膝。
海图坼波涛，旧绣移曲折。天吴及紫凤，颠倒在短褐。
老夫情怀恶，呕吐卧数日。那无囊中帛，救汝寒凛冽？
粉黛亦解苞，衾裯稍罗列。瘦妻面复光，痴女头自栉。
学母无不为，晓妆随手抹。移时施朱铅，狼藉画眉阔。
生还对童稚，似欲忘饥渴。问事竞挽须，谁能即嗔喝？
翻思在贼愁，甘受杂乱聒。新妇且慰意，生理焉能说？
至尊尚蒙尘，几日休练卒？仰观天色改，坐觉妖氛豁。
阴风西北来，惨澹随回纥。其王愿助顺，其俗喜驰突。
送兵五千人，驱马一万匹。此辈少为贵，四方服勇决。
所用皆鹰腾，破敌过箭疾。圣心颇虚伫，时议气欲夺。
伊洛指掌收，西京不足拔。官军请深入，蓄锐伺俱发。

117

此举开青徐，旋瞻略恒碣。昊天积霜露，正气有肃杀。
祸转亡胡岁，势成擒胡月。胡命其能久？皇纲未宜绝。
忆昨狼狈初，事与古先别。奸臣竟菹醢，同恶随荡析。
不闻夏殷衰，中自诛褒妲。周汉获再兴，宣光果明哲。
桓桓陈将军，仗钺奋忠烈。微尔人尽非，于今国犹活。
凄凉大同殿，寂寞白兽闼。都人望翠华，佳气向金阙。
园陵固有神，扫洒数不缺。煌煌太宗业，树立甚宏达！

118

第七章

萬國兵前草木風

——杜甫《洗兵马》

公元 757—758 年

长安—华州—洛阳—华州

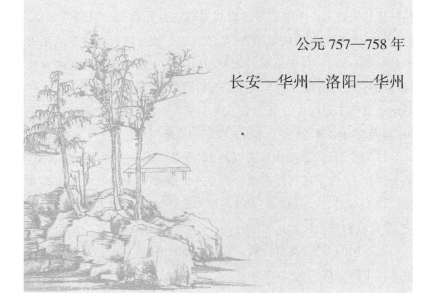

119   757 年 11 月 13 日,在长安城西北约 5 英里的地方举行了决战。叛军大溃。据说朝廷军队将 100 000 叛军斩首 60 000 级;夜里叛军逃出长安。当回纥准备劫掠长安城时,广平王跪在叶护马前请求延缓到收复东都之后。被广平王如此的卑谦所深深打动,回纥王子欣然答应,立刻带领他的部队向洛阳进发。广平王在三天之后从长安出发。

　　不妨提一件很有趣的事,说明胜利的消息传得有多快。消息在 11 月 15 日传到凤翔皇帝行在。他立刻派遣信使邀请太上皇返京,信使穿越了 692 英里路程,在 11 月 18 日抵达了蜀郡! 皇帝又让李泌骑快马从长安赶回。李泌的建议显然对行在胜利返回京城相当重要。11 月 16 日,凤翔发出两道诏告,皇帝表示了使百姓长期遭受战乱灾难的悔恨心情,宣告了京城的光复,并定下 12 月 4 日为行在离开凤

120   翔、返回长安的行期。当车驾在那天启动时,李泌没有陪同前往。在恳请皇帝绝不要再次带来三皇子建宁王的悲剧之后,李泌告别了皇帝,返回衡山隐居,就像公元前五世纪的范蠡一样。

　　12 月 7 日,行在抵达长安以西 12 英里处的一个驿站。在这里,皇帝得到 12 月 3 日收复东都的消息——僭帝安庆绪逃往东边的邺郡。12 月 8 日,在绵延数英里的夹道人群的舞蹈、欢呼和喜悦的泪水中,皇帝胜利重返长安。

　　在三川的羌村,杜甫听到了长安光复的消息,写了三首诗。我们挑了其中第二首。

收京(三首)

(其二)[90]

生意甘衰白,天涯正寂寥。忽闻哀痛诏,又下圣明朝。

羽翼怀商老,文思忆帝尧。叨逢罪己日,沾洒望青霄。

　　在编撰于 1060 年的《新唐书》的杜甫本传中,说我们的诗人伴随皇帝一起返回了长安。不过,杜诗注家仇兆鳌在十八世纪早期认为杜甫并不在返京的行列中。仇兆鳌证明诗中提到的诏书是在皇帝返京之后才颁布的,由此推测我们的诗人直到 12 月 16 日之后才回到京城。但不幸的是,仇兆鳌的讨论和结论事实上被后来的几乎所有作者所遵循。仇兆鳌的主要麻烦在于他忽略了 11 月 16 日的诏书,这封诏书的消息能够很容易在两三天之内传到三川,这样我们的诗人还有至少两周的时间可以返回凤翔,然后跟随车驾还京。实际上,在杜甫后来的诗歌中有大量的隐喻是无法解释的,除非我们断定他是跟随皇帝一同返京①。

　　不,不能夺去杜甫的这段经历。就像写我们当代英雄乔纳森·

---

① 关于杜甫是否随驾返回被光复的长安这一问题,王洙于 1039 年所作的序,《新唐书》卷 201.11b,蔡兴宗、鲁訔、朱鹤龄等注家一致认为杜甫身处返京的朝廷队伍中。仇兆鳌复制了朱鹤龄的杜甫年谱,没有加上自己的注释;但在诗篇《收京》[90]的标题下注释说:"此当是至德二载十月在鄜州时作。诗云:'生意甘衰白,天涯正寂寥。忽闻哀痛诏,又下圣明朝。'此明是在家闻诏。按肃宗于至德元年七月十三日甲子,即位灵武,制书大赦。二年十月十九日,帝还京。十月二十八日壬申,御丹凤楼,下制。前后两次闻诏,故云又下也。是时公尚在鄜州,其至京,当在十一月,年谱谓十月扈从还京,与诗不合,当以公诗为正。"浦起龙、杨伦以及铃木虎雄(Suzuki)接受了仇兆鳌的意见,在他们的年谱或是对《收京》的解释中采用这个说法。闻一多(485 页)用了仇兆鳌的论述和结论。艾思柯(2)283—284 详细阐述了这一争论,下了一个结论说:"我不能相信杜甫是肃宗返京事件的目击证人。"她甚至认为杜甫返京时间要在太上皇之后。当仇兆鳌在注释诗篇《寄岳州贾司马六丈巴州严八使君两阁老五十韵》[140](仇兆鳌卷 8.19a)时他认识到杜甫的确伴随肃宗车驾回京。但令人吃惊的是他又忘了修正前面诗篇《收京》注释及其结论的错误。更令人吃惊的是有这么多学者还在继续传播这个错误。

温莱特将军（General Jonathan M. Wainwright）令人崇敬的经历①，而把他于 1945 年 9 月 2 日在东京湾"密苏里号"上见证日本投降的经历抹杀掉一样。爱国精神是杜甫性格中杰出的一部分。在经受了这么多颠沛坎坷之后，757 年 12 月 8 日这一天对杜甫来说一定终生难忘。我可以想象杜甫看到长安城前欢呼和哭泣的人群时是如何的喜不自禁、老泪纵横。

接下来还有欢乐的泪水要流淌。因为太庙被叛军焚毁，杜甫还伴随皇帝参加了哭奠祖庙三日的仪式。在后来的一首诗中（《壮游》[211]），他还含着喜悦的泪水见证了早朝的恢复。接下来，太上皇于 758 年 1 月 16 日从蜀郡抵达长安。皇帝到京城外 12 英里处郊迎。当皇帝看见太上皇之后，立刻脱掉黄袍，穿上紫袍。然后拜倒在地，抱住太上皇的双腿。父子俩都呜咽不自胜，在人群的欢呼声中，父亲坚持为儿子披上黄袍。第二天早上，在入城的行列中，皇帝亲自为父亲护卫前驱。太上皇对欢呼的人群说他此刻感到的荣耀远远超过他长期执政的时期（"吾为天子五十年，未为贵；今为天子父，乃贵耳！"）。太上皇在含元殿慰抚百官，又诣长东殿谢九庙主，恸哭久之；随后返回南宫（兴庆宫），遂居于此。作为皇帝公开亮相的参与者之一，杜甫应该参与了皇帝的所有饱含泪水的欢乐场面。

从写于 758 年 1 月 26 日的《腊日》[91]一诗中，我们推断杜甫的夫人、四个孩子，可能还有一些仆人，已经来到京城和他团聚。腊日是

---

① 【译者按】乔纳森·温莱特将军（General Jonathan M. Wainwright），1883 年 8 月 23 日出生在美国华盛顿州沃拉沃拉，1906 年他毕业于美国西点军校。1942 年 3 月晋升为临时中将，接任麦克阿瑟，担任美国在远东陆军的总指挥。同年 5 月 6 日被日军俘虏，先后被关押在吕宋岛北、中国台湾和东北的战俘营，直到 1945 年 8 月被苏联红军解放。在见证了 9 月 2 日美国海军"密苏里号"甲板上的日本投降后，返回到菲律宾的碧瑶接收当地日军的投降。1946 年 1 月任得克萨斯休斯顿堡的第四集团军司令。1947 年 8 月退役。1953 年 9 月 2 日逝世。曾于 1945 年出版自传《温莱特的故事》。

祭祀祖先的节日,在此期间要准备护脸的脂膏,置放于家庭祭坛上,似乎已经死去的先祖们仍然需要这些东西在冬天保护他们的皮肤。唐代朝廷对参加皇帝宴会的官员特别慷慨,几乎每个节日宫中都会给他们分发礼物。写这首诗时,我们的诗人确实很高兴。甚至不曾预料到的春日天气的早早降临,似乎也在预言着和平和繁荣即将到来。我们完全可以说,长安光复之后的这几个月是我们诗人一生中最快乐的时光。唉！就是太短暂了。

腊日[91]

腊日常年暖尚遥,今年腊日冻全消。

侵凌雪色还萱草,漏泄春光有柳条。

纵酒欲谋良夜醉,还家初散紫宸朝。

口脂面药随恩泽,翠管银罂下九霄。

1 月 28 日,皇帝来到丹凤楼,宣布了又一道诏令:大赦天下,与安禄山同反及李林甫、王铣、杨国忠子孙不在免例。追赠那些捍卫朝廷而阵亡的官员们。在战争中失去儿孙的家庭免除两年的劳役。次年所有的家庭只交纳三分之二的租庸。蜀郡改名为成都府,升格为南京。凤翔为西京,长安为中京。从 742 年开始改换的州郡名和官名现在改回原来的名称。为了奖励宗室王子、将军和官员对朝廷复兴大业的贡献,朝廷慷慨地开出了长长的分封和拔擢名单。未进入名单的官员则按例进阶。我们的诗人也不例外,我们推测他的官阶现在晋升到从第七品上阶了。

因为安禄山的死,叛军将领史思明回到范阳,以巩固他在东北的地位。安庆绪失掉洛阳之后,史思明开始吞并了安庆绪的一些部队。如今，史思明觉得和处于上升势头的唐朝军队作对不够明智。2 月 4 日，他的信使抵达长安，呈上降表。皇帝接受降表，并封他为归义王、范阳节度使。只有僭帝安庆绪还盘踞在相州（也就是改名之前的邺郡）及其附近地区，包括七郡六十馀县，叛军看起来已经走到尽头。

2 月 11 日，接受安禄山伪职的附逆官员分六等定罪。几周之前，大约三百多人从洛阳押解到长安，和长安伪官监禁在一起。皇帝找到一个叫做甄济的隐者，他曾以死拒安禄山召。皇帝下令受贼官爵者列拜以愧其心①。在法官们审讯和讨论之后，一一定刑，加以处决。二十五名被判斩首或自尽。其次受重杖一百。最轻的分三等流放。当然也有宽恕的例子。最有趣的是安禄山所署河南尹张万颂独以在贼中能保庇百姓，不坐。

在我们诗人的朋友中，苏预、王维和郑虔都在洛阳装病。苏司业所装的病可以使他以此为借口拒绝任何安禄山的伪职任命，因此他没有任何污点。皇帝任命他为考功郎中、知制诰。给事中王维服药阳喑，因此他没法抗辩拒绝伪职任命。因为这仅仅是履历上很小的阴影，责授太子中允（正第五品上阶），仍然留在朝中。广文博士郑虔的事情则很清楚，因为对他来说，市令的官职简直就是一个笑话。不过这也算是一个污点，尽管很小。由于他未能抵达行在——尽管他已经从洛阳逃到了长安——这污点就不能算是彻底洗脱。他的案情按照最轻的等级处理，贬为东南沿岸的台州的司功参军。我们的诗人为王、郑二人写了诗[92][93]。也许还为苏源明也写过，但是现存的作品中没有保留下来。

---

① 　见《旧唐书》卷一百八十七《忠义传》、《新唐书》卷一百九十四《卓行传》。

奉赠王中允维[92]

中允声名久，如今契阔深。共传收庾信，不比得陈琳。

一病缘明主，三年独此心。穷愁应有作，试诵白头吟。

送郑十八虔贬台州司户，伤其临老陷贼之故，阙为面别，情
　　见于诗[93]

郑公樗散鬓成丝，酒后常称老画师。

万里伤心严谴日，百年垂死中兴时。

仓皇已就长途往，邂逅无端出饯迟。

便与先生应永诀，九重泉路尽交期！

124

　　东边的门下省和西边的中书省（政事堂也在此地）的拾遗、补阙，
分别处于皇宫大门的两侧，这一制度沿革已久。尽管其职责据说是
为了谏议——提醒、修补皇帝陛下在国家和政府事务上的疏忽和违
规——但这些职位实际上更多是出于装点而非基于实用。他们鱼贯
而入，参加早朝，站在皇帝身边，作为一种点缀。但是，我们的诗人很
严肃地对待拾遗的职责。从《晚出左掖》[94] 和《春宿左省》[95] 两首诗
中，我们可以看到他常常整日待在署中，甚至通宵达旦，在那里撰写
奏表，夜不能寐，等着早朝时将它呈上。杜甫秘密地焚烧奏草，因为
不愿意让同事们了解其内容——至少同事们会因为皇帝拒绝听从他
的谏议而批评皇帝。他的朋友，补阙岑参，写给杜甫一首诗，最后两
行明确暗示说最好别那么频繁地上谏表。我们诗人的答诗（《奉答岑
参补阙见赠》[96]）看起来有意忽略了这个暗示。他不打算停下来。

　　在诗友之间，诗歌唱和往来是一件常事。再举个例子，可以引我
们诗人的《奉和贾至舍人早朝大明宫》[97] 一诗。贾至的父亲也曾担

任中书舍人一职;因此诗中有最后一联的说法。贾至的原作和王维、岑参的和作和杜甫的诗放在一起。我们可以忽略另外三首,因为他们都勾勒出一副早朝的壮丽图景。不过,我们可以引用诗人的《紫宸殿退朝口号》[98]一诗,以此描述另一种壮丽图景。

晚出左掖[94]

昼刻传呼浅,春旗簇仗齐。退朝花底散,归院柳边迷。
楼雪融城湿,宫云去殿低。避人焚谏草,骑马欲鸡栖。

125

春宿左省[95]

花隐掖垣暮,啾啾栖鸟过。星临万户动,月傍九霄多。
不寝听金钥,因风想玉珂。明朝有封事,数问夜如何?

奉答岑参补阙见赠[96]

窈窕清禁闼,罢朝归不同。君随丞相后,我往日华东。
冉冉柳丝碧,娟娟花蕊红。故人得佳句,独赠白头翁。

寄左省杜拾遗(岑参)

联步趋丹陛,分曹限紫薇。晓随天仗入,暮惹御香归。
白发悲花落,青云羡鸟飞。圣朝无阙事,自觉谏书稀。

奉和贾至舍人早朝大明宫[97]

五夜漏声催晓箭,九重春色醉仙桃。
旌旗日暖龙蛇动,宫殿风微燕雀高。
朝罢香烟携满袖,诗成珠玉在挥毫。

欲知世掌丝纶美,池上于今有凤毛。

紫宸殿退朝口号[98]
户外昭容紫袖垂,双瞻御座引朝仪。
香飘合殿春风转,花覆千官淑景移。
昼漏稀闻高阁报,天颜有喜近臣知。
宫中每出归东省,会送夔龙集凤池。

126

　　《洗兵马》[99]可以说代表了杜甫在生命最快乐的这段时期欢乐
情绪的顶点。他期望安庆绪的叛军会迅速被摧毁,叛乱将完全结束。
他还希望像房琯和张镐这样的好人——杜甫把他们比作古代的萧何
与张良——能够留在任上,而一钱不值的暴发户李辅国之流应当知
道自己应该待在哪个位置上。他梦想和平永在,武器弃置一边。许
多注家坚持此诗应该系于 759 年。我认为他们完全错了。从此诗文
本中可以找出好几个疑点,我只提出一个。从前的广平王在 758 年 4
月 14 日已经被封为成王,同年 6 月 29 日被立为太子。而这首诗中用
了"成王"一辞,它一定作于这两个日期之间。我倾向于认为此诗作
于 4 月下半旬,因为其中还提到农夫们期待下雨以便开始春耕。

洗兵马[99]
中兴诸将收山东,捷书日报清昼同。
河广传闻一苇过,胡危命在破竹中。
只残邺城不日得,独任朔方无限功。
京师皆骑汗血马,回纥喂肉蒲萄宫。
已喜皇威清海岱,常思仙仗过崆峒。

三年笛里关山月，万国兵前草木风。
成王功大心转小，郭相谋深古来少。
司徒清鉴悬明镜，尚书气与秋天杳。
二三豪俊为时出，整顿乾坤济时了。
东走无复忆鲈鱼，南飞觉有安巢鸟。
青春复随冠冕入，紫禁正耐烟花绕。
鹤禁通宵凤辇备，鸡鸣问寝龙楼晓。
攀龙附凤势莫当，天下尽化为侯王。
汝等岂知蒙帝力？时来不得夸身强。
关中既留萧丞相，幕下复有张子房。
张公一生江海客，身长九尺须眉苍。
征起适遇风云会，扶颠始知筹策长。
青袍白马更何有？后汉今周喜再昌。
寸地尺天皆入贡，奇祥异瑞争来送。
不知何国致白环，复道诸山得银瓮。
隐士休歌紫芝曲，词人解撰清河颂。
田家望望惜雨干，布谷处处催春种。
淇上健儿归莫懒，城南思妇愁多梦。
安得壮士挽天河，净洗甲兵长不用！

　　雨很快降临，我们可以从《偪仄行赠毕四曜》[100]一诗中得知这一点，这首诗是杜甫写给朋友毕曜的。字里行间的意思不仅仅指雨水，还包括穷困，没有马，这些都让杜甫感到偪仄烦恼。高适已经被李辅国所中伤，被降为虚职，派到东都。同一时期，贾至也被派作汝州刺史。我们的诗人可能已经察觉到那个官场暴发户将要带来的麻烦了。

偪仄行赠毕四曜［100］

偪仄何偪仄！我居巷南子巷北。

可恨邻里间，十日不一见颜色。

自从官马送还官，行路难行涩如棘。

我贫无乘非无足，昔者相过今不得。

实不是爱微躯，又非关足无力。

徒步反愁官长怒，此心炯炯君应识。

晓来急雨春风颠，睡美不闻钟鼓传。

东家驹驴许借我，泥滑不敢骑朝天。

已令请急会通籍，男儿性命绝可怜。

焉能终日心拳拳，忆君诵诗神凛然。

辛夷始花亦已落，况我与子非壮年。

街头酒价常苦贵，方外酒徒稀醉眠。

径须相就饮一斗，恰有三百青铜钱。

杜诗中可以系于 758 年春天的有四首，都作于长安城东南的曲
江岸边。

曲江对雨［101］

城上春云覆苑墙，江亭晚色静年芳。

林花著雨燕脂湿，水荇牵风翠带长。

龙武新军深驻辇，芙蓉别殿谩焚香。

何时诏此金钱会，暂醉佳人锦瑟旁？

曲江对酒［102］

苑外江头坐不归，水精宫殿转霏微。

桃花细逐杨花落，黄鸟时兼白鸟飞。

纵饮久判人共弃，懒朝真与世相违。

吏情更觉沧洲远，老大悲伤未拂衣。

曲江（二首）

（其一）［103］

一片花飞减却春，风飘万点正愁人。

且看欲尽花经眼，莫厌伤多酒入唇。

江上小堂巢翡翠，花边高冢卧麒麟。

细推物理须行乐，何用浮名绊此身？

（其二）［104］

朝回日日典春衣，每日江头尽醉归。

酒债寻常行处有，人生七十古来稀。

穿花蛱蝶深深见，点水蜻蜓款款飞。

传语风光共流转，暂时相赏莫相违。

　　叛乱和战争严重地造成了帝国的贫困。早年间给官员的俸禄制度没法延续下去。月俸不能按时供给，官员们不得不依靠额外的收入。否则，一个像杜甫这样的朝廷官员不至于要典当衣服去换酒喝。在春天典当了春衣可不是好事。但他却还欠着酒债！为什么杜甫变得这么的不注意？为什么他开始逃避职责，酩酊大醉？他写作、上呈奏表时的渴望，早朝时的喜悦，对恢复和平与繁荣的期待，现在都变成了什么？为什么他现在期待着退休——甚至是死亡？也许杜甫已经感觉到，皇帝对他作为拾遗、不断谏议的行为的忍耐已经到了极限。因此，在写于 758 年 6 月 15 日的《端午日赐衣》[105]一诗中，他流露出惊讶。当然，他知道自己仅仅是众多受惠者中的一个而已。但是，在装着合身衣服的包裹上有皇帝陛下的亲笔手书，难道皇帝有所醒悟，能够分辨那些惯于阿谀奉承、诽谤中伤的奸佞和那些时刻准备进谏和抗议的忠臣了吗？

130

　　如果皇帝真的如此，那事态的发展就完全两样了。6 月 27 日，张镐罢政事，遣为荆州防御使。大约一个月之后，房琯又遭受到沉重的一击，尽管他在 757 年 6 月就已经罢政事，只在朝中保留了一个太子少师的虚职，又在 758 年 1 月 28 日晋升官阶为从第二品（金紫光禄大夫），并进封清河郡公。如今皇帝下了一道严厉的诏书，不但训诫房琯 756 年冬天的战败之耻和 757 年夏天招揽无益门客（是那个弹琴的董庭兰吗？）的行为（"丧我师徒，既亏制胜之任；升其亲友，悉彰浮诞之迹"），还斥责他不断地吹嘘浮名、培植党羽（"轻肆言谈，有朋党不公之名"）。房琯被贬为邠州刺史。接下来，皇帝将国子祭酒刘秩和京兆尹严武视为房琯的两大亲信朋党，分别左迁为阆州刺史和巴州刺史。很明显，皇帝被进谗言的小人唆使，下决心要将他不喜欢的官员从朝廷中全部驱除出去。这场大祸临头，杜甫该做些什么呢？从《因许八奉寄江宁旻上人》[106]一诗中，我们看到他又大醉睡去。

　　我们不能知道杜甫自己被放逐的确切日期。如果不是同时的话，很可能紧接着房琯、刘秩和严武之后。他被左迁为华州司功参军，官阶为从第七品下阶，其地在长安以东 60 英里。在东行之前，杜甫到西郊去向自己的亲友们告别。就在一年多前，他就是从金光门逃出长安，奔向凤翔行在的。《至德二载甫自京金光门出间道归凤翔乾元初从左拾遗移华州掾与亲故别因出此门有悲往事》[107]一诗中充满了酸楚，一个人千辛万苦才获得的东西，不得不勉强放弃，自然会这样。

《酬孟云卿》[108]一诗也没有提供准确的时间线索。此诗可能作于此前或此后。1226 年的注家（黄鹤）认为是我们的诗人"出为华州司功参军将行时作"，可能确实如此，尽管我们没有确切证据。孟云卿，在通过科举考试之后，被授校书郎（正第九品上阶）。《全唐诗》中收其诗十七首，称他是杜甫的好友。

《早秋苦热堆案相仍》[109]表明在 758 年 8 月 14 日我们的诗人已经在华州官署了。

131

端午日赐衣［105］

宫衣亦有名，端午被恩荣。细葛含风软，香罗叠雪轻。
自天题处湿，当暑著来清。意内称长短，终身荷圣情。

因许八奉寄江宁旻上人［106］

不见旻公三十年，封书寄与泪潺湲。
旧来好事今能否，老去新诗谁与传？
棋局动随幽涧竹，袈裟忆上泛湖船。
闻君话我为官在，头白昏昏只醉眠。

至德二载甫自京金光门出间道归凤翔乾元初从左拾遗移华州掾与亲故别因出此门有悲往事［107］

此道昔归顺，西郊胡正烦。至今残破胆，犹有未招魂。
近侍归京邑，移官岂至尊。无才日衰老，驻马望千门。

酬孟云卿[108]

乐极伤头白，更长爱烛红。相逢难衮衮，告别莫匆匆。

但恐天河落，宁辞酒盏空？明朝牵世务，挥泪各西东。

早秋苦热堆案相仍[109]

七月六日苦炎蒸，对食暂餐还不能。

每愁夜中自足蝎，况乃秋后转多蝇。

束带发狂欲大叫，簿书何急来相仍。

南望青松架短壑，安得赤脚蹋层冰？

当然，有很多文件宗卷。司功参军的职责范围很广。他要管理学校、庙宇、考试、典礼乃至办公设备，等等。他不得不帮助刺史起草表奏书简。他要记录州中所有官员的优劣、服务年限、请假缺席。尽管有三个助手和六名属员协助，但需要他注意的文件宗卷仍然十分庞杂。

在我们诗人现存的文章中，有两篇是这个时期的作品。这两篇可能是杜甫的得意之作，他希望能传之后世。其中一篇是《为华州郭使君进灭残寇形势图状》，力劝皇帝陛下早一点对安庆绪叛军采取军事行动，并建议朝廷军队集中攻击相州东、西两州，时间最好是在秋收之前。有趣的是尽管这封表奏对不同部队的调度有具体意见，但却并未建议史思明的部队从北攻击安庆绪。看来郭使君和杜甫都已经察觉到史思明的投降并不真诚。

另一篇文字包括了五个策问进士的问题，这次考试会选出三个或三个以上举子，把他们推荐到长安参加科举考试。有什么办法能够增加政府的收入以供给朝廷军队，而不是把经济负担加到百姓头上？有什么办法能够在目前公开市场中几乎买不到马匹的情况下提高驿站系统的效率？有什么办法能够恢复对河流的管理,使得渭水利于行舟,漕运能顺利抵达长安？对于目前法律,有没有进一步修订的可能,以增加军队的兵源,同时又不消耗农业生产必需的劳动力？因为叛乱并未完全平息,而国家的复苏迫在眉睫,有没有对金融改革和粮食储备等方面问题的具体建议？杜甫强调了这些问题的重要性,他说："顷之问孝秀,取备寻常之对,多忽经济之体,考诸词学,自有文章在,策以徵事,曷成凡例焉？今愚之粗徵,贵切时务而已。"

我想这些考试的问题不会使杜甫得到考生的拥戴。如果从前的试卷题目是从古典文学中选出来的一般性问题,为什么现在考生就得被要求真正了解今天的现实问题？再说了,杜甫你是谁？你自己都从未在科举考试中成功过。你甚至都不能在朝中成功地做一名拾遗。这些知识在朝廷中并不需要。我们是要做一名成功的进士和官员。为什么要我们遵循你的治学之道？——如果周围还充斥着这些嗡嗡的怨言,自然会使得司功参军的职责对我们的诗人来说更加令人厌恶。

有三首以上的著名诗篇很可能就写于758年秋天。其中,《梦李白》二首[110][111]通常被系于759年秋天。老诗人在758年秋天正在前往流放地夜郎的路上。759年春天,他被赦免,获准沿着长江东归。因为第一首诗提到他仍在构陷者的网罗之中,因此那一定是作于赦免之前。

《九日蓝田崔氏庄》[112]作于杜甫前往蓝田县的一次拜访,蓝田在华州西边约33英里处。重九是节日,阴历的九月九日。758年的重九按阳历是10月15日。这一天人们往往按照习俗和亲友聚会,登高望远。风俗认为在这种场合佩戴茱萸象征着长寿。

梦李白（二首）

（其一）[110]

死别已吞声，生别常恻恻。江南瘴疠地，逐客无消息。
故人入我梦，明我长相忆。恐非平生魂，路远不可测。
魂来枫林青，魂返关塞黑。君今在罗网，何以有羽翼？
落月满屋梁，犹疑照颜色。水深波浪阔，无使蛟龙得。

（其二）[111]

浮云终日行，游子久不至。三夜频梦君，情亲见君意。
告归常局促，苦道来不易。江湖多风波，舟楫恐失坠。
出门搔白首，若负平生志。冠盖满京华，斯人独憔悴。
孰云网恢恢，将老身反累。千秋万岁名，寂寞身后事。

九日蓝田崔氏庄[112]

老去悲秋强自宽，兴来今日尽君欢。
羞将短发还吹帽，笑倩旁人为正冠。
蓝水远从千涧落，玉山高并两峰寒。
明年此会知谁健？醉把茱萸仔细看。

皇帝并未立即按照我们诗人为郭使君起草的表奏中的建议采取
行动。他可能想等到回纥可汗派遣的 3 000 部队抵达，可汗现在是皇
帝的驸马，因为在 8 月 25 日，皇帝把自己最小的女儿宁国公主嫁给
他了。回纥部队抵达之后，皇帝于 10 月 27 日命令九名节度使——
其中有郭子仪、李光弼、李嗣业、崔光远——共同向安庆绪发起进攻。
兵力部署确实在某种程度上正如郭使君的建议。到 12 月 14 日，相

135 州东、西的临近州郡都被朝廷军队占领。不过,决战的推迟是一个错误决定。叛军回撤到相州的巩固城墙防御之后,而朝廷军队只能围城攻击,等待叛军消耗城中粮食谷物。皇帝又犯了个错误,没有任命部队的总指挥官。因此节度使们不得不在战术问题上相互交换意见,这就很难迅速作出统一的决策。其间,由于被连续的失败所震惊,安庆绪派人向史思明乞求援助。史思明知道朝廷对他的待遇只是权宜之计,而非真心诚意,决定再次公开作乱。他发兵十三万,并派遣一万人进驻到相州 20 英里范围之内的滏阳,自己则迅速跟进。而朝廷军队未能成功调遣以阻击史思明叛军。

关于长安朝廷的决定和东边的军事行为等等消息很难不传到华州的我们诗人的耳朵里,因为华州正处在中都长安和东边的交通要道。然而,没有杜甫对这些消息的反应的记载。他在华州写的诗很少,也许他太忙于那些永无休止的日常案头公务了。但是在冬至那一天,12 月 18 日,是一个假期。他写了两首诗给长安的拾遗、补阙诸公。我们引了其中一首[113],说明杜甫已经厌倦了华州的生活,期望回到朝中。

到了阴历年终,可能是在 759 年 1 月末,杜甫因公到东边 227 英里外的洛阳。路上,他在湖城东(华州东 66 英里)遇到了孟云卿,和孟云卿一道回到湖城,去一个朋友家喝酒[114]。很可能在接下来的旅程中他目睹了《垂老别》[115]中所描写的场景。补充兵源的迫切需要使得官府甚至强迫老人服兵役。

　　　　至日遣兴奉寄两院遗补(二首)

　　　　(其一)[113]

　　　　去岁兹辰捧御床,五更三点入鹓行。

欲知趋走伤心地,正想氤氲满眼香。

无路从容陪语笑,有时颠倒着衣裳。

何人错忆穷愁日,日日愁随一线长。

冬末,以事之东都。湖城东遇孟云卿。复归刘颢宅宿,宴饮
　散,因为醉歌[114]

疾风吹尘暗河县,行子隔手不相见。

湖城城东一开眼,驻马偶识云卿面。

向非刘颢为地主,懒回鞭辔成高宴。

刘侯欢我携客来,置酒张灯促华馔。

且将款曲终今夕,休语艰难尚酣战。

照室红炉促曙光,萦窗素月垂文练。

天开地裂长安陌,寒尽春生洛阳殿。

岂知驱车复同轨,可惜刻漏随更箭。

人生会合不可常,庭树鸡鸣泪如霰。

垂老别[115]

四郊未宁静,垂老不得安。子孙阵亡尽,焉用身独完?

投杖出门去,同行为辛酸。幸有牙齿存,所悲骨髓干。

男儿既介胄,长揖别上官。老妻卧路啼,岁暮衣裳单。

孰知是死别?且复伤其寒。此去必不归,还闻劝加餐。

土门壁甚坚,杏园度亦难。势异邺城下,纵死时犹宽。

人生有离合,岂择衰盛端。忆昔少壮日,迟回竟长叹。

万国尽征戍,烽火被冈峦。积尸草木腥,流血川原丹。

何乡为乐土?安敢尚盘桓? 弃绝蓬室居,塌然摧肺肝。

第八章

一岁四行役

—— 杜甫《发同谷县》

公元 759 年

秦州—成州同谷—剑州—汉州

138 　　我们不知道杜甫东都事务的性质。最近有一个猜想——他是去
向郭子仪将军进谏——未免太大胆了些①。但是，这个猜测至少和
现存文献并无抵触，某些资料甚至还可以说能够支持它。因为我们
的诗人对军事很感兴趣，并且也有建议可以提供，他的使命和战争有
关，这并非不可能。为什么华州的郭刺史就不可能是那位伟大将军
的一个亲戚呢？如果是，他就很可能派遣司功参军到洛阳去，表面上
以某种官方的名义，但实际上提供一些战略部署上的、他们所共同认
为是迫在眉睫的建议。

　　无论如何，从《观兵》[116]表明杜甫和决策圈子有很近的交往。这
首诗，很可能在写的时候就想到它有可能在他们中间传播，呼吁需要
一名最高统帅（为什么没有某些将领站出来要求任命郭子仪为元帅
呢？），并指出立即征讨史思明叛军的急迫性。正是朝廷没有看到任
命统帅的必要性，而战场上的将军们没有及时应对局面的紧迫，最终
造成了九节度使出兵的大战役走向溃败。

　　因为偃师离洛阳很近，我们的诗人当然可能想要重访旧田庄。
《得舍弟消息》[117]关注到杜颖，他现在还在平阴。杜颖掌握着家庭的
139 财产，较早进入官场，这或许可以解释他有妻有妾。他留在旧田庄的
妻妾可能他已不再过问了。由于遗弃、战争和通信的中断，我们不能

---

①　关于此点，参见艾思柯（2）320。

责备她离开这里。

尽管我们一点儿也不知道《赠卫八处士》[118]中的确切人物和地点，但我们还是按照传统的系年把它放在 759 年春天。比起其他时间和地点来说，这首诗比较适合放在这个时期和洛阳附近的地点。

观兵[116]

北庭送壮士，貔虎数尤多。精锐旧无敌，边隅今若何？
妖氛拥白马，元帅待雕戈。莫守邺城下，斩鲸辽海波。

得舍弟消息[117]

乱后谁归得，他乡胜故乡。直为心厄苦，久念与存亡。
汝书犹在壁，汝妾已辞房。旧犬知愁恨，垂头傍我床。

赠卫八处士[118]

人生不相见，动如参与商。今夕是何夕，共此灯烛光？
少壮能几时？鬓发各已苍。访旧半为鬼，惊呼热中肠。
焉知二十载，重上君子堂？昔别君未婚，男女忽成行。
怡然敬父执，问我来何方。问答乃未已，儿女罗酒浆。
夜雨剪春韭，新炊间黄粱。主称会面难，一举累十觞。
十觞亦不醉，感子故意长。明日隔山岳，世事两茫茫！

在相州，九节度使的部队一直包围这座城池达数月之久。759 年 2 月 1 日，史思明叛军攻占紧靠相州东边的魏州。节度使李光弼，和我们诗人一样，也看到了首先抗击史思明的必要性，提议他和节度使郭子仪移军围攻史思明于魏州。宦官开府仪同三司、观军容宣慰处置使鱼朝恩反对移军，这个建议被否决了。其间，当相州的储备即将耗尽之时，朝廷军队的士气也在衰微。突然，在 4 月 7 日，史思明率50 000 精锐部队向九节度使的 600 000 人发起进攻。战役进行中，一场巨大沙暴从天而降。官军和叛军都被惊散。对官军而言，这就意味着战役结束了。郭子仪部战马万匹，惟存三千，甲仗十万，遗弃殆尽。郭子仪的部队撤退到洛阳西南 193 英里处；东都的官员离职逃走，而百姓流离失所。由于害怕史思明会引军西进，756 年的灾难重演，郭子仪计划保卫陕州。但这个地区正闹饥荒，他最终决定驻军洛阳东北约 27 英里的河阳，重勒部队以阻止史思明叛军前进。

在叛军这边，朝廷军队的溃散并不意味着僭帝安庆绪能缓一口气了——因为他很快就被史思明处死——现在是史思明的时代了，他很快宣布自己为大燕皇帝，改范阳为燕京。

不管我们诗人是否完成了在东都的使命，我们都不难推想当这座城市的官员和百姓尽数逃走之后，他也不会再继续办理什么公务了，他一定尽快赶回华州。一路上，杜甫写下了好几首著名的诗篇，也许它们是为了写给节度使们看的。在这些诗篇中我们选了《新安吏》[119]、《石壕吏》[120] 和《新婚别》[121]。新安县在东都西边约 23 英里处。石壕村大概要继续往西约 73 英里。

新安吏[119]

客行新安道，喧呼闻点兵。借问新安吏，"县小更无丁？
府帖昨夜下，次选中男行。中男绝短小，何以守王城？"①
肥男有母送，瘦男独伶俜。白水暮东流，青山犹哭声。

---

① 【译者按】洪业的翻译中，引号中这段话是新安吏回答诗人的话（"The officer of Hsin-an tells me"）。

莫自使眼枯，收汝泪纵横。眼枯即见骨，天地终无情。
我军取相州，日夕望其平。岂意贼难料，归军星散营。
就粮近故垒，练卒依旧京。掘壕不到水，牧马役亦轻。
况乃王师顺，抚养甚分明。送行勿泣血，仆射如父兄。

石壕吏[120]

暮投石壕村，有吏夜捉人。老翁逾墙走，老妇出门看。
吏呼一何怒！妇啼一何苦！听妇前致词：三男邺城戍。
一男附书至，二男新战死。存者且偷生，死者长已矣。
室中更无人，惟有乳下孙。孙有母未去，出入无完裙。
老妪力虽衰，请从吏夜归。急应河阳役，犹得备晨炊。
夜久语声绝，如闻泣幽咽。天明登前途，独与老翁别。

新婚别[121]

兔丝附蓬麻，引蔓固不长。嫁女与征夫，不如弃路旁。
结发为君妻，席不暖君床。暮婚晨告别，无乃太匆忙。
君行虽不远，守边赴河阳。妾身未分明，何以拜姑嫜？
父母养我时，日夜令我藏。生女有所归，鸡狗亦得将。
君今往死地，沉痛迫中肠。誓欲随君去，形势反苍黄。
勿为新婚念，努力事戎行。妇人在军中，兵气恐不扬。
自嗟贫家女，久致罗襦裳。罗襦不复施，对君洗红妆。
仰视百鸟飞，大小必双翔。人事多错迕，与君永相望。

142

　　司功参军杜甫应该在仲夏写下《夏夜叹》[122]这首诗之前不久就
回到了华州。他已经开始考虑结束自己的仕宦生涯了。大概在 8 月

5 日,当他写下《立秋后题》[123]时,他实际上已经下定决心。所有的杜甫传记作者都认为他放弃官位是因为华州地区的饥匮。对此我有些怀疑。尽管我们知道春天在东边稍远有过饥荒,尽管我们也知道杜甫在一首诗中提到他对夏天少雨感到遗憾,但我们在他秋天时期的诗歌中找不到任何明显的饥荒证据。还要看到,自从地方官府合理和不合理地征税之后,州郡的官员和他们的家人再也不会像刚开始那样遭受食物匮乏的威胁了。依我看,是不断积累的对这种无用工作的反感最终使得杜甫抛弃了他的官职。杜甫所谓的"形役"应该包括那些难以完成的大量日常文牍宗卷,以及那些显然切实可行而又不被采纳的建议,还有那些精心准备而不被欣赏的考试题目。快到下一次州郡考试的时间了,杜甫可能认为最好及时离开,免得向那种通常的出题模式屈服①。

　　从华州往西到杜甫的下一个驻足之所秦州,其间旅程是 327 英里。即使全家出行,走得慢一些,两地之间也不会超过两星期。《月夜忆舍弟》[124]作于这次旅程的末尾。诗中提到了白露,这是二十四节气的一个,在八世纪应该开始于每年的儒略历九月五日。这个时间表明杜甫一家可能是在八月下旬离开华州。我们不知道诗人是如何向州府交接离开的——也许是以暂时休假的名义。健康是一个很方便的借口。无论如何,放弃官职总要比获得它容易得多。

　　《归燕》[125]应该也作于杜甫抵达秦州之前的九月。我们可以看到诗人再次渴望回到朝中,见到皇帝,尽管他才刚刚放弃了官职。就

---

① 关于 759 年饥荒的记载,参见《新唐书》卷 221.2a,10a。自从王洙的序和《新唐书》卷 201.11b 提出杜甫离开华州是因为饥荒,这个说法一直延续到现在(如闻一多 487 页)。艾思柯(2)343 也采取了这个说法,认为杜甫的"辞职"完全是为了将他的孩子从饥饿中解救出来。但是这一说法在杜甫的诗中找不到支持的证据。另一方面,诗篇《夏夜叹》[122]、《立秋后题》[123],以及《寄岳州贾司马六丈巴严八使君两阁阁老五十韵》[140]的第 61—64 行暗示是工作事务的挫败导致杜甫离开华州司功参军这个职位。

像一只燕子希望自己的旧巢保持完好一样，杜甫也希望朝廷在内忧外患——如李辅国、史思明之流——交困之下屹立不倒。

夏夜叹［122］

永日不可暮，炎蒸毒我肠。安得万里风，飘摇吹我裳？
昊天出华月，茂林延疏光。仲夏苦夜短，开轩纳微凉。
虚明见纤毫，羽虫亦飞扬。衷情无巨细，自适固其常。
念彼荷戈士，穷年守边疆。何由一洗濯，执热互相望？
竟夕击刁斗，喧声连万方。青紫虽被体，不如早还乡。
北城悲笳发，鹳鹤号且翔。况复烦促倦，激烈思时康。

立秋后题［123］

日月不相饶，节序昨夜隔。玄蝉无停号，秋燕已如客。
平生独往愿，惆怅年半百。罢官亦由人，何事拘形役？

月夜忆舍弟［124］

戍鼓断人行，边秋一雁声。露从今夜白，月是故乡明。
有弟皆分散，无家问死生。寄书长不达，况乃未休兵。

归燕［125］

不独避霜雪，其如俦侣稀。四时无失序，八月自知归。
春色岂相访？众雏还识机。故巢傥未毁，会傍主人飞。

144

　　尽管我们的诗人只在秦州待了一个半月，但他写下了不少诗篇。他来到这个边塞城市，很可能因为这里有一些亲友，出于这样或那样的原因,至少能安置一段时间。没有证据表明他在这里任职。他很可能以休闲、访友和写诗来打发时间。《即事》[126] 很可能写于 9 月 18 日之后不久,当时宁国公主拒绝为她死去的丈夫可汗殉葬,而回到长安。杜甫提到回纥军队在 4 月 7 日相州之役中也被打败这个事实,表明依赖蛮族军队扫除国家叛乱是多么荒唐。叛军此时正在前往东都进犯,10 月 22 日将它攻陷。

二十首《秦州杂诗》肯定不是同时所作。其中第二首[127] 提到了秦州城北的公元一世纪西伯隗嚣的宫殿遗址。杜甫一家很可能就暂时在那里安顿,以便寻找一个更合适的居所。杜佐,在洛阳附近的陆浑有家室,是我们诗人的远房堂弟,尽管杜甫认为他是自己的侄儿,现在正居住在秦州东南约 17 英里远的东柯谷。《示侄佐》[130]《佐还山后寄三首》[131]-[133]《秦州杂诗》第十六首[129] 似乎表明这一老一少两个堂兄弟相互往来拜访,而我们的诗人看上去准备永久在东柯谷安家了。

不过,这个愿望并未实现。杜甫发现他的老朋友,长安大云寺的赞上人,可能被怀疑是房琯的同党,也被驱逐出京城,在附近的西枝村安身。因此,杜甫决定他要在赞上人附近买块地修筑草堂。这个计划也没实现,因为我们的诗人改变了主意,决定前往成州的同谷。他写了好几首诗给赞上人,我们这里只引了一首(《宿赞公房》)[135]。杜甫在秦州的其他朋友中还有一位隐士阮昉,他给我们诗人送过葱头(《秋日阮隐居致薤三十束》)[134]。

《佳人》[136] 被某些注家认为是隐喻一位被朝廷不公正地流放的忠贞大臣。但是,有不少细节很难符合这一阐释。我倾向于同意这种解释,即秦州附近的确有这么一位女士。果真如此,那她应该是杜甫一家的朋友。这位女士没有留下姓名,正如《送远》[148] 一诗也没留下主人公的名字一样。同样,从《秦州杂诗》第七首[128] 中我们也不知道那位使臣的名字——显然他是我们诗人的朋友——他被派往吐蕃出使。自从安史之乱爆发后,吐蕃趁着国内纷扰的机会频频骚扰边境。皇帝自然很希望与吐蕃的松赞干布达成和解。但正如我们在接下来的章节中所见,使臣的努力大部分都徒劳无功。

　　作为一个十分珍视友谊的人,我们诗人自然会在朋友远行时写下诗篇——举个例子,《寄李十二白二十韵》[137]①、《天末怀李白》[138],以及《所思》[139]②。杜甫得到郑虔在台州的消息,但没有收到李白在汨罗江附近的洞庭湖一带的音信,那里是公元前三世纪的大诗人屈原去世的地点,他因为自己的忠贞遭到诽谤而自沉于汨罗江。我们就不引用他写给高适的长诗了(《寄彭州高使君适虢州岑长史参》),高适在六月被任命为彭州刺史,而岑参被遣出中都,派到虢州担任长史。有必要提到,在这首诗中我们诗人说自己正患疟疾,而且已经连续三年受到这种疾病的侵扰了("三年犹疟疾")。

　　一首写给两位朋友的长诗,《寄岳州贾司马巴州严使君》[140],回

----

① 我得承认将此诗系年于此不太容易。编纂者和注家通常都是将诗篇《梦李白》(其一)[110]、《梦李白》(其二)[111]、《寄李十二白二十韵》[137]、《天末怀李白》[138]系于杜甫 759 年秋天在秦州的时期。这一系年对诗篇《天末怀李白》[138]而言毫无困难,因为李白这时正在洞庭湖一带,靠近汨罗江(参见《李太白全集》卷 35.28a;威利《李白》91 页)。我将诗篇《梦李白》二首([110][111])移到杜甫 758 年秋天华州时期的第一阶段,这是因为我认为当杜甫 759 年上半年在华州的时候,他可能听说李白已经在春天从流放中得到赦免了。现在,诗篇《寄李十二白二十韵》[137]听起来似乎李白仍在流放之中;难道它不是也应该被系于 758 年吗? 然而诗篇的最后四行更适合秦州而非华州的境况。因此,眼下我只能暂时把诗篇《寄李十二白二十韵》[137]放在 759 年,同时在此提醒读者,这个问题还远远没有得到解决。

② 赵子栎(参见《九家注杜诗》380/24/10)将此诗系年于 762 至 763 年杜甫梓州时期。杨伦卷 8.23a 将其放在 761 年成都时期。仇兆鳌卷 8.30a 则系于 759 年秦州时期。诗篇中并未提供决定性的证据。我这里采取了仇兆鳌的系年,仅仅因为在秦州的短暂时期中杜甫似乎花了大量时间想念自己的朋友李白(参见诗篇《天末怀李白》[138])、贾至和严武(参见诗篇《寄岳州贾司马六丈巴严八使君两阁老五十韵》[140])、薛据和毕曜(参见《九家注杜诗》331/20/40)、高适和岑参(参见《九家注杜诗》333/20/41)。另一首关于流放中郑虔的诗篇(《九家注杜诗》80/5/11)也被仇兆鳌(卷 7.21b)系于 759 年。

忆了前几年的岁月。在诗篇的结尾，诗人以极其低沉的语调提到自己，对自己仕宦经历的失望和幻灭表现得淋漓尽致。他把这种情绪传达给贾、严二人是有目的的。因为他们也受到朝廷的严谴，杜甫希望他们能够从自己更加落魄的遭遇中得到某种程度的安慰。杜甫希望他们不要在诗文中表现出愤怒的情绪，否则可能会被中伤诽谤者所利用，以此阻挠他们回到朝中①。

当春天九节度使的部队溃败之时，贾至从汝州的职位上避走，作为惩罚，他现在被降职为岳州司马。在这首诗中他的名字被放在严武前面，因为他的年岁稍长，尽管现在官职较低。我们的诗人把贾至比作公元前二世纪的贾谊，把严武比作公元一世纪的严光，这主要出于姓氏相同的缘故。尽管贾谊得到了汉文帝对他学术的高度信任，还是被贬责到长沙担任一个较低的职位（王太傅），长沙在就在唐代岳州的附近。严光，是皇帝（光武帝）早年的朋友，他被光武帝邀请访问朝廷，和皇帝睡在一张床上，然后回到自己的隐居之处继续做一名钓客。

在众多秦州写景诗中，我们选了《天河》[141]，它描绘了银河的景象，还有《初月》[142]，以及《野望》[143]。除此之外，还有大量诗歌描绘了更小一些的主题，如《捣衣》[144]《促织》[145]《萤火》[146]。注家们试图在诗中读出某些诗人的隐含意蕴。只有最后一首很明显是用萤火指代宦官李辅国。《遣兴》三首主要写朝廷需要正直的臣子，在第二首[147]中杜甫表达了对处在蛮族统治下的马邑老弱百姓的同情。马邑是唐代大量羁縻州中的一个，它们是划给承认唐王朝宗主权的蛮族居住的一种行政区。759年，马邑的地点仍在秦州南边的群山之间，762年之后就迁移到别处了。

---

① 关于贾至和严武在 759 年秋天的境况，参见仇兆鳌卷 8.17b—18a。《旧唐书》卷117.1a误以为严武的职务是绵州刺史。严武外遣的职务是巴州刺史，这一点不但为杜甫的诗所证明，还可以在严武的墓志铭中找到证据。参见陆增祥（1833—1889）《八琼室金石补正》（130 卷，刘承幹刊印，1929）卷 5.6a，7b。

即事[126]

闻道花门破,和亲事却非。人怜汉公主,生得渡河归。
秋思抛云髻,腰肢剩宝衣。群凶犹索战,回首意多违。

秦州杂诗
(其二)[127]

秦州城北寺,传是隗嚣宫。苔藓山门古,丹青野殿空。
月明垂叶露,云逐渡溪风。清渭无情极,愁时独向东。

(其七)[128]

莽莽万重山,孤城山谷间。无风云出塞,不夜月临关。
属国归何晚?楼兰斩未还。烟尘一长望,衰飒正摧颜。

147

(其十六)[129]

东柯好崖谷,不与众峰群。落日邀双鸟,晴天卷片云。
野人矜险绝,水竹会平分。采药吾将老,儿童未遣闻。

示侄佐(佐草堂在东柯谷)[130]

多病秋风落,君来慰眼前。自闻茅屋趣,只想竹林眠。
满谷山云起,侵篱涧水悬。嗣宗诸子侄,早觉仲容贤。

佐还山后寄三首
(其一)[131]

山晚浮云合,归时恐路迷。涧寒人欲到,林黑鸟应栖。
野客茅茨小,田家树木低。旧谙疏懒叔,须汝故相携。

（其二）[132]

白露黄粱熟，分张素有期。已应春得细，颇觉寄来迟。
味岂同金菊，香宜酌绿葵。老人他日爱，正想滑流匙。

（其三）[133]

几道泉浇圃，交横慢落坡。葳蕤秋菜少，隐映野云多。
隔沼连香芰，通林带女萝。甚闻霜薤白，重惠意如何。

秋日阮隐居致薤三十束[134]

隐者柴门内，畦蔬绕舍秋。盈筐承露薤，不待致书求。
束比青刍色，圆齐玉箸头。衰年关鬲冷，味暖并无忧。

宿赞公房（京中大云寺主，谪此安置）[135]

杖锡何来此，秋风已飒然。雨荒深院菊，霜倒半池莲。
放逐宁违性？虚空不离禅。相逢成夜宿，陇月向人圆。

佳人[136]

绝代有佳人，幽居在空谷。自云良家子，零落依草木。
关中昔丧乱，兄弟遭杀戮。官高何足论？不得收骨肉。
世情恶衰歇，万事随转烛。夫婿轻薄儿，新人已如玉。
合昏尚知时，鸳鸯不独宿。但见新人笑，那闻旧人哭？
在山泉水清，出山泉水浊。侍婢卖珠回，牵萝补茅屋。
摘花不插发，采柏动盈掬。天寒翠袖薄，日暮倚修竹。

寄李十二白二十韵［137］

昔年有狂客，号尔谪仙人。笔落惊风雨，诗成泣鬼神。
声名从此大，汩没一朝伸。文彩承殊渥，流传必绝伦。
龙舟移棹晚，兽锦夺袍新。白日来深殿，青云满后尘。
还山优诏许，遇我宿心亲。永负幽栖志，兼全宠辱身。
剧谈怜野逸，嗜酒见天真，醉舞梁园夜，行歌泗水春。
才高心不展，道屈善无邻。处士祢衡俊，诸生原宪贫。
稻粱求不足，薏苡谤何频？五岭炎蒸地，三危放逐臣。
几年集鹏鸟，独泣向麒麟。苏武先还汉，黄公岂事秦？
楚筵辞醴日，梁狱上书辰。已用当时法，谁将此义陈？
老吟秋月下，病起暮江滨。莫怪恩波隔，乘槎与问津。

天末怀李白［138］

凉风起天末，君子意如何？鸿雁几时到，江湖秋水多。
文章憎命达，魑魅喜人过。应共冤魂语，投诗赠汨罗。

所思（得台州郑司户虔消息）［139］

郑老身仍窜，台州信所传。为农山涧曲，卧病海云边。
世已疏儒素，人犹乞酒钱。徒劳望牛斗，无计剸龙泉。

寄岳州贾司马六丈巴严八使君两阁老五十韵［140］

衡岳猿啼里，巴州鸟道边。故人俱不利，谪宦两悠然。
开辟乾坤正，荣枯雨露偏。长沙才子远，钓濑客星悬。
忆昨趋行殿，殷忧捧御筵。讨胡愁李广，奉使待张骞。
无复云台仗，虚修水战船。苍茫城七十，流落剑三千。

画角吹秦晋，旄头俯涧瀍。　小儒轻董卓，有识笑符坚。
浪作禽填海，那将血射天。　万方思助顺，一鼓气无前。
阴散陈仓北，晴薰太白巅。　乱麻尸积卫，破竹势临燕。
法驾还双阙，王师下八川。　此时沾奉引，佳气拂周旋。
貔虎开金甲，麒麟受玉鞭。　侍臣谙入仗，厩马解登仙。
花动朱楼雪，城凝碧树烟。　衣冠心惨怆，故老泪潺湲。
哭庙悲风急，朝正霁景鲜。　月分梁汉米，春给水衡钱。
内蕊繁于缬，宫莎软胜绵。　恩荣同拜手，出入最随肩。
晚著华堂醉，寒重绣被眠。　绻齐兼秉烛，书枉满怀笺。
每觉升元辅，深期列大贤。　秉钧方咫尺，铩翮再聊翩。
禁掖朋从改，微班性命全。　青蒲甘受戮，白发竟垂怜？
弟子贫原宪，诸生老伏虔。　师资谦未达，乡党敬何先？
旧好肠堪断，新愁眼欲穿。　翠干危栈竹，红腻小湖莲。
贾笔论孤愤，严诗赋几篇。　定知深意苦，莫使众人传。
贝锦无停织，朱丝有断弦。　浦鸥防碎首，霜鹘不空拳。
地僻昏炎瘴，山稠隘石泉。　且将棋度日，应用酒为年。
典郡终微眇，治中实弃捐。　安排求傲吏，比兴展归田。
去去才难得，苍苍理又玄。　古人称逝矣，吾道卜终焉。
陇外翻投迹，渔阳复控弦。　笑为妻子累，甘与岁时迁。
亲故行稀少，兵戈动接联。　他乡饶梦寐，失侣自迍邅。
多病加淹泊，长吟阻静便。　如公尽雄俊，志在必腾骞。

天河 [141]

当时任显晦，秋至辄分明。　纵被浮云掩，终能永夜清。
含星动双阙，伴月落边城。　牛女年年渡，何曾风浪生。

初月[142]

光细弦初上,影斜轮未安。微升古塞外,已隐暮云端。
河汉不改色,关山空自寒。庭前有白露,暗满菊花团。

野望[143]

清秋望不极,迢递起层阴。远水兼天净,孤城隐雾深。
叶稀风更落,山迥日初沉。独鹤归何晚？昏鸦已满林。

捣衣[144]

亦知戍不返,秋至拭清砧。已近苦寒月,况经长别心。
宁辞捣衣倦,一寄塞垣深。用尽闺中力,君听空外音。

153

促织[145]

促织甚微细,哀音何动人。草根吟不稳,床下意相亲。
久客得无泪？故妻难及晨。悲丝与急管,感激异天真。

萤火[146]

幸因腐草出,敢近太阳飞。未足临书卷,时能点客衣。
随风隔幔小,带雨傍林微。十月清霜重,飘零何处归。

遣兴(三首)
(其二)[147]

高秋登寒山,南望马邑州。降虏东击胡,壮健尽不留。
穹庐莽牢落,上有行云愁。老弱哭道路,愿闻甲兵休。
邺中事反覆,死人积如丘。诸将已茅土,载驱谁与谋？

送远[148]

带甲满天地，胡为君远行？亲朋尽一哭，鞍马去孤城。

草木岁月晚，关河霜雪清。别离已昨日，因见古人情。

　　杜甫一家的下一个落脚点是成州同谷县的栗亭驿。从《发秦州》[149]一诗中，我们可以推知他们在十一月初出发，走的是汉源的线路。从秦州往西南方向到汉源，路程大概有 43 英里。从汉源出发，我们推断他们又向南行进了 17 英里，来到成州；再往东南 60 英里，到达同谷；接着往东 17 英里来到栗亭驿。在山区旅行 137 英里的路程，可能要花上好几天时间。我们的诗人怀着颇为雀跃的心情开始这段旅程，部分原因在于别人使他相信同谷一带天气晴暖，风景优美，适宜居住。从一首诗中可以得知，杜甫接到一封信，来自一个他没有见过的人，此人在信中将同谷描述得天花乱坠，并热切欢迎他去做客（《积草岭》）。

　　也许他知道不能太相信陌生人的话——也许此人想要卖给他一所房舍和一些田地。不过，同谷的景物确实很优美，我们可以从《万丈潭》[150]一诗得知。但是就天气和谋生问题来看，《空囊》[153]①和《乾元中寓居同谷县作歌七首》[154]-[157]中的若干篇能够说明我们的诗人处于可怜的贫困饥匮中，他不得不忍受这一切。也许刚开始买入一些田产已经耗尽了他所有的积蓄。

---

① 此诗一般被编纂者拿来和诗篇《病马》[152]一起系于秦州时期。我将它置于栗亭驿阶段，是因为其中有关于冬天的暗示——"井冻"。而且，其中对贫困和饥饿的描述与诗篇《乾元中寓居同各县作歌七首》（其一）[154]很相似。这类感人的诗篇可能使得《旧唐书》卷 190C.7b 错误地认为，同谷时期杜甫有好几个孩子饿死了。由于没有认识到杜甫只有一个儿子于 755 年饿死在奉先，我自己也曾经在二十年前重复了与《旧唐书》一样的错误（参见洪业《苦难诗人》，《礼拜六评论》，1930 年 4 月 5 日，对艾思柯第一卷的书评）。

　　好几首诗表明杜甫不得不在附近频繁往来,也许是为了寻求一些借贷,或者是他可以接受的文书活计。祸不单行,他的老马也病了(《病马》)[152]。《两当县吴十侍御江上宅》[151]可能是在主人不在家时写的。两当县在栗亭驿东27英里处。我倾向于认为杜甫在那里待了一个晚上,他的真正目的地是凤州城,再往东17英里的一个重要的交通中心。写给不在家的吴郁的诗中带有忏悔之意。杜甫自责在吴郁被不公正地贬谪潭州时,自己未能在皇帝面前加以谏争。这里所指的是杜甫在凤翔任职的短暂时期。其实在未能援救宰相房琯遭贬之后,杜甫已经没法再声援吴侍御了。但杜甫是一个把自己的职责看得很重的人,因而对自己的过失毫不宽恕。

　　这首诗的写作时间和前往两当县的旅行给编年造成了一个问题。编纂者和注家一般都将此诗系于抵达栗亭驿之前,因为他们认为杜甫从秦州到同谷的路线会经过两当县。先不论其他的一些反证,需要注意到这首诗里提及了两当的"落叶赤"——这和我们诗人十一月初前往同谷和栗亭驿时在汉源见到的绿叶("草木未黄落")形成强烈的对比。因此杜甫前往两当的旅程一定在他到达栗亭驿之后。

155

发秦州[149]
我衰更懒拙,生事不自谋。无食问乐土,无衣思南州。
汉源十月交,天气凉如秋。草木未黄落,况闻山水幽。
栗亭名更嘉,下有良田畴。充肠多薯蓣,崖蜜亦易求。
密竹复冬笋,清池可方舟。虽伤旅寓远,庶遂平生游。
此邦俯要冲,实恐人事稠。应接非本性,登临未销忧。
溪谷无异石,塞田始微收。岂复慰老夫?惘然难久留。
日色隐孤戍,乌啼满城头。中宵驱车去,饮马寒塘流。

磊落星月高，苍茫云雾浮。大哉乾坤内，吾道长悠悠！

万丈潭[150]

青溪合冥寞，神物有显晦。龙依积水蟠，窟压万丈内。
蹭步凌垠堮，侧身下烟霭。前临洪涛宽，却立苍石大。
山危一径尽，岸绝两壁对。削成根虚无，倒影垂澹瀩。
黑知湾𡩋底，清见光炯碎。孤云到来深，飞鸟不在外。
高萝成帷幄，寒木垒旌旆。远川曲通流，嵌窦潜泄濑。
造幽无人境，发兴自我辈。告归遗恨多，将老斯游最。
闭藏修鳞蛰，出入巨石碍。何事炎天过，快意风雨会。

两当县吴十侍御江上宅[151]

寒城朝烟淡，山谷落叶赤。阴风千里来，吹汝江上宅。
鸱鸡号枉渚，日色傍阡陌。借问持斧翁：几年长沙客？
哀哀失木狖，矫矫避弓翮。亦知故乡乐，未敢思宿昔。
昔在凤翔都，共通金闺籍。天子犹蒙尘，东郊暗长戟。
兵家忌间谍，此辈常接迹。台中领举劾，君必慎剖析。
不忍杀无辜，所以分黑白。上官权许与，失意见迁斥。
仲尼甘旅人，向子识损益。朝廷非不知，闭口休叹息。
予时忝诤臣，丹陛实咫尺。相看受狼狈，至死难塞责。
行迈心多违，出门无与适。于公负明义，惆怅头更白。

病马[152]

乘尔亦已久，天寒关塞深。尘中老尽力，岁晚病伤心。
毛骨岂殊众？驯良犹至今。物微意不浅，感动一沉吟！

空囊［153］

翠柏苦犹食，晨霞朝可餐。世人共卤莽，吾道属艰难。

不爨井晨冻，无衣床夜寒。囊空恐羞涩，留得一钱看。

乾元中寓居同谷县作歌七首

（其一）［154］

有客有客字子美，白头乱发垂过耳。

岁拾橡栗随狙公，天寒日暮山谷里。

中原无书归不得，手脚冻皴皮肉死。

呜呼一歌兮歌已哀，悲风为我从天来。

（其二）［155］

长镵长镵白木柄，我生托子以为命。

黄精无苗山雪盛，短衣数挽不掩胫。

此时与子空归来，男呻女吟四壁静。

呜呼二歌兮歌始放，里间为我色惆怅。

（其三）［156］

有弟有弟在远方，三人各瘦何人强？

生别展转不相见，胡尘暗天道路长。

东飞驾鹅后鹙鸧，安得送我置汝旁？

呜呼三歌兮歌三发，汝归何处收兄骨？

（其四）［157］

有妹有妹在钟离，良人早殁诸孤痴。

158

长淮浪高蛟龙怒，十年不见来何时？

扁舟欲往箭满眼，杳杳南国多旌旗。

呜呼四歌兮歌四奏，林猿为我啼清昼。

《发同谷县》（乾元二年十二月一日，自陇右赴剑南纪行）[158]表明杜甫一家又再次搬迁了。他们在同谷县没有真正的朋友。尽管我们的诗人颇为勉强地离开这个风景秀美之地，贫穷驱使他去寻找一个更为热情好客的居所。向南前往成都的旅程，途经兴州、利州、剑州、绵州和汉州，共 503 英里。一路上，杜甫写下十二首诗，描述了旅途中壮丽的山水图景；《飞仙阁》[159]就是一个例子。《成都府》[160]写于旅途终点，其中提到新月。我们诗人和他的家人们路上一定走得很快——当然，主要是下山路——这可能是为了十二月末之前到达成都①。

①　在《成都府》一诗中，我将文本中第 15 行（【译者按】原文为"第 5 行"，今改）的"鸟"改为"乌"。杜甫及其家人在一周之内走完了 500 英里的路程，这就排除了他在途中拜访朋友的可能性。最近出现了一种说法，认为他在途中曾经前往巴州去拜访了担任巴州刺史的朋友严武。河北第一博物馆（天津）在 1934 年出版的《河北第一博物馆画报》第 57 期刊载了一张出自巴郡（759 年叫做巴州）南山的拓片。拓片有大量文字磨灭的阙略空白，其内容是一首诗，题目作《严刺史武重九日南山》。另外，还有杜甫的落款和 759 年日期。博物馆的学者们认为杜甫拜访了严武，并亲自手书了准备刊刻于崖岩之上的严武诗。长期以来，我对这一文本一直抱有若干疑问。杜甫有时间进行这样一次拜访吗？为何严武作于 759 年 10 月 4 日——也就是重九节——的诗篇，刊刻的时间不是早于 12 月末？为何杜甫没有写下一首唱和之作一并刊刻？为何杜甫的其他诗篇中毫无此次拜访的蛛丝马迹？为何此诗与严武其他流传不多的诗篇的风格如此迥异？为何此诗看上去很像是对杜甫风格的拙劣模仿？最终我发现了解决这一谜团的线索，但却并无解脱的欣喜。在《巴州志》（10 卷正文，1 卷附录，1833 年）卷 8.23a—b 中我发现了同样的文本，阙略空白还要少一些，题目则是《万刺史武：重九日南山》。其中并无 759 年的日期和杜甫的落款，它们很可能是由 1833 年之后的某些好事者所赝造的。在同书卷 5.10a，卷 8.31a—b，卷 10.22a—b，万刺史的名字在他写的另一些诗文中也没有流传下来；他是一名宋代官员，大概生活在 1195 年之前。

发同谷县（乾元二年十二月一日，自陇右赴剑南纪行）[158]

贤有不黔突，圣有不暖席。况我饥愚人，焉能尚安宅？

始来兹山中，休驾喜地僻。奈何迫物累，一岁四行役！

忡忡去绝境，杳杳更远适。停骖龙潭云，回首白崖石。

临岐别数子，握手泪再滴。交情无旧深，穷老多惨戚。

平生懒拙意，偶值栖遁迹。去住与愿违，仰惭林间翮。

飞仙阁[159]

土门山行窄，微径缘秋毫。栈云阑干峻，梯石结构牢。

万壑敧疏林，积阴带奔涛。寒日外澹泊，长风中怒号。

歇鞍在地底，始觉所历高。往来杂坐卧，人马同疲劳。

浮生有定分，饥饱岂可逃。叹息谓妻子，"我何随汝曹？"

成都府[160]

翳翳桑榆日，照我征衣裳。我行山川异，忽在天一方。

但逢新人民，未卜见故乡。大江东流去，游子去日长。

曾城填华屋，季冬树木苍。喧然名都会，吹箫间笙簧。

信美无与适，侧身望川梁。乌雀夜各归，中原杳茫茫。

初月出不高，众星尚争光。自古有羁旅，我何苦哀伤！

159

第九章

此生那老蜀

—— 杜甫《奉送严公入朝十韵》

公元 760 — 762 年

成都

160   从 760 年初到 762 年 8 月这段时间是杜甫在成都居住的第一个
时期，742 年之前成都是益州首府，758 年之前则益州改称蜀郡，756
至 757 年之间明皇避地成都，这里被提升为第一等州，称为成都府。
在 760 年 10 月 30 日之前，成都还被命名为南京。

　　在杜甫居住成都的那段时期，成都府尹还担任剑南道西川节度
使，掌控二十来个州郡、一百多个县。当杜甫达到成都时，节度使是
裴冕，他曾在朝中担任过各种不同职务，在肃宗登基之后曾任宰相
（中书侍郎、同中书门下平章事）。当杜甫来到凤翔，裴冕已经不再担
任宰相，但仍任右仆射。在凤翔和长安的朝会中，两人一定经常遇
见。尽管两人绝不可能是亲近的朋友，杜甫对裴冕却有很高的评
价——在他快到成都时所写的一首诗中，他提到蜀地的百姓应该会
庆幸自己拥有裴冕这样一位具有显赫威望和卓越治理才干的节度
使。我们当然不难想到，杜甫到达南京之后，自然会去拜望裴冕，就
像他在各地拜望从前认识的亲戚和朋友一样。

　　当时社会和伦理风气要求，有朋自远方来，而且生活还处于窘迫
161   之中时，应该获得帮助，尤其是当他还具有美好的名声，而且仍有可
能重返具有权力和影响力的地位的时候。杜甫现在恰恰就是这样一
个人。帮助通常有三种形式：缓解对方当下贫困的钱物；有时给对
方介绍有报酬的文字工作；给予对方能够获得俸禄以维持生活开销
的官职。以杜甫的情况来看，这其中尤以第三种为难。终其一生，杜

甫始终在两个相互矛盾的愿望中徘徊：隐退山林间，或是置身庙堂上。贫穷和家庭责任感始终是妨碍第一个愿望的主要因素。不良的健康状况和忠诚直谏的责任感则是第二个愿望的阻碍因素。如果真要给他谋一个位置，最好是让他发挥谏议作用，因为以杜甫的健康状况和急躁脾气来看，他做不了行政工作，众所周知，他在 755 年就拒绝过一次，在 759 年又拒绝过另一次。

一个能够谏议的位置则要依赖这些议谏能否得到认可。《新唐书》杜甫本传中记载，"好论天下大事，高而不切"。我们现在来看他对时事意见，结合史实方面的因果背景，不难看出其中绝大部分都是合乎情理而又便于操作的。而且，颇令人疑惑的是，除了极少数人之外，杜甫的同时代人都认为他是一个富于实际操作经验的人。话又说回来，地方一级政府的一个有俸禄的谏议之职必须要上报到朝廷才能任命。因为皇帝陛下可不想让杜甫担任这样的职务了，这就很难使一个节度使对皇帝建议说："我希望让他做我的谏议官员。"所以，杜甫能够希望从他在成都的朋友那里得到的一切只能是自愿的捐赠和偶尔的文字工作。在杜甫抵达后不久，他和他的家人可能是靠朋友的慷慨相助维持生计。这样的捐赠一定颇为大方，因为他甚至计划买一些田地，修建一所比较简朴的房舍。他明智地挑选了一个好地点，这里离城市比较近，足以方便他和朋友们之间的往来，又足够靠近乡村，从而得以在安静秀丽的环境中享受半退隐的生活。

成都平原是一片大概有 200 平方英里的区域，平原西北是覆盖着白雪的皑皑群山，因此西北方向地势较高，东南方向地势较低。在我们的诗人所在时代的一千多年前，古代的工程师们就已经将南北流向的岷江建造成为一个水利网络系统，从北边切开，再在南边重新整合，最后合流协力灌溉平原。现在的成都和附近地区的灌溉水流都和杜甫的时候不一样了。879 年,城市面积扩大到 760 年的四倍,760 年才不过 1 平方英里。现在,一条河流从西向东穿过这座带有围墙的城市,而另一条则在城南自西向东流淌。而在杜甫的年代这两条河流都流淌于城市南端,它们都有着众多的名字。靠近城墙的那条一般被称为内江、锦江、浣花溪,或是百花潭。更往南一些的河流则通常被称为外江或大江。

据说在杜甫的时代之前几个世纪,这座城市因为进贡给朝廷的美丽织锦而闻名。"锦官城"或是"锦城"遂成为它的别名。因为织锦在河流中漂洗,所以又有锦江之名。有一个传说,一名女子怜悯一个摔倒在泥沟中的和尚,替他在河中洗净污浊的衣物。当她漂洗时,水中不可思议地出现了一百朵花,于是又得名浣花溪或是百花潭。我倾向于认为名字中的"花"可能是指织锦上的花纹;关于女子的传说自然是后来产生的附会。在城市南边不远有一座桥跨过河流,称为万里桥;这个名字据说源于三世纪,当时有人在临别宴会上对自己的朋友说:"万里之行,始于此桥。"①

从万里桥往西大约两三英里,稍微向南一点,内江——或者叫锦江、浣花溪——绕过一片人烟稀疏、房屋不多的村庄。这里就是我们的诗人选择修建草堂的地点了。根据杜甫的诗歌,他的草堂修筑在河流北岸,位于万里桥西南,也是成都市区的西南。如今它位于这座已经十分庞大的城市中的西南部分,我们在这里修筑了一座祠堂以纪念杜甫。据记载,多少世纪以来祠堂经历了无数次重建,追溯其源头,第一个建造它的是 1090 年的吕大防(他也是第一个给杜甫编年谱的学者),建造地点就在草堂的遗址上。因为吕大防编撰的杜甫年谱并不完全准确,而且他最初建造祠堂的时间离杜甫的年代也过去了三个

---

① 【译者按】《太平寰宇记》:"昔费祎聘吴,武侯送之至此,曰:'万里之行,始于此矣。'桥因以名。"

多世纪,有可能吕大防并不是找到了杜甫草堂的精确地点来建造祠堂。

　　杜甫诗歌中比较确定能系于 760 年他抵达成都之后的最早一篇,是《酬高使君相赠》[161]。唐代史料记载错误地认为高适先任蜀州刺史,再任彭州刺史。比较一下高适和杜甫的往来诗篇就会清楚,高适从 759 年夏天到大约 760—761 年冬天担任彭州刺史,然后转任蜀州刺史。当高适 760 年初担任彭州刺史时,他听说杜甫来到了成都,离彭州西南大约 33 英里远。在《赠杜二拾遗》一诗中,高适说他听说杜甫住在佛寺里,沉溺于诗书。高适还说他相信杜甫完全有能力阐释佛教典籍,不但能理解僧人的讲说,而且还可以加入讨论。在诗的最后两句中,他问杜甫,"草《玄》今已毕,此后更何言?"《太玄》是扬雄(前 53—18)的哲学著述,尚存于世。很难弄清楚高适的问题是指什么,也没有注家能够扫清这迷雾。扬雄是成都附近的人,而著名的《太玄》也写成于此地。难道扬雄的比喻只是对杜甫的偶然恭维? 据说扬雄是在退休之后写作《太玄》的,那时汉朝的命运正在衰微,因为任用了奸相的缘故。我倾向于认为高适的最后两句诗是暗示杜甫应该结束自己的退休状态。如果这个解释正确,那么杜甫答诗的最后两句也就可以相应地理解为退休并不真正是自己的最好选择,他还是希望以文学才能为皇帝服务,就像扬雄在汉朝所做的那样①。

①　【译者按】此处的"扬雄"似乎应该改为"司马相如"才对。因为,"草《玄》吾岂敢,赋或似相如"一联应该理解为:"我没有扬雄写《太玄》的能耐,但是在作赋方面或许能和司马相如一比高下。"这其中带有某种反讽意味。按,扬雄有"剧秦美新"之论,这种主动附逆之举是杜甫绝不会附和的。另外,司马相如在文学史上的地位也高于扬雄,扬雄的若干作品就是效法司马相如的。杜甫说过"赋料扬雄敌",又说"臣之述作沉郁顿挫,扬雄、枚皋可企及也",正好说明他心目中想要赶超的目标并非扬雄,乃是司马相如。而司马相如曾为汉武帝作劝百讽一的《子虚》《上林》《大人》诸赋和封禅遗表,这和杜甫作三大礼赋、《封西岳赋》无论在题材还是主旨上都极其相似,故杜甫有此语,恐怕其中既有自豪,也有自嘲,耐人寻味。洪业先生此处理解恐有误,陈贻焮先生《杜甫评传》(中卷,第 640—642 页)也没有指出这一点来。

酬高使君相赠[161]

古寺僧牢落，空房客寓居。故人供禄米，邻舍与园蔬。

双树容听法，三车肯载书。草《玄》吾岂敢，赋或似相如。

注家们认为诗中的古寺就是草堂寺，他们说这座寺庙建于唐前，离草堂很近，就在遗址的东边。如果这个判断正确，我们就可以推测，在达到成都之后不久，我们的诗人和家人就搬出了内郭，在这座寺庙中暂时安身，同时监管新居的建造。《卜居》一诗[162]描述了选址的情况。《王十五司马弟出郭相访兼遗营草堂赀》[163]可能作于杜甫仍居寺庙中时，那时草堂尚未竣工。我们不太清楚这位表弟和杜甫的亲属关系如何勾勒，但既然杜甫父亲的一个同父异母妹妹嫁给了王氏家族，尽管没有其他证据，我们也可以猜测，这位年轻人就是她的儿子。《凭韦少府班觅松树子栽》[164]是几首具有共同背景的诗篇中的一首，这些诗向不同的朋友要桃树、绵竹、瓷碗，等等。根据《堂成》[165]一诗，我们得知在暮春时节杜甫一家搬进了新居。

卜居[162]

浣花流水水西头，主人为卜林塘幽。

已知出郭少尘事，更有澄江销客愁。

无数蜻蜓齐上下，一双鸂鶒对沉浮。

东行万里堪乘兴，须向山阴上小舟。

王十五司马弟出郭相访兼遗营草堂赀[163]

客里何迁次？江边正寂寥。肯来寻一老，愁破是今朝。

忧我营茅栋，携钱过野桥。他乡惟表弟，还往莫辞遥。

凭韦少府班觅松树子栽[164]

落落出群非榉柳,青青不朽岂杨梅?

欲存老盖千年意,为觅霜根数寸栽。

堂成[165]

背郭堂成荫白茅,缘江路熟俯青郊。

桤林碍日吟风叶,笼竹和烟滴露梢。

暂止飞乌将数子,频来语燕定新巢。

旁人错比扬雄宅,懒惰无心作解嘲。

165

    尽管没什么证据可以证明,但我还是倾向于认为杜甫在到达成都之后的头几个月四处观光游览了一番。《蜀相》[166]和《琴台》[167]吟咏的都是富于历史意味的地点,它们都在成都的西郊。诸葛亮(181—234),也就是通常所说的诸葛孔明和武侯,在刘备——蜀先主——三顾茅庐之后,从南阳的隐居之地出山,辅佐刘备。诸葛亮以他惊人的学识、治国方略、外交能力和军事才干,毫无保留地献身于刘氏父子两代君主的家业,建立了蜀国这个即使不是三国中最强大的,也是三国中最正统合法的国家——另外两个是黄河流域的魏国和长江下游流域的吴国。作为宰相和主要决策者,诸葛亮在一次征讨魏国的战役中病逝。杜甫和中国其他文人一样,毫无疑问地认为诸葛亮是三国时期(221—265)最伟大的英雄。刘备作为君王的完全信任和诸葛亮作为宰相的绝对忠诚多次为我们的诗人所提及。如果我们猜测杜甫希望皇帝和李泌、房琯、张镐等贤臣——也许还包括他自己——建立起这样的关系,这应该不会离事实太远。

    《琴台》是在一种轻松得多的心情下写作的。公元前一世纪的司

马相如是蜀地最杰出的文学家之一。由于患有消渴之症（糖尿病），
他离开汉朝回到蜀地，在这里他遇到卓文君，卓家守寡的女儿。文君
喜欢音乐，司马相如便挑之以琴声，弹奏了一曲《凤求凰》。文君夜探
司马相如，两人一起私奔到另一个地方，后来在那里买了一个酒肆；
文君卖酒，相如涤器。琴台毫无疑问是当地的好事之人给游览者建
造的纪念建筑物。

166

蜀相[166]
丞相祠堂何处寻?锦官城外柏森森。
映阶碧草自春色,隔叶黄鹂空好音。
三顾频烦天下计,两朝开济老臣心。
出师未捷身先死,长使英雄泪满襟!

琴台[167]
茂陵多病后,尚爱卓文君。酒肆人间世,琴台日暮云。
野花留宝靥,蔓草见罗裙。归凤求凰意,寥寥不复闻。

我选了十二首诗[168]-[179]来描述 760 年暮春到早秋之间我们的诗
人在百花潭边乡村中的生活。其中一些也同样有理由系于 761 年，
但所有注家都一致认为，《进艇》[170]一定作于 760 年，因为诗中提到
南京，而到了 761 年成都就不再是南京了。

尽管杜甫说自己已经成为一个农夫(《为农》[168]《进艇》[170])，他
其实只是一个缙绅—农夫——虽然是很穷的缙绅，他还是雇了一些
人来帮助自己。他的健康状况不太好(《江村》[169]《有客》[172]《魏十
四侍御就敝庐相别》[173])，自然不能劳累过度。我们还能记起在 754

年他在写给皇帝的表奏上说自己有肺疾。古代对肺病的症状认识是咳嗽和哮喘(《宾至》[171])。用现代医学术语来说,我倾向于认为杜甫患有过敏性哮喘症。尽管他并未专门提过自己在园子中种的草药,但其中应当有麻黄属植物,这种草药能暂时缓解咳嗽和哮喘。这些草药他一定种了不少,因为在他的两首诗[172][173]中都提到来拜访他的客人向他买了一些。

在杜甫的访客中,吴郁[179]和韦偃[175]特别有意思。如果我们还记得,杜甫759年在两当县写了一首自责和忏悔诗《两当县吴十侍御江上宅》[151]给吴郁。我们不清楚吴郁是怎么离开贬谪之地潭州,又是如何在760年来到成都的? 当吴郁专门出城来拜访杜甫,我们可以推想他一定很愿意洗脱杜甫为他遭贬而施诸自身的责难。可能是在成都,杜甫遇到过韦偃好几次,见过他画松树。在一首写给韦偃的诗中,杜甫半开玩笑地说他哪一天要带一匹好东绢,让画家给他画上笔直的松干——当然,杜甫可能最后也没这么做。现在在离开成都之前,画家韦偃来到新建的草堂向杜甫道别,作为临别的礼物,他为杜甫在墙上画了两匹骏马。杜甫一定发自内心地高兴,因为他从年轻的时候就非常喜欢马、喜欢骑马和关于马的绘画;而韦偃正是以善于画马而闻名的画家。

杜甫和邻居们也时常相互过往。可能其中一位邻居看见了杜甫在墙上韦偃画马旁边题的诗,他很喜欢,于是要杜甫给自己家悬挂的王宰所画山水图写一首诗[176]。邻居中有一位住在北边,他曾经做过县令[177]。不过我们不知道他的姓名。根据另一首诗[173],我们知道还有一位邻居朱山人住在南边。他的身份也很难确定。在这些诗篇中很明显可以看到,邻里间充满了诚挚和相互尊重的愉快气氛。

尽管健康状况欠佳,生活也很窘迫,尽管还在为仕途生涯感到迷茫,同时还关注着多难的国家——尽管时不时意识到自己是遥远的土地上的异乡人,生计主要靠朋友们的慷慨接济维持——但不管怎样,我们的诗人一家在这里和一群气味相投的人为邻,并不时得到善意的邀请。杜甫现在全身心体会到快乐——也许自他结婚成家以来的这么多年中,现在是最快乐的时候。当然,他也想被召回朝廷,重温758年年初那样的生活,因为他最大的快乐就是为自己的国家效劳。如果他不再任职,他也许更愿意把家安置在偃师故里,正如他三年后在一首高兴得太早的诗中所写的那样(《闻官军收河南河北》^[225])。但现在这两点都不可能,因为皇帝根本就想不到他,而叛军又占据着东都。在这样的环境下,杜甫对成都能提供给他的很满意,也很感激。他是那种能从些许贫乏生活中找到很多乐趣的人。在成都居处的头几个月就已经比任何时期都更清楚地向我们展示了这一点。

168

为农[168]

锦里烟尘外,江村八九家。圆荷浮小叶,细麦落轻花。
卜宅从兹老,为农去国赊。远惭勾漏令,不得问丹砂。

江村[169]

清江一曲抱村流,长夏江村事事幽。
自去自来堂上燕,相亲相近水中鸥。
老妻画纸为棋局,稚子敲针作钓钩。
多病所须惟药物,微躯此外更何求?

进艇[170]

南京久客耕南亩,北望伤神卧北窗。

昼引老妻乘小艇,晴看稚子浴清江。
俱飞蛱蝶元相逐,并蒂芙蓉本自双。
茗饮蔗浆携所便,瓷罂无谢玉为缸。

宾至[171]
患气经时久,临江卜宅新。喧卑方避俗,疏快颇宜人。
有客过茅宇,呼儿正葛巾。自锄稀菜甲,小摘为情亲。

有客[172]
幽栖地僻经过少,老病人扶再拜难。
岂有文章惊海内? 漫劳车马驻江干。
竟日淹留佳客坐,百年粗粝腐儒餐。
不嫌野外无供给,乘兴还来看药栏。

魏十四侍御就敝庐相别[173]
有客骑骢马,江边问草堂。远寻留药价,惜别到文场。
入幕旌旗动,归轩锦绣香。时应念老疾,书迹及沧浪。

屏迹[174]
晚起家何事,无营地转幽。竹光团野色,舍影漾江流。
失学从儿懒,长贫任妇愁。百年浑得醉,一月不梳头。

题壁上韦偃画马歌[175]
韦侯别我有所适,知我怜君画无敌。
戏拈秃笔扫骅骝,欻见麒麟出东壁。

一匹龁草一匹嘶，坐看千里当霜蹄。
时危安得真致此？与人同生亦同死。

戏题王宰画山水图歌[176]
十日画一水，五日画一石。
能事不受相促迫，王宰始肯留真迹。
壮哉昆仑方壶图，挂君高堂之素壁。
巴陵洞庭日本东，赤岸水与银河通，中有云气随飞龙。
舟人渔子入浦溆，山木尽亚洪涛风。
尤工远势古莫比，咫尺应须论万里。
焉得并州快剪刀，剪取吴松半江水。

170

北邻[177]
明府岂辞满，藏身方告劳。青钱买野竹，白帻岸江皋。
爱酒晋山简，能诗何水曹。时来访老病，步屟到蓬蒿。

南邻[178]
锦里先生乌角巾，园收芋粟不全贫。
惯看宾客儿童喜，得食阶除鸟雀驯。
秋水才深四五尺，野航恰受两三人。
白沙翠竹江村暮，相送柴门月色新。

范二员外邈吴十侍御郁特枉驾阙展待聊寄此作[179]
暂往比邻去，空闻二妙归。幽栖诚简略，衰白已光辉。
野外贫家远，村中好客稀。论文或不愧，重肯款柴扉。

在 760 年初秋,杜甫不仅仅穷困,而且还窘迫到潦倒的地步。可能他刚到成都时收到的馈赠钱物都已经用光了。4 月 1 日,朝廷任命原京兆尹李若幽为成都尹、剑南西川节度使,接替裴冕。此人后来改名为李国贞,尽管颇为固执,缺乏老练和幽默,但为人比较正直。没有记载表明我们的诗人从前和他认识,而且他也不是那种能够欣赏杜甫的天才和幽默的人。随着裴冕、可能还有大多数裴冕的属员的离去,我们的诗人很难指望从城中得到更多帮助了。在《狂夫》[180]一诗中,杜甫担心会饿死,希望得到其他临近城市中朋友的帮助。在《因崔五侍御寄高彭州适》[181]中,他直接开口要求对方救济。

《百忧集行》[182]普遍被系于 761 年秋天。但我倾向于认为杜甫在 761 年的情况还没有 760 年秋天那么绝望。《茅屋为秋风所破歌》[183],杜甫最广为人知的诗篇之一,可能作于 760 和 761 年。我选择将它系于 760 年,因为杜甫在诗中抱怨说"自经丧乱少睡眠",这应该是在他于江村度过了一年半晚起而闲散的隐居生活之前的事情。如果这个系年正确,这场秋风可以说验证了"屋漏偏逢连夜雨"、"灾祸专触霉运人"这类谚语。这首诗之所以出名主要是因为其中的最后几句。一个没有遮身之所的病人还想着要解决全天下的住房问题,这就像战场上快死去的战士梦想着世界和平一样。这样的诗篇是人类情感最高贵的表现。

狂夫[180]

万里桥西一草堂,百花潭水即沧浪。

风含翠筱娟娟静,雨裛红蕖冉冉香。

厚禄故人书断绝,恒饥稚子色凄凉。

欲填沟壑唯疏放,自笑狂夫老更狂。

因崔五侍御寄高彭州适［181］
百年已过半，秋至转饥寒。为问彭州牧，何时救急难。

百忧集行［182］
忆年十五心尚孩，健如黄犊走复来。
庭前八月梨枣熟，一日上树能千回。
即今倏忽已五十，坐卧只多少行立。
强将笑语供主人，悲见生涯百忧集。
入门依旧四壁空，老妻睹我颜色同。
痴儿未知父子礼，叫怒索饭啼门东。

茅屋为秋风所破歌［183］
八月秋高风怒号，卷我屋上三重茅。
茅飞度江洒江郊，高者挂罥长林梢，下者飘转沉塘坳。
南村群童欺我老无力，忍能对面为盗贼，公然抱茅入竹去。
唇焦口燥呼不得，归来倚杖自叹息。
俄顷风定云墨色，秋天漠漠向昏黑。
布衾多年冷似铁，娇儿恶卧踏里裂。
床头屋漏无干处，雨脚如麻未断绝。
自经丧乱少睡眠，长夜沾湿何由彻。
安得广厦千万间，大庇天下寒士俱欢颜，风雨不动安如山。
呜呼，何时眼前突兀见此屋，吾庐独破受冻死亦足。

　　《奉简高三十五使君》［184］可能作于高适从彭州到成都拜望节度使、他的直接顶头上司之时。高适有回应我们的诗人寻求帮助的要求了吗？我推测他有,尽管送来的钱可能不太多。在写给皇帝的一封表奏中,高适说到蜀郡挤满了从中原地区来此躲避战乱的流亡者。当杜甫在成都拜访高适,向他表示谢意时,高适可能告诉杜甫他面临着很多类似的救济请求,并且表示遗憾说他没法再给予杜甫更多的帮助,虽然两人之间的友谊使他有义务继续帮助下去。这样的场面可以作为杜甫诗中最后两句的背景。从高适那儿不能再指望帮助,这就驱使杜甫得到别的地方寻找救援了。

《赴青城县出成都寄陶王二少尹》[185]一诗普遍被系于 761 年晚秋。青城在蜀州北部 14 英里处,蜀州在成都往西偏南 55 英里处。761 年,高适成为蜀州刺史,青城是蜀州治下的一个县。如果旅行是在这一年,我可以设想我们的诗人会首先拜访老朋友高适,而不是直接去往青城。因此,我更倾向于将此诗系于 760 年。

我们不清楚杜甫是从青城先回到成都,然后再开始他前往西南各县的旅程,抑或是直接从青城出发。不管怎么样,《重简王明府》[186]一诗表明 760 年冬天杜甫在唐兴县。杜甫有一篇文章《唐兴县客馆记》,为唐兴县令王潜所修建的客馆而作,写于 761 年九月。唐兴这个地名曾使得不少注家颇为困惑,因为在唐代,不同时期有好几个地方都叫这个名字。注家能找到离成都最近的地点在成都东边约 100 英里处,此处后来曾叫做唐兴。实际上,正确的地点是唐安,此地在 757 年被改名为唐兴,在成都西南仅约 20 英里处。这篇文章的系年并不能使得我们就此将《敬简王明府》或《重简王明府》的写作日期也编在 761 年冬天。《重简王明府》一诗中抱怨道"蜀雨几时干",但是我们很快会发现 761 年冬天是一个旱季,在成都的剑南西川节度使的辖区完全没有降雨。既然这个地方离成都并不远,杜甫完全可以在 761 年秋天再次前往此地。县令王潜可能是给予杜甫以经济资助的人之一。

奉简高三十五使君 [184]

当代论才子,如公复几人。骅骝开道路,鹰隼出风尘。
行色秋将晚,交情老更亲。天涯喜相见,披豁对吾真。

赴青城县出成都寄陶王二少尹 [185]

174

老被樊笼役,贫嗟出入劳。客情投异县,诗态忆吾曹。
东郭沧江合,西山白雪高。文章差底病,回首兴滔滔。

重简王明府 [186]

甲子西南异,冬来只薄寒。江云何夜静,蜀雨几时干。
行李须相问,穷愁岂自宽。君听鸿雁响,恐致稻粱难。

关于 761 年春天杜甫在成都的所见所感,读一读以下二十一首简洁而优美的小诗,就不言自明了。这年春天是一个多雨而花团锦簇的季节。

春夜喜雨 [187]

好雨知时节,当春乃发生。随风潜入夜,润物细无声。
野径云俱黑,江船火独明。晓看红湿处,花重锦官城。

春水生(二绝)
(其一) [188]

二月六夜春水生,门前小滩浑欲平。
鸬鹚鸂鶒莫漫喜,吾与汝曹俱眼明。

（其二）[189]

一夜水高二尺强,数日不可更禁当。

南市津头有船卖,无钱即买系篱旁。

鸬鹚[190]①

门外鸬鹚去不来,沙头忽见眼相猜。

自今已后知人意,一日须来一百回。

江畔独步寻花（七绝句）

（其一）[191]

江上被花恼不彻,无处告诉只颠狂。

走觅南邻爱酒伴,经旬出饮独空床。

（其二）[192]

稠花乱蕊裹江滨,行步欹危实怕春。

诗酒尚堪驱使在,未须料理白头人。

（其三）[193]

江深竹静两三家,多事红花映白花。

报答春光知有处,应须美酒送生涯。

（其四）[194]

东望少城花满烟,百花高楼更可怜。

---

① 【译者按】原题为"《三绝句》（其二）"。

谁能载酒开金盏,唤取佳人舞绣筵。

(其五)[195]

黄师塔前江水东,春光懒困倚微风。

桃花一簇开无主,可爱深红爱浅红。

(其六)[196]

黄四娘家花满蹊,千朵万朵压枝低。

留连戏蝶时时舞,自在娇莺恰恰啼。

(其七)[197]

不是爱花即肯死,只恐花尽老相催。

繁枝容易纷纷落,嫩叶商量细细开。

绝句漫兴(九首)

(其一)[198]

眼见客愁愁不醒,无赖春色到江亭。

即遣花飞深造次,便觉莺语太丁宁。

(其二)[199]

手种桃李非无主,野老墙低还是家。

恰似春风相欺得,夜来吹折数枝花。

(其三)[200]

熟知茅斋绝低小,江上燕子故来频。

衔泥点污琴书内，更接飞虫打著人。

（其四）[201]
二月已破三月来，渐老逢春能几回。
莫思身外无穷事，且尽生前有限杯。

（其五）[202]
肠断春江欲尽头，杖藜徐步立芳洲。
颠狂柳絮随风去，轻薄桃花逐水流。

（其七）[203]
糁径杨花铺白毡，点溪荷叶叠青钱。
笋根稚子无人见，沙上凫雏傍母眠。

可惜[204]
花飞有底急，老去愿春迟。可惜欢娱地，都非少壮时。
宽心应是酒，遣兴莫过诗。此意陶潜解，吾生后汝期。

落日[205]
落日在帘钩，溪边春事幽。芳菲缘岸圃，樵爨倚滩舟。
啅雀争枝坠，飞虫满院游。浊醪谁造汝，一酌散千愁。

客至（喜崔明府相过）[206]
舍南舍北皆春水，但见群鸥日日来。
花径不曾缘客扫，蓬门今始为君开。

177

盘餐市远无兼味,樽酒家贫只旧醅。
肯与邻翁相对饮,隔篱呼取尽餘杯。

晚晴[207]
村晚惊风度,庭幽过雨沾。夕阳薰细草,江色映疏帘。
书乱谁能帙,杯干可自添。时闻有余论,未怪老夫潜。

在成都的时候,杜甫写了一些诗,其中或多或少包含了他对朝廷和国家事务的隐晦观察。我们只选一首作例子,这首诗写于 761 年夏天,显然与 760 年 9 月 3 日发生在长安的一件不愉快的事有关。李辅国,这个权力无限的太监,派遣了五百名军士,拔出刀剑,强迫皇帝的父亲即太上皇,从南宫迁出,搬到西宫。李辅国的理由是他要终止太上皇和其他官员的来往,而这些官员正为他复位酝酿着政变。史学家将李辅国的行动解释为一种个人报复,因为他常被这位退休皇帝周围的随从高官们所蔑视,如高力士和陈玄礼,如果一旦他们的主人被软禁于西宫,那他们就很容易遭到流放。自然,这种皇家的悲剧很难加以评论,因为有可能会触犯君王的忌讳。不过,成都当地的神话传说将杜鹃视为具有皇家血统。因此,杜甫的《杜鹃行》[208]被大多数注家认为是他在为深心所系的可怜的明皇的处境担忧。

178

杜鹃行[208]
君不见昔日蜀天子,化作杜鹃似老乌。
寄巢生子不自啄,群鸟至今与哺雏。
虽同君臣有旧礼,骨肉满眼身羁孤。
业工窜伏深树里,四月五月偏号呼。

其声哀痛口流血,所诉何事常区区。

尔惟摧残始发愤,羞带羽翮伤形愚。

苍天变化谁料得,万事反覆何所无。

万事反覆何所无,岂忆当殿群臣趋。

761 年六月,剑南东川发生了一场短暂的叛乱,东川节度副使、梓州刺史段子璋在绵州袭击了节度使李奂,自称梁王。节度使李奂逃到成都,寻求西川节度使的救援。这时,在成都的西川节度使是崔光远,他接替的是李若幽。崔光远和高适,那时的蜀州刺史,都准备出兵援助,但真正平定这场叛乱的将领是崔光远的属将花惊定。这段史实就是《戏作花卿歌》[209]一诗的背景①。

一部十二世纪的关于诗人逸闻轶事的书说到杜甫自夸其诗能治愈疟疾。他开出的第一个处方是读《羌村三首》(其一)[136]的最后两句。如果疟疾的热病未退,我们的诗人的第二道处方就是背诵关于花惊定的这首诗,尤其是其中斩首叛将的那几句。然后病人霍然而愈②!当然这只是可为谈资的传说,杜甫可不会吹这样的牛。如果诗歌能够治愈疟疾,那么杜甫自己就不会成为屡受这种疾病的侵害了。这个故事在各种资料中都有记载,如翟理斯(Herbert Allen Giles) 教授的《中国名人大辞典》(*Chinese Biographical Dictionary*) 。

---

① 关于此诗的最后一行,我接受朱鹤龄(卷 8.22b)的修订,这一修订也为卢元昌卷 11.16a、仇兆鳌卷 10.29a、浦起龙卷 2B.9b、杨伦卷 8.20b 所接受。关于崔光远的成都任命,参见《旧唐书》卷 10.23a。关于段子璋叛乱及其平定,参见《新唐书》卷 222.4a—b。

② 关于杜甫用诗治愈疟疾的传说,见《韵语阳秋》(葛立方,20 卷,1163 年) 卷 17.1a;《唐诗纪事》卷 18.5a"杜甫"条引《西清诗话》。关于这一传说的另一版本是杜甫试图治愈郑虔妻子的疟疾,其中就包括写段子璋这几行诗,参见《唐语林》卷 2.29a—b,《苕溪渔隐丛话》卷 11.1a,《宋诗话辑佚》(郭绍虞,《燕京学报》专号 NO.14,两册,1937 年) 第一册第 117、323—324 页,第二册第 195—196 页。关于杜甫自己身患疟疾,参见《九家注杜诗》63/4/7,333/20/41,418/27/41,220/14/10。

179　　我们的诗人可能和花惊定将军很熟。绝句《赠花卿》[210] 很可能作于 761 年夏秋。这首小诗微含讽喻之意：暗示花将军不可放纵自己享受这样的奢华。花惊定虽然勇猛，但是过于骄纵、奢侈而且贪婪。他攻占绵州之后，大肆劫掠。他的部下甚至砍下妇女的手臂以便捋下手镯。当这些暴行被报告到皇帝那里之后，肃宗派遣了官员来调查此事。我们不知道花惊定最后的结局如何。但是他的顶头上司，节度使崔光远，羞怒交加，十分忧虑，结果一病不起，于十一月去世。

戏作花卿歌[209]

成都猛将有花卿，学语小儿知姓名。
用如快鹘风火生，见贼唯多身始轻。
绵州副使著柘黄，我卿扫除即日平。
子章髑髅血模糊，手提掷还崔大夫。
李侯重有此节度，人道我卿绝世无。
既称绝世无，天子何不唤取守京都。

赠花卿[210]

锦城丝管日纷纷，半入江风半入云。
此曲只应天上有，人间能得几回闻。

　　761 年秋天，我们的诗人一定还去了成都附近的其他一些府县旅行。他去到成都西南 20 英里处的唐兴县拜访，又去到成都西边 50 英里的蜀州，这都在他的诗作中得到证实。这可能是诗人第二次前往唐兴县；我们记得，前一年的冬天他就在那里。第二次来到唐兴县，杜甫应王潜的要求写了《唐兴县客馆记》，毫无疑问这是有酬劳的——很可能比以前的钱物馈赠要多。杜甫很可能从唐兴县出发往西北方向来到蜀州。他到那里之后才发现朋友高适已经因公务到成都去了。但是其他朋友，高适的佐僚们，在一艘船上大摆筵席招待他，恰逢他们正在监督一座竹桥的修筑——免得旅行者在即将到来的冬天还要涉过冰冷的河水。杜甫在蜀州一直待到竹桥完工、高适从成都返回。

　　可能杜甫还访问了别的一些地方。他也许再次来到青城，那里在蜀州北边，才 14 英里远。他写的一些关于青城的诗篇既可以系于761 年，也可以系于 760 年。可能杜甫还访问了成都北边 33 英里远的汉州。他的老朋友房琯——在 760 年九月从晋州移官此地——现在是汉州刺史。这只是一种猜测：因为在我们诗人现存诗篇中找不到相关作品证明。

　　《壮游》[211]是一首自传长诗，讲述的是在秋风的呜咽哀鸣中，一位年老多病的异乡人，伫立在遥远他乡的沧浪水畔，追忆过往。此诗通常被系于 766 年。然而这首诗中并没有任何关于死去的两个皇帝的暗示，而且，正文中还犯了第二个皇帝代宗的名讳。因此我们认为它作于 762 年之前。因为沧浪之水一定是指百花潭，我们只有 760和 761 年两个秋天可以选择。"荣华敌勋业，岁暮有严霜"的隐喻很可能是指五月张镐的贬谪和 761 年秋天崔光远的蒙羞——这两人在唐朝的小范围复兴中都曾以勋业获得高位。因此，这首诗应该作于761 年晚秋，杜甫当时待在离成都不远的山中。不幸的是现在没法判定准确的地点了。

　　诗中最后四句提到当代范蠡，这个隐喻不难解释：我们的诗人这里说的是李泌。尽管僭帝史思明被他的儿子史朝义所杀，史朝义继承了他的帝位，控制着东都和东北大部分区域。因此杜甫认为李泌的任务并未真正完成，他应该从隐退状态中再次出山。

壮游[211]

往昔十四五，出游翰墨场。斯文崔魏徒，以我似班扬。
七龄思即壮，开口咏凤凰。九龄书大字，有作成一囊。
性豪业嗜酒，嫉恶怀刚肠。脱略小时辈，结交皆老苍。
饮酣视八极，俗物都茫茫。东下姑苏台，已具浮海航。
到今有遗恨，不得穷扶桑。王谢风流远，阖庐丘墓荒。
剑池石壁仄，长洲荷芰香。嵯峨阊门北，清庙映回塘。
每趋吴太伯，抚事泪浪浪。枕戈忆勾践，渡浙想秦皇。
蒸鱼闻匕首，除道哂要章。越女天下白，鉴湖五月凉。
剡溪蕴秀异，欲罢不能忘。归帆拂天姥，中岁贡旧乡。
气劘屈贾垒，目短曹刘墙。忤下考功第，独辞京尹堂。
放荡齐赵间，裘马颇清狂。春歌丛台上，冬猎青丘旁。
呼鹰皂枥林，逐兽云雪冈。射飞曾纵鞚，引臂落鹙鸧。
苏侯据鞍喜，忽如携葛强。快意八九年，西归到咸阳。
许与必词伯，赏游实贤王。曳裾置醴地，奏赋入明光。
天子废食召，群公会轩裳。脱身无所爱，痛饮信行藏。
黑貂不免敝，斑鬓兀称觞。杜曲晚耆旧，四郊多白杨。
坐深乡党敬，日觉死生忙。朱门任倾夺，赤族迭罹殃。
国马竭粟豆，官鸡输稻粱。举隅见烦费，引古惜兴亡。
河朔风尘起，岷山行幸长。两宫各警跸，万里遥相望。
崆峒杀气黑，少海旌旗黄。禹功亦命子，涿鹿亲戎行。
翠华拥英岳，螭虎啖豺狼。爪牙一不中，胡兵更陆梁。
大军载草草，凋瘵满膏肓。备员窃补衮，忧愤心飞扬。
上感九庙焚，下悯万民疮。斯时伏青蒲，廷争守御床。
君辱敢爱死，赫怒幸无伤。圣哲体仁恕，宇县复小康。

哭庙灰烬中，鼻酸朝未央。小臣议论绝，老病客殊方。

郁郁苦不展，羽翮困低昂。秋风动哀壑，碧蕙捐微芳。

之推避赏从，渔父濯沧浪。荣华敌勋业，岁暮有严霜。

183

吾观鸱夷子，才格出寻常。群凶逆未定，侧伫英俊翔。

斛斯融，杜甫的南邻兼酒伴，我们还记得杜甫写于春天的一首诗《江畔独步寻花》（其一）[191]里曾经提到过他。下面这首诗可能写于秋天。和斛斯融一样，杜甫可能也靠写作为生。但不一样的是，杜甫并不一定要求润笔酬劳。

闻斛斯六官未归[212]

故人南郡去，去索作碑钱。本卖文为活，翻令室倒悬。

荆扉深蔓草，土锉冷疏烟。老罢休无赖，归来省醉眠。

唐代史学家记载，崔光远死后，高适在 762 年 7 月 10 日被任命为剑南西川节度使，严武也获得了同样的任命，但是因为叛乱阻塞了道路，他未能达到成都。从杜甫的诗中，我们很清楚地得知这些史学家都错了①。崔光远死后，严武应该是剑南东川节度使。接着他又同

---

① 关于 761—762 年间驻节成都节度使的史实的各种错误和迷惑，参见《旧唐书》卷111.15b，《新唐书》卷 143.2b，《通志》卷 222.9b。如果加上以下这些问题，例如，何时以及多少次剑南道被分为东、西两道？何时、何地以及多少次严武担任过剑南节度使？那么，这个问题会变得更加复杂。参见《唐会要》卷 78.15b，《旧唐书》卷 111.14a，《新唐书》卷 143.2a，卷 129.11b，《通志》卷 220.7b，卷 223.6a、11a，钱谦益卷 12.1b，卷 7.5a—b，卢元昌卷 13.17b，仇兆鳌卷 11.1a，卷16.16a，《唐方镇年表》（吴廷燮，8 卷，1931 年，《历代方镇年表》）卷 6.59a—61a。就我们所述范围而言，只需要提及在严武应召期间，严武由剑南东道被提拔到剑南西道，作为节度使同时掌管东西两道。黄鹤引用了陈彭年（1017 年）的《唐纪》，指出严武在 761 年晚冬在成都任职（参见《集千家注杜工部诗集》卷 8.14a）。

时被任命为剑南西川节度使。762 年早春,他甚至还到江村去拜访过
我们的诗人。按照惯例,节度使换人之后,节度使的属官们也会相应
地换一批。《徐九少尹见过》[213] 一诗应该就是写于 761—762 年的冬
天。徐少尹很可能是节度使麾下军队的主要参谋官员。

徐九少尹见过[213]

晚景孤村僻,行军数骑来。交新徒有喜,礼厚愧无才。
赏静怜云竹,忘归步月台。何当看花蕊,欲发照江梅。

184

自从杜甫的朋友严武担任了驻节成都的剑南西川节度使之后,
他就不会像从前那样频繁地陷入到穷困的地步了。尽管他没有官
方身份,但我们不必担心,他当然会时常给能干的节度使提出建
议。在他的散文作品中有一篇《说旱》就是写给严武的。从前一年
的十一月以来有好几个月没有雨雪,持续的干旱被认为将会毁掉
春天的作物。我们的诗人建议节度使迅速判决管辖区域中所有的
案件,希望这个地区所有的监狱能够清理一空。根据儒家传统,上
天对政府的警告表现为万物的失调;杜甫在这里仅仅是唤起节度
使的注意,这场旱灾可能是上天对司法的紊乱表示不满意了。我
们不知道严武有没有听从这个建议,但显然雨最终降落,谷物应该
存活下来了。

《喜雨》[214] 通常都被系于 765 年春天。而我们从系于此年的其
他诗篇中看不出成都有干旱的迹象,因此我将此诗系于 762 年。我
还从四首绝句中挑出了两首[215][216] 放在下面。它们通常被系于 764
或 765 年,我认为放在 761 或 762 年更好。

喜雨[214]

南国旱无雨,今朝江出云。入空才漠漠,洒迥已纷纷。
巢燕高飞尽,林花润色分。晚来声不绝,应得夜深闻。

绝句(四首)
(其一)[215]
堂西长笋别开门,堑北行椒却背村。
梅熟许同朱老吃,松高拟对阮生论。

(其三)[216]
两个黄鹂鸣翠柳,一行白鹭上青天。
窗含西岭千秋雪,门泊东吴万里船。

杜甫颇写过一些诗篇给节度使严武。我这里只选了两首。 185

遭田父泥饮美严中丞[217]

步屧随春风,村村自花柳。田翁逼社日,邀我尝春酒。
酒酣夸新尹,畜眼未见有。回头指大男,渠是弓弩手。
名在飞骑籍,长番岁时久。前日放营农,辛苦救衰朽。
差科死则已,誓不举家走。今年大作社,拾遗能住否。
叫妇开大瓶,盆中为吾取。感此气扬扬,须知风化首。
语多虽杂乱,说尹终在口。朝来偶然出,自卯将及酉。
久客惜人情,如何拒邻叟。高声索果栗,欲起时被肘。
指挥过无礼,未觉村野丑。月出遮我留,仍嗔问升斗。

谢严中丞送青城山道士乳酒一瓶[218]
山瓶乳酒下青云，气味浓香幸见分。
鸣鞭走送怜渔父，洗盏开尝对马军。

在长安，朝廷于762年夏天又经历了一场灾难。明皇于五月三日去世，终年七十七岁。他的儿子肃宗在他去世时也病危，于五月十六日去世，终年五十一岁。对父亲来说，死亡可能是从孤独的软禁中解脱出来的最好方式。对不孝的儿子而言，这个结局则要悲哀得多。自从他默许李辅国对父皇发动政变之后，就发现自己越来越多地处在这个邪恶太监的控制之下；他的自责不过是加速了自己健康的恶化。他那肆无忌惮的张皇后，从灵武时期就和李辅国勾结到一起，彼此扩大在朝中的势力，削弱皇帝对他们不喜欢的人的感情和信任，如今她发现局面已经不可控制了。五月十六日之前数天，两个阴谋家加快了步伐——张皇后和李宦官都准备用武力击垮对方。李辅国在宦官程元振的协助下，率领宫廷卫士，控制了大内皇宫。垂危的皇帝被撇在一边，他的侍从们四散逃走，张皇后和她的党羽被逮捕并处决。李辅国随后扶太子登基，史称代宗。

可能就是在新皇帝刚登基之后不久，严武被召回长安。杜甫写了《奉送严公入朝十韵》[219]；本章的标题就是引用这首诗的第十七行，因为它表现了诗人在蜀地生活的内心忧虑。如今他的朋友要入朝侍奉新皇帝了，自然，杜甫希望被召回长安的希望又复活了。

奉送严公入朝十韵[219]
鼎湖瞻望远，象阙宪章新。四海犹多难，中原忆旧臣。
与时安反侧，自昔有经纶。感激张天步，从容静塞尘。

南图回羽翮,北极捧星辰。漏鼓还思昼,宫莺罢啭春。

空留玉帐术,愁杀锦城人。阁道通丹地,江潭隐白蘋。

此生那老蜀,不死会归秦。公若登台辅,临危莫爱身。

事实上,两个朋友之间的友谊和尊重使得老诗人一直陪伴年轻的政治家来到绵州,这里离成都东北差不多100英里远,仅仅是为了替他送别。在绵州,刺史杜济设宴款待他们,我们还记得,杜济此人就是752年我们诗人提到过的那位不好处的侄孙。在绵州,严武给杜甫的《十韵》写了一首很不错的答诗。在诗的结尾,严武似乎建议杜甫准备好重返朝中。这也许只能理解为,他对杜甫在写给他的诗中所表达出来的愿望给予了肯定。也有一点暗示,严武将在朝中留心,一有机会就将推荐杜甫,使之重返。我们还要提到《奉济驿重送严公四韵》[220]一诗,该诗最后部分很奇怪地流露出特别沮丧的被人遗弃的落寞情调——再也无望恢复自己的仕途生涯。在两首诗之间的时间间隙中有一个明显的情绪变化。

也许,在陪伴严武的这几天时间里,有着那么多的告别宴会,遇到了那么多承仰严武鼻息的地方官员,我们的诗人已经很清楚地再次体会到了中国官场的一贯作风——在权势面前阿谀奉承,在失势者面前专横跋扈——他再次清醒地意识到自己绝不可能适应这种生活。严武是他的朋友,喜欢并尊重他。他的侄孙杜济是否也有这样的尊重就很难说了。在奉济驿站内外送别严武的人群中,有不少人甚至不清楚这个白发、有病的老者是谁? 我们可以设想《少年行》[221]中的场景出现在驿站的走廊上。某个官员的儿子,误以为我们的诗人是奴仆,从马上下来,大刺刺地坐下,吩咐我们的诗人从桌上的银瓶中给他倒酒喝。一般来说,这首诗所述之事被认为发生在成都的草堂。但是我们知道草堂并没有走廊。杜甫也不太可能拥有银制酒瓶①。

杜甫很有幽默感,他应该不会介意年轻人的无知莽撞。我们可以猜想他像一个驿站佣仆那样起来给这个小伙子倒酒。这人走了之后,他写下这首绝句,并没有任何怨恨。这不过是桩小事。

不过,《不见》(近无李白消息)[222]说的就不是小事了。因为有爱诗的严武在,所以官员们自然会谈到诗歌和诗人。他们自然会谈起在绵州北边的匡山长大的著名诗人李白。这种闲扯可能会流于苛刻和鄙俗。也许,杜甫也不能为自己的朋友李白的所有出格行为辩解。因此他请求要考虑到老诗人的非凡天才,对他加以宽恕。我们可以猜测,当杜甫一想到除非李白把自己和这个苛刻的世界的联系完全隔绝才能避免这些麻烦时,他有多么痛苦。杜甫所不能预见到的是李白的生命仅有几个月了;这年年终,李白在长江下游的当涂逝世。

这里我们要停下来谈谈两位伟大诗人的友谊。他们只在两个连续的秋天会过面。我们能看到杜甫写给李白的超过一打的诗篇,想念李白,或是提到李白,这些诗分布在长达二十年的时间跨度中。在绝大多数诗篇中,杜甫对李白的高度尊重和深切的爱戴令人印象深刻。在李、杜友谊的开始时期,我们有李白写给杜甫的两首诗。其中很明显,李白尊重这位年轻的诗人,也很喜欢他。但除了这些诗篇,我们就不知道更多的情况了。这种明显的一边倒的关系也许是基于这样的事

① 此诗通常的系年,参见仇兆鳌卷 10.52a,杨伦卷 9.3b。《芥隐笔记》16a 记载了此诗的一个十世纪的文本("杜诗古今本不同"条载"骑马谁家白面郎……不通姓字粗疏甚"),其中有两则异文,据我看来,要比《九家注杜诗》的版本更好。《四库全书总目》(200 卷,1782 年;上海,大通书局,1924 年)卷 118.7b 关于此书的提要指出,此诗作者是韩愈,而不是杜甫("〈龚〉颐正考证博洽,具有根柢,而舛谬处亦时有之。如韩愈'马上谁家白面郎'诗,误以为杜甫")。这个令人吃惊的例子可能是四库馆臣的误记,一般来说这些杰出的学者总是很博洽的。

实,即两人完全不一样。李白本质上是一个逃避主义者(escapist)。
杜甫在内心深处是改革者(reformer)。比起改革者来,逃避主义者自
然将人与人之间的关系看得更轻。最好的改革者不会简单地因为感
情得不到回报就让它淡漠下去。

奉济驿重送严公四韵[220]

远送从此别,青山空复情。几时杯重把,昨夜月同行。

列郡讴歌惜,三朝出入荣。江村独归处,寂寞养残生。

少年行[221]

马上谁家白面郎,临阶下马坐人床。

不通姓字粗豪甚,指点银瓶索酒尝。

不见(近无李白消息)[222]

不见李生久,佯狂真可哀。世人皆欲杀,吾意独怜才。

敏捷诗千首,飘零酒一杯。匡山读书处,头白好归来。

第十章

何地置老夫

—— 杜甫《草堂》

公元 762—766 年

梓州—绵州—汉州—梓州—阆州—梓州

—成都—戎州—忠州—夔州云安

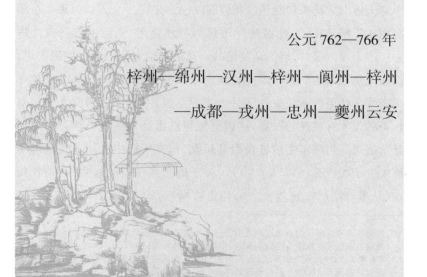

189　　杜甫无论如何都不会想到,他赠别严武的诗句"愁杀锦城人",会成为不好的预兆。就在杜甫送别严武回来之后不久,成都爆发了叛乱。叛乱头子是剑南兵马使徐知道,762 年 7 月 31 日,他宣布自己任节度使。城中发生了战斗,然后迅速蔓延开去,严武被阻隔在路上,直到九月之后才回到成都。

　　战斗一开始,杜甫就逃到了成都东边约 100 英里远的梓州,此地后来成为东部的首府——杜甫逃难是如此的急,他甚至都没有时间带上妻儿。为什么? 大多数注家都认为徐知道与我们的诗人在 760 年春天曾向之觅果树栽种的年轻朋友徐卿是同一个人。如果一个朋友变成了叛乱头子,杜甫最好还是明智地逃走,免得把自己牵扯进去。这个理由很对,但论证是错的。高适在给皇帝的奏表中报告说,徐知道是成都的少尹。因此我倾向于认为,徐知道正是那个去年冬天来拜访杜甫的新任少尹(《徐九少尹见过》[213])。因为此人似乎对杜甫的天才有很高的敬意,这就更使得杜甫必须在自己被召唤之前赶紧逃走。当两年之后杜甫回到草堂,他在回忆中描述了叛乱期间

*190*都发生了些什么(《草堂》[247])。关于他逃到梓州的过程,杜甫仅仅在《从事行赠严二别驾》[223]一诗中有所涉及①。这位严二别驾是梓

---

① 此诗题下有注曰:"时方经崔旰之乱。"这一注文是鲁訔错误地添加上去的(参见《王状元集百家注编年杜陵诗史》卷 16.3b,《分门集注杜工部诗》卷 25.16a)。崔旰之乱始于766 年 1 月;杜甫并未亲身经历,因为他那时身在云安而非成都(参见第十章后半部分),仇兆鳌卷 11.32b。我们不清楚严二的确切身份,不过他被认为是盐亭当(转下页)

州当地的豪门望族。诗中提到的紫衣、绯衣分别是不低于从第八品上阶和从第六品上阶的官员服色。不过,自从安禄山叛乱以来,没有实际职位的官阶被大量滥赐给那些在朝廷兴复事业中作战或捐资助军的人们。

《寄题江外草堂》[224]表明,我们的诗人在全家都离开了草堂之后,非常怀念四棵小松。他召唤家人,然后安排他们到梓州和自己会合了吗? 还是他自己返回成都,然后带着家人一起离开? 杜甫的家人在他抵达梓州之后不久就离开了草堂,还是两个月之后才离开? 这些疑问都很难回答。在现存杜诗中有一首诗,杜甫在其中提到他将在秋天结束时往东去,没有计划要返回草堂。这也许可以用来证明杜甫曾经返回成都,在秋天结束时带着家人离开。不过,我觉得这首诗是伪造的。第一,成都的叛乱在秋天结束前就被扑灭了。据记载,徐知道被自己的一个部将(李忠厚)杀死,叛乱于 9 月 5 日结束。又有一个记载说,这件事发生在 9 月 15 日。即使按照后一个日期,那还有一个多月的秋天时光。杜甫为什么要在成都基本上恢复了和平与秩序之后离开呢? 第二,这首诗比较拙劣,典故的使用不合适。最后一句说"不辞万里长为客,怀抱何时得好开",这种情感对我们的诗人此时此地的思想而言显得很奇怪。根据以上原因,我认为这首诗可能不是杜甫的作品。我推测在杜甫到达梓州之后不久,他就安排好了把妻儿召来①。他们一路上可能是由杜占陪伴,此人我们很

(接上页)地望族严氏家族(在梓州东北 30 英里处)的一员,杜甫也曾拜访此地。参见《九家注杜诗》384/24/26—27,141/10/14;仇兆鳌卷 12.12a—b,37a—b;《盐亭县志》(8 卷,1786 年)卷 2.27a—b,36a,卷 3.15a,卷 6.4a;《盐亭县续志》(4 卷,1872)卷 1.32a—33b。

① 我猜想此诗作于杜甫抵达梓州之后不久——在成都的法律和秩序得以重建之前——它被杜占带到成都,杜占将陪伴杜甫的妻儿前往梓州。鲁訔和黄鹤(见张溍卷 9.10a)认为杜甫自己在秋天回到成都,然后将妻儿带到梓州;朱鹤龄认为此事发生在冬天。仇兆鳌和杨伦则认为杜甫并未回到成都,只是遣杜占回去,将妻儿带到梓州。闻一多(转下页)

快就要在另一首诗中遇到。注家都认为杜占是杜甫同父异母兄弟中最小的弟弟，但他可能只是一个堂弟。大多数注家认为杜占从秦州、成州开始直到成都，都一直和杜甫住在一起。很可能的确如此。

从事行赠严二别驾［223］

我行入东川，十步一回首。

成都乱罢气萧飒，浣花草堂亦何有。

梓州豪俊大者谁，本州从事知名久。

把臂开尊饮我酒，酒酣击剑蛟龙吼。

乌帽拂尘青螺粟，紫衣将炙绯衣走。

铜盘烧烛光吐日，夜如何其初促膝。

黄昏始扣主人门，谁谓俄顷胶在漆。

万事尽付形骸外，百年未见欢娱毕。

神倾意豁真佳士，久客多忧今愈疾。

高视乾坤又何愁，一躯交态同悠悠。

垂老遇君未恨晚，似君须向古人求。

寄题江外草堂［224］

我生性放诞，雅欲逃自然。嗜酒爱风竹，卜居必林泉。

遭乱到蜀江，卧疴遣所便。诛茅初一亩，广地方连延。

（接上页）（692—693 页）对旧说提出质疑，因为认为诗篇《寄题江外草堂》［224］第 25 行（"偶携老妻去"）在某种程度上表明杜甫自己将妻子带离成都。这种读法似乎不必要，而且它和诗题的意思相反——如果杜甫自己前往草堂，他没必要将此诗寄去，然后写在草堂墙上。对我来说，杜甫在秋天回到成都这个假说的唯一支持证据是那首伪作《秋尽》（见《九家注杜诗》411/26/41）。（【译者按】《秋尽》："秋尽东行且未回，茅斋寄在少城隈。篱边老却陶潜菊，江上徒逢袁绍杯。雪岭独看西日落，剑门犹阻北人来。不辞万里长为客，怀抱何时独好开。"）

经营上元始,断手宝应年。敢谋土木丽,自觉面势坚。

台亭随高下,敞豁当清川。虽有会心侣,数能同钓船。

干戈未偃息,安得酣歌眠。蛟龙无定窟,黄鹄摩苍天。

古来达士志,宁受外物牵?顾惟鲁钝姿,岂识悔吝先。

偶携老妻去,惨澹凌风烟。事迹无固必,幽贞愧双全。

尚念四小松,蔓草易拘缠。霜骨不堪长,永为邻里怜。

我们不清楚杜甫及其家人住在梓州的哪个地方。他作于 762 年秋冬的诗歌大多与朋友聚会、社交宴饮和游览风景有关。在梓州的朋友中,汉中王李瑀,已经去世的汝阳王的弟弟,是诗人过去与汝阳王交往时候所熟识的。重新聚首一定相当喜悦。但在杜甫写给汉中王的六首诗中,表达得更多的只是欢乐的亲密关系,看不出更多的深意。杜甫的绝大多数览景诗篇都作于冬季,在涪水流域附近地区,例如射洪和通泉,分别距梓州东南 20 英里和 47 英里远。在几首游览历史遗迹的诗篇中,我们的诗人对世纪初期在朝中的几位诗歌、书法和绘画史上的伟大人物表示了钦慕之情。其实在这些领域中,杜甫和他同时代的人已经超过了早先的前辈大师。

当杜甫太太平平地在梓州及其临近地区逍遥度日的时候,两个带给唐帝国最坏命运、也带给了我们的诗人很多不幸的大恶棍走到了末日。如果我们能回忆起诗人去年秋天写的那首长诗(《壮游》[211])的最后几行,现在就知道,朝廷中的李辅国,这个我们的诗人一度比作月中捣药的兔子(《月》[79]),和玷污衣裳的萤火(《萤火》[146])的宦官,和朝廷外的史朝义,叛军的头子,都得到了应有的下场。对于李辅国,命运女神以令人欣喜的速度给予了回报。在一次大胆的刺杀之后,宦官李辅国在初冬的一个早晨被发现头颅不翼而飞；只好作了一个木制脑袋摆放在尸身之上安葬。

　　不幸的是，史朝义走向灭亡则经历了一个痛苦和代价昂贵的过程。皇帝的长子，雍王李适，作为天下兵马元帅，到陕州会见回纥可汗，准备从这里展开对僭帝史朝义的一次联合军事进攻。回纥可汗陛下对雍王在会议上不按中原礼节对他拜舞大发雷霆。尽管雍王因为年幼的缘故得到宽恕——他当时二十岁——他的四名属官被重重鞭打，其中两人因此丧命。不过，唐朝军队和回纥部队的联合进攻取得了胜利。762 年 11 月 20 日，史朝义的部队在洛阳北郊被击溃。回纥入东京，肆行杀掠，死者数以万计，数月以来，幸存者仅能以纸为衣。

193
　　随着官军和回纥部队继续东进，大多数叛军将领相继投降，随即被任命为所在光复地区的节度使。763 年 2 月 17 日，史朝义的首级被送往长安。至此，安禄山于 755 年 12 月 16 日发动的叛乱就此结束，河南（黄河以南）和河北（黄河以北）现在总算是正式地光复了。

　　当这个好消息传到梓州时，杜甫的高兴可想而知。《闻官军收河南河北》[225]一诗末尾有注云：“余田园在东京。”这很可能是指他留在偃师的产业。杜甫在诗中倾吐了自己想要在春天返回家乡的愿望，描绘了回家的路线。他将顺涪水而下，然后转入西汉水（即今天的嘉陵江），共约 223 英里，到达巴郡（今天的重庆）；然后顺扬子江下行约 666 英里，穿过夔州巫山地区的峡谷，到达江陵；从这里向北陆行 150 英里，到达襄阳，再往北约 60 英里，抵达南阳，最后再走 215 英里，到达洛阳。杜甫之所以想要回到偃师而不是长安，大概是想和同父异母的兄弟们团圆，因为如今叛乱平定，他们也都应该回到了偃师。因为杜甫在华州放弃了官职，如果他回到长安而又没有获得新的任命，恐怕有些尴尬。杜甫想得到朝廷的新任命这个想法在《甘园》[226]一诗中得到集中体现。

　　不过，杜甫并没有按照构想的旅程去洛阳。也许是洛阳及其附近地区传来的进一步消息打消了杜甫在偃师和家人团聚的希望——
我们后面就会发现他的弟弟们并没有回到那里。当然,也有可能杜
甫没有足够的旅费回去。当他写《双燕》[227]这首诗的时候,他也许期
望到了秋天就能和家人离开梓州了。

闻官军收河南河北[225]
剑外忽传收蓟北,初闻涕泪满衣裳。
却看妻子愁何在,漫卷诗书喜欲狂。
白日放歌须纵酒,青春作伴好还乡。
即从巴峡穿巫峡,便下襄阳向洛阳。

甘园[226]
春日清江岸,千甘二顷园。青云羞叶密,白雪避花繁。
结子随边使,开筒近至尊。后于桃李熟,终得献金门。

双燕[227]
旅食惊双燕,衔泥入此堂。应同避燥湿,且复过炎凉。
养子风尘际,来时道路长。今秋天地在,吾亦离殊方。

194

虽然杜甫并没有开始着手实施返家的旅程计划,但他却从梓州
向西北旅行,来到 43 英里外的绵州,又向西旅行 70 英里来到汉州,
这两次旅行都发生在 763 年春天。我们记得 760 年秋天之后,杜甫
的朋友房琯担任过汉州刺史。但是现在房琯已经离开此地前往长安
了,新的刺史取代了他的位置。我们的诗人和汉州的王刺史和绵州
的杜刺史在房琯担任汉州刺史时所凿的西池乘舟宴饮。《得房公池

鹅》[228]一诗中用了王羲之的典故，那是四世纪的著名书法家，他曾用自己的手迹换来一群鹅。看起来我们的诗人认为自己也是一名不错的书法家；这首关于房琯的鹅的诗篇，我倾向于认为，可能是写在西池旁边的亭榭的墙壁或柱子上①。

得房公池鹅[228]
房相西池鹅一群，眠沙泛浦白于云。
凤凰池上应回首，为报笼随王右军。

当我们的诗人回到梓州，他又再次忙碌于夏天的社会交往事务。他写了好些诗篇，其中有《数陪章梓州泛江有女乐在诸舫戏为艳曲二首》[229][230]。章刺史也许很喜欢杜甫，许多宴会都叫上他。这位刺史可能还在经济上帮助过杜甫。杜甫应当也对这位章刺史颇有好感，所以在第二首诗的末尾他提出了个人的建议。《即事》[231]肯定不是在和章刺史一起专门外出的场合写的，因为我们的诗人还参加过许多有歌妓舞女表演的宴会。在杜甫的所有作品中，这一首是专门写给舞女的。我将其选入是为了表现杜甫生活的另一个方面。据说诗人的生活通常由三个"W"组成：酒（Wine），女人（Women）和文字（Words）。其他诗人可能如此，但杜甫不是。杜甫的三个"W"是：忧

① 如果联系到房琯的迁谪，那么这首诗在编年上会遇到一些难点。《旧唐书》卷111.9a记载房琯在四月（5月18日—6月15日）拜刑部尚书，随后在前往长安的路上染疾，九月十五日卒于阆州僧舍。似乎在夏天的时候房琯就离开了汉州。显然是汉州的王刺史和绵州刺史杜济在春天里接待了杜甫（《九家注杜诗》378/23/35），而房琯已经离开了。这个谜团可以由诗篇的第3行揭开。杜甫一般用"凤池"来指中书省（见《九家注杜诗》307/19/29.8，309/19/34.8）。似乎在春天的早些时候，房琯被任命为中书省的某个职务，在5月18日和6月15日之间，在房琯抵达朝廷之前，他被任命为刑部尚书。《旧唐书》忽略了前面的中书省任命，这可能是一个疏忽，也可能因为房琯并未到职，而是在刑部尚书的头衔之下去世的。

虑(Worry),酒(Wine)和文字(Words)。尽管他对美有着深切的欣赏,也包括美丽的女子,但从来没有证据表明他和女性的关系超过了社会所规定的界限。尽管杜甫多次在诗中感情深挚地提到他的妻子,但他从未为她写过一首情诗。他为人一贯实诚可敬,无论在个人生活还是在公共生活中都是如此。

数陪章梓州泛江有女乐在诸舫戏为艳曲二首
(其一)[229]
上客回空骑,佳人满近船。江清歌扇底,野旷舞衣前。
玉袖凌风并,金壶隐浪偏。竞将明媚色,偷眼艳阳年。

(其二)[230]
白日移歌袖,清霄近笛床。翠眉萦度曲,云鬓俨分行。
立马千山暮,回舟一水香。使君自有妇,莫学野鸳鸯。

即事[231]
百宝装腰带,真珠络臂韝。笑时花近眼,舞罢锦缠头。

　　763 年秋天,我们的诗人来到梓州东偏北 117 英里远的阆州。这次旅行的目的可能是拜访他的老朋友房琯,房琯在前往长安担任新职务的路上,染上疾病,于 9 月 15 日在阆州的一个寺院中去世。有一次在阆州,杜甫被王刺史苦劝留下。在杜甫现存的文章中,有一篇为王刺史起草呈给皇帝的奏表(《为阆州王使君进论巴蜀安危表》)——如果我们从奏表中所谈到的内容判断,时间可能是在十月。763 年,吐蕃屡次骚扰边境。在这年夏天,皇帝派遣御史大夫李之芳出使吐

196

蕃,但吐蕃羁留了李之芳,不让他回来。初秋,吐蕃入侵。九月上旬,吐蕃占领了陇右道全境。然后由此东侵,到 11 月 11 日,进至京兆西境。那位权势极大的宦官、骠骑大将军、判元帅行军司马程元振对京城防御毫无办法,也没有警示皇帝即将到来的危险。因为害怕招致程元振的嗔怒,驻扎在其他地区的将领没有一个敢前来救援长安。11 月 16 日,朝廷逃往陕州。两天之后,吐蕃占领了长安。

　　杜甫为阆州王刺史所写的奏表指出,吐蕃入侵者已经占领了陇右,进逼到咸阳,另外他们还夺取了剑南道西北角的几个州,包括松州。这份奏表的主旨是建议出于经济上的考虑,剑南东、西两川应该合并在一个节度使的统领之下,而出于威望和增强与朝廷的联系的考虑,节度使应该由皇室的亲王担任。这份奏表的第一部分与高适的建议很相似。第二部分则重申了房琯的建议,房琯长期鼓吹防止拥有军队的地方节度使和中央疏离的最好途径就是任命皇室亲王担任这些职位。

　　感谢这份奏表,我们能估算出剑南道数州陷落的时间。763 年 3 月 20 日,高适成为驻节成都的剑南西川节度使。当吐蕃夺取陇右时,高适试图从南边向他们发起攻击。他的努力并未成功,吐蕃占领了松州及其他数州。这一事件大概发生在九月末十月初。这期间杜甫写过好几首关于剑南军事形势的诗篇,其中一篇名为《警急》[232]。题下注云:"高公适领西川节度。"此诗似乎显示了一丝对高适的不满情绪,我们还记得,高适曾在 757 年削平永王之乱中担任淮南节度使。玉垒山在成都西北,高适的部队可能就在这一山脉的附近地区扎营。

　　历史记载和杜甫的诗篇都没有告诉我们高适失利的原因。基于杜甫和高适之间的亲密友情,我很困惑地发现他在高适驻节成都期间并未回到那里。是否这意味着高适考虑到自己是一名行政和军事上的天才,认为我们的诗人过于理想主义和不切实际呢? 是不是我们的诗人写给高适一些关于战役的建议,而被高适拒绝了呢？无论如何,我们的诗人在替阆州王刺史起草的表奏中已经清楚地表明他认为为了剑南道的安危,更换节度使势在必行。

> 警急[232]
> 才名旧楚将,妙略拥兵机。玉垒虽传檄,松州会解围。
> 和亲知计拙,公主漫无归。青海今谁得,西戎实饱飞。

　　在阆州,杜甫遇到他的一些亲戚,十一舅和二十四舅。他们应该来自崔氏或卢氏家族,很可能是杜甫母亲或继母的堂兄弟,而非亲兄弟。二十四舅正在前往青城担任县令的途中;而十一舅则显然是一个穷诗人,陪着弟弟或堂弟一起到青城赴职。在几首赠别舅氏的诗中,我们挑选了其中的《王阆州筵奉酬十一舅惜别之作》[233]。

　　763 年 11 月 2 日,杜甫肯定还在阆州。那天房琯的葬礼举行,我们的诗人写了一篇优美的颂词(《祭故相国清河房公文》),现在还保存在他的集子中。他很可能在葬礼之后不久就离开了阆州,返回到梓州家人那里。《发阆中》[234]告诉我们家里来了一封急信,里面说女儿病了,所以杜甫才匆忙赶回去①。

---

① 此诗有助于分辨一首伪作(《九家注杜诗》411/26/40),那首诗因其中的第 3、4 行而有名,但是它将杜甫在梓州和阆州之间的行踪弄得一团迷雾。此诗名为《九日》,其中说:"去年登高郪县北,今日重在涪江滨。"这意味着 762 年 10 月 1 日、763 年 10 月 20 日,杜甫在梓州(参见《九家注杜诗》380/24/7—8)。但是 763 年 11 月 2 日,杜甫一定在阆州房琯的葬礼上。而《发阆中》[234]一定是在秋末,11 月 9 日左右写的,其中说他已经离开梓州三个月了。这意味着 763 年 10 月 20 日杜甫不可能在梓州。正是因为同时读到《九日》和《发阆中》这两首诗,朱鹤龄才说杜甫在晚秋时节前往阆州,然后在晚冬时候返回梓州。正是由于《发阆中》的提示,仇兆鳌卷 12.29a 纠正了朱鹤龄的错误,认为杜甫一定是在初秋时节离开梓州,而在晚冬时候返回。闻一多(695 页)支持仇兆鳌关于房琯葬礼日期的说法。但是无论是仇兆鳌还是闻一多都没有意识到他们的说法想要成立,得把那首伪作《九日》清理出去。

198

王阆州筵奉酬十一舅惜别之作[233]

万壑树声满，千崖秋气高。浮舟出郡郭，别酒寄江涛。
良会不复久，此生何太劳。穷愁但有骨，群盗尚如毛。
吾舅惜分手，使君寒赠袍。沙头暮黄鹄，失侣亦哀号。

发阆中[234]

前有毒蛇后猛虎，溪行尽日无村坞。
江风萧萧云拂地，山木惨惨天欲雨。
女病妻忧归意速，秋花锦石谁复数。
别家三月一得书，避地何时免愁苦。

　　《送陵州路使君赴任》[235]可能是在秋末作于梓州。杜甫对国家
和人民的安康的关切在他给路刺史的建议中表露无遗。建议并不新
鲜，但总是不能遵循这些建议的智慧引导才是中国官场的真正灾祸。
　　杜甫自己并未在梓州停留太久。由《将适吴楚留别章使君留后
兼幕府诸公》[236]一诗可知我们的诗人已雇或买了一只小船。这也许
还是在阆州的事，现在他正把家移到此地，计划顺着西汉水（现在的
嘉陵江）而下。《桃竹杖引赠章留后》[237]是写给章彝作为礼物的，此
诗毫无疑问是建议章彝少一点野心，对当前的位置多一点知足。不
过，在离开梓州之前，我们的诗人派遣堂弟杜占回到成都去照看草堂
（《舍弟占归草堂检校聊示此诗》[238]）。杜甫可能有意让这个年轻人
留在成都维护草堂①。

----

① 杜占此人仅见于此诗。学者们据此认为他是杜甫同父异母弟弟中最小的一个，他们还
　根据第 2 行诗句认为杜占跟随杜甫从同谷一直到成都。杜甫在《乾元中寓居同谷县作
　歌七首》（其三）[156]中说他有三个弟弟，都不在身边：注家赵子栎（见《九家注杜诗》
　95/6/16c.2）认为杜甫想到的是四个弟弟中的三个，而最小的一个即杜占，正在（转下页）

送陵州路使君赴任［235］

199

王室比多难,高官皆武臣。幽燕通使者,岳牧用词人。

国待贤良急,君当拔擢新。佩刀成气象,行盖出风尘。

战伐乾坤破,疮痍府库贫。众僚宜洁白,万役但平均。

霄汉瞻佳士,泥途任此身。秋天正摇落,回首大江滨。

将适吴楚留别章使君留后兼幕府诸公［236］

我来入蜀门,岁月亦已久。岂惟长儿童,自觉成老丑。

常恐性坦率,失身为杯酒。近辞痛饮徒,折节万夫后。

昔如纵壑鱼,今如丧家狗。既无游方恋,行止复何有。

相逢半新故,取别随薄厚。不意青草湖,扁舟落吾手。

眷眷章梓州,开筵俯高柳。楼前出骑马,帐下罗宾友。

健儿簸红旗,此乐或难朽。日车隐昆仑,鸟雀噪户牖。

波涛未足畏,三峡徒雷吼。所忧贼盗多,重见衣冠走。

中原消息断,黄屋今安否。终作适荆蛮,安排用庄叟。

200

（接上页）同谷和他在一起。艾思柯不但让杜占在成都和同谷都一直伴着杜甫,甚至还加上了 756 年的奉先(见艾思柯[2]201;[3]56)。对我而言,此诗的第 2 行仅仅意味着杜占在 762 年从成都到梓州期间跟随杜甫。我有点怀疑杜占是杜甫的同父异母弟弟。如果这个弟弟在同谷时就和杜甫在一起,那么他应该在从华州到秦州的途中也跟随了杜甫。那么赵子栎该如何解释《月夜忆舍弟》[124]的第 5 行诗句"有弟皆分散"呢?而且,《九家注杜诗》347/21/19.2 写到,"干戈犹未定,弟妹各何之?"这作于 760—764 年期间的成都。《九家注杜诗》362/22/23.3 又说:"我已无家寻弟妹。"这作于 761 年秋天的蜀州。《九家注杜诗》371/23/7.3—4 又说:"海内风尘诸弟隔,天涯涕泪一身遥。"这可能作于 763 年成都。如果杜甫有一个弟弟就在江村的草堂和他一起,那么,写这些诗句不觉得奇怪吗?而且,杜甫夔州时期(766—768)或是江陵、湖南时期(768—770),这位杜占又在何处?如果他和杜甫在一起,为何这些年中没有关于他的些许暗示呢?如果他没有和杜甫在一起,那么为什么杜甫在表示思念杜颖、杜观和杜丰的时候,一次也没有提到他呢?对我来说,最好的解决困难的办法就是将杜占视为杜甫的堂弟(杜甫通常将堂弟也写做弟弟),杜甫某个叔叔的儿子,762 年他突然出现在成都,和杜甫待在一起一年多。仇兆鳌卷 12.53a 认为,由此诗的第 3、4 行可知,杜甫此前就遣杜占从梓州前往成都,将妻儿接到梓州。我认为这一推测完全可以接受。

随云拜东皇,挂席上南斗。有使即寄书,无使长回首。

桃竹杖引赠章留后［237］
江心蟠石生桃竹,苍波喷浸尺度足。
斩根削皮如紫玉,江妃水仙惜不得。
梓潼使君开一束,满堂宾客皆叹息。
怜我老病赠两茎,出入爪甲铿有声。
老夫复欲东南征,乘涛鼓枻白帝城。
路幽必为鬼神夺,杖剑或与蛟龙争。
重为告曰:杖兮杖兮,尔之生也甚正直,
慎勿见水踊跃学变化为龙。
使我不得尔之扶持,灭迹于君山湖上之青峰。
噫,风尘澒洞兮豺虎咬人,忽失双杖兮吾将曷从。

舍弟占归草堂检校聊示此诗［238］
久客应吾道,相随独尔来。孰知江路近,频为草堂回。
鹅鸭宜长数,柴荆莫浪开。东林竹影薄,腊月更须栽。

《巴山》[239]一诗或者作于杜甫及其家人正在梓州和阆州之间旅
行的时候,或者作于正要到达阆州的时候,或者作于杜甫和某人在阆
州附近地区旅行的时候。我们的诗人用"巴山"一辞指代剑南东部的
丘陵地区,以及陕南一带,例如阆州和巴州。准确地点已经很难确定
了。写作时间大概在764年1月,因为其时尚在冬天,从陕州来的朝
廷信使带来了流亡朝廷尚处于不安全境地的消息。我们的诗人显然
十分担心皇帝的安危,希望每个臣子都能赶紧对此施以援手。

就在同时,忠诚的将军郭子仪从半退休的状态复出,再一次拯救唐室。一开始他仅仅带领了一小支骑兵,通过收拢溃散的部队,终将吐蕃驱逐出长安。奸邪的太监程元振被流放,764 年 2 月 2 日,皇帝和流亡朝廷回到长安。在二月下旬或三月初之前,这些消息都不可能传到阆州。当我们的诗人写下《伤春》五首的时候,他还不知道京城已经被收复。但他在最后一首诗后面加了个注说:"巴阆僻远,伤春罢始知春前已收宫阙。"这里选了其中两首[240][241]。

巴山[239]
巴山遇中使,云自陕城来。盗贼还奔突,乘舆恐未回。
天寒召伯树,地阔望仙台。狼狈风尘里,群臣安在哉。

伤春
（其二）[240]
莺入新年语,花开满故枝。天青风卷幔,草碧水通池。
牢落官军速,萧条万事危。鬓毛元自白,泪点向来垂。
不是无兄弟,其如有别离。巴山春色静,北望转逶迤。

（其三）[241]
日月还相斗,星辰屡合围。不成诛执法,焉得变危机。
大角缠兵气,钩陈出帝畿。烟尘昏御道,耆旧把天衣。
行在诸军阙,来朝大将稀。贤多隐屠钓,王肯载同归。

自然,我们的诗人觉得像他这样正直的人应该被朝廷任用,以便向皇帝进言如何击退敌人,重建朝纲。杜甫的确得到了一份新任命,可能就是在他得知朝廷返回长安之后不久——杜甫的某些朋友毫无疑问向朝廷推荐了他。在《奉寄别马巴州》[242]一诗的附注中,杜甫说:"时甫除京兆功曹,在东川。"①

　　这首诗说得很清楚,我们的诗人并不打算接受这个任命,他不准备前往长安,而是计划乘舟南下洞庭湖。诗中提到"浮云",是暗指孔子所说的"不义而富且贵,于我如浮云"。事实上,这次任命是一次升迁。京兆功曹比我们诗人五年前担任的华州司马的品阶高两级。既然他从未喜欢前面的那个职位,那他自然也不想接受这个新的任命。

　　不过,《忆昔》二首[243][244]表明杜甫对这次任命并非毫不领情。但他总认为自己的能力只在于对政策和原则问题提供谏议,对日常办公事务并不感兴趣,哪怕这个职位可以让他回到长安。在第二首诗中,杜甫把自己年轻时候经历的和平繁荣境况和现在国家人民的可悲情形加以比较。叛乱和战争的确毁掉了这个国家。我们可以回忆起在第三章里,742 年的人口普查数字是 8 525 763 户、48 909 800人。754 年的数字分别是 9 619 254 户和 52 880 488 人。那么 764 年呢? 2 933 125 户、16 920 386 人! 可怕的人口剧减不完全是因为战争带来的实际死亡,相当大程度可能是因为人口迁移,而人口统计对迁移人群难以作出普查。但是整个帝国超过三分之二的人口变得无家可归。这样的景象实在太悲惨了!

---

① 此诗题下注曰:"时甫除京兆功曹,在东川。"我相信后半句是后来的某个注家添加上去的——很可能是王维桢——以表示此诗作于阆州,然而,根据杜甫为王刺史所作的表奏,阆州在那时应该属于山南,而非剑南。参见《王状元集百家注编年杜陵诗史》卷18.12a,《分门集注杜工部诗》卷 19.11b,蔡梦弼卷 20.9a。《九家注杜诗》卷 25—26 曾经散佚和被替换（见《杜诗引得序》79—80）;此诗文本与《集千家注杜工部诗集》卷8.13b—14b 颇相似。关于京兆功曹的官阶,见《旧唐书》卷 42.15a,44.51a;《新唐书》卷49 下.6b;des Rotours（3）864 页。

奉寄别马巴州[242]

勋业终归马伏波，功曹非复汉萧何。

扁舟系缆沙边久，南国浮云水上多。

独把鱼竿终远去，难随鸟翼一相过。

知君未爱春湖色，兴在骊驹白玉珂。

203

忆昔（二首）

（其一）[243]

忆昔先皇巡朔方，千乘万骑入咸阳。

阴山骄子汗血马，长驱东胡胡走藏。

邺城反覆不足怪，关中小儿坏纪纲，张后不乐上为忙。

至今今上犹拨乱，劳身焦思补四方。

我昔近侍叨奉引，出兵整肃不可当。

为留猛士守未央，致使岐雍防西羌。

犬戎直来坐御床，百官跣足随天王。

愿见北地傅介子，老儒不用尚书郎。

其二[244]

忆昔开元全盛日，小邑犹藏万家室。

稻米流脂粟米白，公私仓廪俱丰实。

九州道路无豺虎，远行不劳吉日出。

齐纨鲁缟车班班，男耕女桑不相失。

宫中圣人奏云门，天下朋友皆胶漆。

百馀年间未灾变，叔孙礼乐萧何律。

岂闻一绢直万钱，有田种谷今流血。

204
> 洛阳宫殿烧焚尽，宗庙新除狐兔穴。
>
> 伤心不忍问耆旧，复恐初从乱离说。
>
> 小臣鲁钝无所能，朝廷记识蒙禄秩。
>
> 周宣中兴望我皇，洒血江汉身衰疾。

杜甫顺西汉水而下的计划并未付诸实施。764 年 2 月 11 日，严武被任命为剑南东西两川节度使。《奉待严大夫》[245] 表明正是严武再次来蜀的消息使得我们的诗人取消了到南方的预计旅程。在告别了房琯的墓地之后，杜甫带着妻儿回到成都。《春归》[246]《草堂》[247] 和《王录事许修草堂赀不到聊小诘》[248] 可见出杜甫旧居的情况和他归家的心境。

奉待严大夫[245]

> 殊方又喜故人来，重镇还须济世才。
>
> 常怪偏裨终日待，不知旌节隔年回。
>
> 欲辞巴徼啼莺合，远下荆门去鹢催。
>
> 身老时危思会面，一生襟抱向谁开。

春归[246]

> 苔径临江竹，茅檐覆地花。别来频甲子，归到忽春华。
>
> 倚杖看孤石，倾壶就浅沙。远鸥浮水静，轻燕受风斜。
>
> 世路虽多梗，吾生亦有涯。此身醒复醉，乘兴即为家。

草堂[247]

205
> 昔我去草堂，蛮夷塞成都。今我归草堂，成都适无虞。

请陈初乱时,反覆乃须史。大将赴朝廷,群小起异图。
中宵斩白马,盟歃气已粗。西取邛南兵,北断剑阁隅。
布衣数十人,亦拥专城居。其势不两大,始闻蕃汉殊。
西卒却倒戈,贼臣互相诛。焉知肘腋祸,自及枭獍徒。
义士皆痛愤,纪纲乱相逾。一国实三公,万人欲为鱼。
唱和作威福,孰肯辨无辜。眼前列杻械,背后吹笙竽。
谈笑行杀戮,溅血满长衢。到今用钺地,风雨闻号呼。
鬼妾与鬼马,色悲充尔娱。国家法令在,此又足惊吁。
贱子且奔走,三年望东吴。孤矢暗江海,难为游五湖。
不忍竟舍此,复来薙榛芜。入门四松在,步屟万竹疏。
旧犬喜我归,低徊入衣裾。邻舍喜我归,酤酒携胡芦。
大官喜我来,遣骑问所须。城郭喜我来,宾客隘村墟。
天下尚未宁,健儿胜腐儒。飘摇风尘际,何地置老夫?
于时见疣赘,骨髓幸未枯。饮啄愧残生,食薇不敢馀。

王录事许修草堂赀不到聊小诘[248]

206

为嗔王录事,不寄草堂赀。昨属愁春雨,能忘欲漏时。

杜甫并不只关注自己的居住问题。《登楼》[249]可能作于他在成都时一次对严武的拜访。他仍关注着国家的麻烦,尤其是吐蕃占领西山和西北边境几个州郡的事情。当诗人从高楼上观望蜀先主祠庙时,他再次追忆起伟大的丞相诸葛亮,蜀国的后主尽管孱弱,却也知道依靠诸葛亮来捍卫自己的国家。我们的诗人想到了自己的时代,这个时代需要能人来抵御吐蕃对国家的进攻。

在杜甫心目中,严武就是这样一个人,而杜甫也很愿意帮助他。

不过,严武此人虽然有能力,缺点也很明显。注家们一般都猜测《太子张舍人遗织成褥段》[250]就是写给严武的警诫。诗中提到了李鼎和来瑱之死。后者是一名勇士,绰号来嚼铁,曾任山南东道节度使,为国家立过赫赫战功。他因为傲慢自大招致朝廷的猜疑,在 763 年被赐自裁。李鼎在 761 年被任命为陇右节度使。关于他的结局史无明文记载,从杜甫这首诗中我们得知他死于岐阳,以及他的死因。我们的诗人特别仔细地强调了骄傲和奢侈带来的危害。这可能恰恰就是严武的两个缺点①。

某些作者留下了某些关于严武性格的不良记录。据说,在七岁的时候,因为父亲喜欢一个年轻的侍妾胜过喜欢严武的母亲,严武一怒之下,用铁锤打碎了这个女子的头,在为自己的行径辩护时还指责父亲的偏溺。

据说,当严武还是个年轻人时,他和一个重要将领漂亮的女儿私奔。被官吏追捕之后,他扼死了这个女孩,把尸体扔到河里,企图掩盖私奔的痕迹。这个故事还说,正是这个女孩的鬼魂导致了严武若干年之后的突然死亡。

又有传言说,严武最初进入仕途是靠房琯的提拔眷顾,但后来当房琯担任汉州刺史、成为他这位节度使属下的时候,他却对年迈的房琯蛮横无礼、忘恩负义。

① 关于严武,参见诗篇《奉赠严八阁老》[80]的相关注释。关于醉酒的场景有好几种不同版本(《国史补》卷 1.7b—8a;《云溪友议》卷 1.12b;《唐摭言》卷 2.5b;《旧唐书》卷 190 下 7b;《新唐书》卷 129.12a,卷 201.12a)。这些不同说法或者说杜甫发出了很不适宜的惊叹,或者说他问了不得体的问题,要不就说他对严武加以了赞美。据说他爬上了严武的床,另一种说法是他赤脚爬上严武的桌子。据说严武对此一笑置之,又有说法是严武愤怒地要加以报复,甚至几次想要杀死杜甫。关于对此事的反驳意见,见《容斋续笔》卷 6.1a—b,《困学纪闻》卷 14.4b;仇兆鳌卷 10.53a—b,《李杜诗话》卷 3.15a—17b。关于章彝,参见朱鹤龄卷 10.28b—29a、30b 的相关看法。

　　甚至还有传言说,严武几乎谋杀了杜甫——他父亲的朋友和他自己的忠实顾问。这个故事有好几个细节略有出入的版本,描述了他嗔怒醉酒后的诗人的场面。酩酊大醉的杜甫登上严武的几案,盯着这位节度使,说:"严挺之乃有此儿。"在儿子面前提到其父亲的名讳是很没有礼貌的行为,对此严武始终不能释怀。有一天他打算将杜甫和梓州刺史章彝鞭笞致死。他的母亲出来干预,杜甫得以幸免于难,刺史章彝一人丧命。据说这位可敬的女士因为严武的傲慢、奢侈和暴躁脾气总是生活在无穷无尽的麻烦当中。直到这位年仅三十九岁的节度使在 765 年去世时她才松了一口气。

　　这些关于严武的传说有多少真正可信是个问题。明智、正直和宽厚的杜甫和这样一个残忍的人有着如此亲密的联系,这让人难以想象。即使在严武死后,杜甫还饱含钦羡和感激之情地追忆他,这件事使得杜甫的大多数研究者都不相信严武曾经有过杀死杜甫的企图。章彝何时以及为什么死去乃是一个谜。杜甫写给章彝的诗篇使我们得以窥见此人不可靠性格的一面。严武也许是要除去一个帝国潜在的叛乱者,这并非没有可能。在唐代逸闻轶事的记载中有一个传说,章彝的家族对严武恨之入骨,他们竭尽全力地毁坏严武的声誉。大部分关于严武的恶毒传说是不是出于报复严武、玷污对他的回忆的诽谤之口呢?话又说回来,不难理解一个很早就获得权力和成功的显赫的年轻人,可能会很容易成为骄傲和奢侈这些诱惑的牺牲品。朋友的责任就是给他所需要的建议。杜甫在《太子张舍人遗织成褥段》这首诗中正是这样做的,尽管方式间接而不冒犯,但意图十分清楚。

　　登楼[249]
　　花近高楼伤客心,万方多难此登临。

锦江春色来天地，玉垒浮云变古今。

北极朝廷终不改，西山寇盗莫相侵。

可怜后主还祠庙，日暮聊为《梁甫吟》。

208　太子张舍人遗织成褥段[250]

客从西北来，遗我翠织成。开缄风涛涌，中有掉尾鲸。

逶迤罗水族，琐细不足名。客云充君褥，承君终宴荣。

空堂魑魅走，高枕形神清。领客珍重意，顾我非公卿。

留之惧不祥，施之混柴荆。服饰定尊卑，大哉万古程。

今我一贱老，裋褐更无营。煌煌珠宫物，寝处祸所婴。

叹息当路子，干戈尚纵横。掌握有权柄，衣马自肥轻。

李鼎死岐阳，实以骄贵盈。来瑱赐自尽，气豪直阻兵。

皆闻黄金多，坐见悔吝生。奈何田舍翁，受此厚贶情。

锦鲸卷还客，始觉心和平。振我粗席尘，愧客茹藜羹。

　　《严公仲夏枉驾草堂兼携酒馔（得寒字）》[251]可能作于杜甫担任严武幕僚的 764 年，尽管大多数注家将其系于 762 年。不过，如果在 762 年，这次宴集就只可能发生在明皇和肃宗死后的几周之内，但这对严武和杜甫而言就不适合了，因为两人都曾任朝廷近臣，不可能在这个时候公开地参加到欢快的宴饮集会中。如果放在 764 年，就比较合适，诗中提到的信使毫无疑问是指严武派遣来反复劝告我们诗人接受节度使府正式任命的送信者。可能正是尊贵的节度使的亲自造访最终劝动了杜甫接受节度参谋的任命。有一首关于军事方面的评论诗歌①，

————————————

① 这首诗是《扬旗》。题下原注："二年夏六月，成都尹严公置酒公堂，观骑士，试新旗帜。"

其中带有附注,使得我们可以将它的日期定位于 7 月 4 日到 8 月 1 日之间。因为这个线索,杜甫的传记作者一般都将杜甫入严武幕府的时间定在七月。然而,我倾向于认为这个时间应该在六月。

节度使幕府的参谋需要一个朝廷的官阶。由于严武的奏请,朝廷授予我们的诗人检校工部员外郎的头衔。这使得杜甫在三十级的官阶体系中获得了一个品阶为从第六品上阶的职位。安史之乱后,旧的与官阶相应的俸禄和土地划拨制度早已废弃不用。764 年 8 月 6 日,代宗下令"税天下地亩青苗钱,给百官俸料"。我们不知道这些俸禄如何分配。但是作为一名幕僚,仅仅具有非正式的头衔,我们的诗人恐怕很难有资格获得这样的俸禄。不过,作为节度参谋,毫无疑问杜甫会得到报酬——但我们不知道具体数目。

由于身居从第六品上阶,杜甫可以穿上绿服色的官袍。但他被获准穿绯色的官袍,佩银鱼袋,这是从第五品下阶到正第四品上阶的官员才享有的荣誉。我们的诗人在官阶没有改变的情况下获得了这个荣誉。这可能是因为他于秋季在严武对吐蕃的胜利中有所贡献的奖赏,而严武本人则被封为郑国公。

作为节度参谋,我们的诗人一定在严武对吐蕃的远征中提出了不少建议。在杜甫现存的文章中有一篇(《东西两川说》),可能就是作于杜甫刚刚正式进入幕府的那些日子里。其中,我们的诗人提出此前的军事失利与其说是出于军事原因,不如说是由于经济原因。由于地方官员的腐败,军队的粮草供给不足。他提倡更好地对待和利用羌人土著首领,增加农业垦殖,减轻富家对穷户的剥削。

杜甫的职责使得他必须要长期待在成都城中。在城中某位朋友家中,杜甫可能遇到了老画家曹霸,并为他的作品写下两首诗歌。我们挑选了其中更著名的一首(《丹青引赠曹将军霸》[252])。

杜甫在幕府中写的好几首诗歌都带着悲哀的调子。最悲哀的一首当属《宿府》[253]，这首诗描述了我们的诗人在月光之下，梧桐树旁，独自低语的情景。杜甫不快乐的原因之一是他意识到严武幕府中有些年轻同僚对他怀有嫉妒。在《莫相疑行》[254]中，杜甫对自己背后的嘀咕声表现出了相当的敏感。还有一首诗的结尾是这样说的：

老翁慎莫怪少年，葛亮《贵和》书有篇。
丈夫垂名动万年，记忆细故非高贤。①

杜甫并不只是自我克制而已。在他的《遣闷奉呈严公二十韵》[255]中，他责怪自己年老体弱，不能和同僚处好关系。他请求节度使能让他更多地待在村野中草堂里。可能严武的确批准他长时间离开公署病休，因为我们发现杜甫有相当多晚秋和冬天的诗篇是写于江村的，其中包括《村雨》[256]和《倦夜》[257]。被雨水洗过的清新的松树、秀竹和菊花确实能慰藉老眼，但就算它们也不能缓解因为失望、焦虑和思乡而带来的长夜难眠。

另外还需提到，杜甫在 764 年还因为几个最亲近的老朋友的辞世而倍感悲哀。他的酒友和早年的良师益友，广文博士郑虔和国子监司业苏预(762 年之后改名苏源明)，在同一年去世——前者尚处于贬谪中未被召回。杜甫甚至还发现他的南邻斛斯融，也不在了；空荡荡的房

① 【译者按】出自杜甫《赤霄行》。按，万曼《读杜札记》指出，幕僚中“和老杜不能合作的，便是老杜的从孙杜济”。他根据颜鲁公为杜济所作的神道碑得出结论，“严武再入蜀，便是和杜济一路由长安同来，杜济是行军司马，杜甫是节度参谋。所以杜甫从一入武幕，便感到不甚如意”。(《万曼文集》第 652 页，河南大学出版社 2007 年，原载《开封师范学院学报》1962 年 1 期。)

中只有一具无人过问的棺椁,在寒冷的秋风中摇动。也许,杜甫处在太多的麻烦和太悲哀的情绪中,以致于他都无法写一首诗来欢迎同父异母弟弟杜颖了,杜颖是从遥远的齐州来短暂地看望他的。只有三首感情真挚而调子悲哀的诗留下来,这就是《送舍弟颖赴齐州三首》。在其中一首(其三)[258]里,杜甫回忆起一些亲友的下落,其中所说的两个同父异母弟弟是杜丰和杜观,他们会在下一章中被再次提及。

　　尽管在江村中度过了大部分时光,杜甫作为节度参谋,还是有责任得回到公署中去。在一首作于初冬的诗中(《初冬》),他描述自己是"垂老戎衣窄",在公务的催促和退隐的愿望之间挣扎。不过,在《正月三日归溪上有作简院内诸公》[259]一诗中,他宣布说既然刚来临的初春如此怡人,博学的同僚们就别指望自己这个白头老汉出现在幕府中了。这首诗可能是要安抚某些年轻同僚对他的嫉妒和猜疑。

211

　　《百舌》[260]和《花鸭》[261],尽管通常被系于其他年份,看起来似乎更适合杜甫在 765 年春天的心境,他待在江村,即使不是完全杜门独居,那也是很少外出前往节度使府中。百舌鸟的鸣叫是否逐渐黯淡下去了?无论如何,黑白太过分明的花鸭下定决心决不第一个发出声音。不太清楚这位说话坦率的诗人幕僚关注的是诗歌,抑或军事政策,还是两者兼有?在《戏为六绝句》中,杜甫面对野心勃勃的诗坛新贵对前辈诗歌大师的嘲弄,挺身捍卫,如果这组诗写于 764 年或765 年,它们倒可能真是因为诗歌问题、我们的诗人背后的嘀嘀咕咕而引发的一场争吵的起因或结果呢。

　　不管是背后的嘲弄还是诗人的缄口不言,都不可能完全停止。不过,当我们的诗人忙碌于江村,修补草堂,清除花园树丛,他确实享受到了片刻的慰藉。周围有好客的邻居和怡人的环境,他准备带着最近刚得到的荣誉头衔就此退休了,这个头衔还要感谢拿他当朋友看待的节度使,和那些容忍他的同僚们。这些念头在《春日江村五首》的其中两首[262][263]中表露无遗,第一首诗提到的"石镜"是成都附近的一个地名,那里有一块巨大的石板,据说是神话传说中蜀王妃的墓碑。我们的诗人以此暗示人间荣耀的无常。

严公仲夏枉驾草堂兼携酒馔(得寒字)[251]
竹里行厨洗玉盘,花边立马簇金鞍。
非关使者征求急,自识将军礼数宽。
百年地僻柴门迥,五月江深草阁寒。
看弄渔舟移白日,老农何有罄交欢。

丹青引赠曹将军霸[252]
将军魏武之子孙,于今为庶为清门。
英雄割据虽已矣,文彩风流犹尚存。
学书初学卫夫人,但恨无过王右军。
丹青不知老将至,富贵于我如浮云。
开元之中常引见,承恩数上南熏殿。
凌烟功臣少颜色,将军下笔开生面。
良相头上进贤冠,猛将腰间大羽箭。
褒公鄂公毛发动,英姿飒爽来酣战。
先帝天马玉花骢,画工如山貌不同。
是日牵来赤墀下,迥立阊阖生长风。
诏谓将军拂绢素,意匠惨澹经营中。
斯须九重真龙出,一洗万古凡马空。
玉花却在御榻上,榻上庭前屹相向。

212

至尊含笑催赐金，圉人太仆皆惆怅。
弟子韩幹早入室，亦能画马穷殊相。
幹惟画肉不画骨，忍使骅骝气凋丧。
将军画善盖有神，必逢佳士亦写真。
即今飘泊干戈际，屡貌寻常行路人。
途穷反遭俗眼白，世上未有如公贫。
但看古来盛名下，终日坎壈缠其身。

宿府[253]
清秋幕府井梧寒，独宿江城蜡炬残。
永夜角声悲自语，中天月色好谁看。
风尘荏苒音书绝，关塞萧条行路难。
已忍伶俜十年事，强移栖息一枝安。

213

莫相疑行[254]
男儿生无所成头皓白，牙齿欲落真可惜。
忆献三赋蓬莱宫，自怪一日声辉赫。
集贤学士如堵墙，观我落笔中书堂。
往时文彩动人主，此日饥寒趋路旁。
晚将末契托年少，当面输心背面笑。
寄谢悠悠世上儿，不争好恶莫相疑。

遣闷奉呈严公二十韵[255]
白水鱼竿客，清秋鹤发翁。胡为来幕下，只合在舟中。
黄卷真如律，青袍也自公。老妻忧坐痹，幼女问头风。

平地专欹倒，分曹失异同。礼甘衰力就，义忝上官通。
畴昔论诗早，光辉仗钺雄。宽容存性拙，剪拂念途穷。
露裛思藤架，烟霏想桂丛。信然龟触网，直作鸟窥笼。
西岭纡村北，南江绕舍东。竹皮寒旧翠，椒实雨新红。
浪簇船应坼，杯干瓮即空。藩篱生野径，斤斧任樵童。
束缚酬知己，蹉跎效小忠。周防期稍稍，太简遂匆匆。
晓入朱扉启，昏归画角终。不成寻别业，未敢息微躬。
乌鹊愁银汉，驽骀怕锦幪。会希全物色，时放倚梧桐。

村雨[256]

雨声传两夜，寒事飒高秋。挈带看朱绂，开箱睹黑裘。
世情只益睡，盗贼敢忘忧。松菊新沾洗，茅斋慰远游。

倦夜[257]

竹凉侵卧内，野月满庭隅。重露成涓滴，稀星乍有无。
暗飞萤自照，水宿鸟相呼。万事干戈里，空悲清夜徂。

送舍弟颖赴齐州三首
(其三)[258]

诸姑今海畔，两弟亦山东。去傍干戈觅，来看道路通。
短衣防战地，匹马逐秋风。莫作俱流落，长瞻碣石鸿。

正月三日归溪上有作简院内诸公[259]

野外堂依竹，篱边水向城。蚁浮仍腊味，鸥泛已春声。
药许邻人剧，书从稚子擎。白头趋幕府，深觉负平生。

百舌［260］

百舌来何处，重重只报春。知音兼众语，整翮岂多身。
花密藏难见，枝高听转新。过时如发口，君侧有谗人。

花鸭［261］

花鸭无泥滓，阶前每缓行。羽毛知独立，黑白太分明。
不觉群心妒，休牵众眼惊。稻粱沾汝在，作意莫先鸣。

春日江村五首

（其三）［262］

种竹交加翠，栽桃烂熳红。经心石镜月，到面雪山风。
赤管随王命，银章付老翁。岂知牙齿落，名玷荐贤中。

（其四）［263］

扶病垂朱绂，归休步紫苔。郊扉存晚计，幕府愧群材。
燕外晴丝卷，鸥边水叶开。邻家送鱼鳖，问我数能来。

　　765 年 5 月 23 日，节度使严武在成都去世。当七月荔枝成熟的
时节，我们发现杜甫在戎州参加宴会，席间上了荔枝（《宴戎州杨使君
东楼》）。他和他的家人结束了在成都的第二次居留，沿着大江顺流
而下，前往东方①。我们的诗人究竟是在严武去世之前还是之后离

① 关于严武去世，见《新唐书》卷 223.11a。关于杜甫于 765 年 7 月在戎州的情况，见《九家
注杜诗》413/27/4；参见仇兆鳌卷 14.31b。新、旧《唐书》都记载说杜甫在严武去世之后
还在成都待了一段时间，但两书在此问题上都有严重错误。《旧唐书》载："武卒，甫无
所依。及郭英乂代武镇成都，英乂武人粗暴，无能刺谒，乃游东蜀依高适。既至而适
卒。"这段记载的错误很明显：第一，高适去世于 765 年 2 月 17 日，比严武早三（转下页）

开的成都,这仍然是一个未曾解决的问题。如果赞同前者,那么需要考虑到,顺流而下 253 英里不需要长达一个月又若干天的时间。从另一方面看,杜甫可能病了,因此前往戎州的旅程在半路上暂时中断。如果赞同后者,就会引起争论,因为杜甫没有任何悼念严武之死的作品,这可能表明我们的诗人是在节度使去世、甚至患病之前离开成都的。当然,换个角度,这些诗篇也许在流传过程中散佚了。

　　从戎州开始,扁舟载着杜甫一家顺着扬子江向东南方向前行。不超过两周就抵达忠州,这里的刺史是我们的诗人的亲戚。除了一场欢迎宴会,这位亲戚没有为杜甫作其他任何事,杜甫在一座寺院中安身——也许待了好些天,因为他还花了些时间来观光游览。《禹庙》[264]写到伟大的古代皇帝禹(不确切的年代是公元前 2205—2198年),大禹被认为治理了大江,解决了中国大洪水时期的水患灾难。

　　杜甫一家从忠州乘舟前往云安,此地属于夔州。《别常征君》[265]作于 765 年初冬。疾病把我们诗人留在了云安,这一年的秋天和冬天,甚至还包括 766 年的整个春天,杜甫都停留于此。《十二月一日三首》(其一)[266]表明,尽管长期患病,杜甫还是希望回到长安为皇帝效劳。

(接上页)个多月。第二,杜甫在凤翔时就和郭英乂很熟,还为他写过一首激励的长诗(《奉送郭中丞兼太仆卿充陇右节度使三十韵》)。《新唐书》载:"武卒,崔旰等乱,甫往来梓、夔间。"这一记载同样有明显错误,因为第一,杜甫到达云安几个月之后崔旰才叛乱;第二,杜甫在 766 年晚春到达夔州之后,就再也没有回到过梓州。另外,关于杜甫在严武去世之前就离开成都的传说也是不能接受的。《成都县志》(1813 年,六卷本)引用《云溪友议》说严武的母亲把杜甫从严武的死刑中解救出来,让他乘舟东下三峡。这个故事不可信,因为第一,杜甫在诗中始终都表达了对严武的钦佩和深情,没有任何关于友谊破裂的证据。第二,《成都县志》中据说从《云溪友议》引用的部分实际上是《云溪友议》和《新唐书》相关记载的杂糅——两段不真实的记载并不能构成一个真实的记载。重修的《成都县志》(1873 年)就正确地删除了这段记载。但不幸的是,艾思柯(Ayscough)相信这段记载的真实性,并且把它翻译出来。如今,它甚至还被非常不错的《科里尔百科全书》(*Collier's Encyclopedia*)的"杜甫"辞条所引用。

在云安,一家人离开船只,住在山脚下一处借来或租来的房子里。杜甫可能在春天临近结束时写了《客居》[267]这首诗①。诗中提到的"大将"是指郭英义,他代替严武镇抚剑南,与一个部将崔旰反目,于 766 年 1 月 9 日被后者击溃,郭英义逃走,最终被崔旰的部属（普州刺史韩澄）杀死。接着几个牙将——邛州柏茂琳、泸州杨子琳、剑州李昌嶤——开始攻击崔旰。整个剑南道都受到影响。766 年 4 月 10 日,朝廷任命我们的诗人的一个亲戚——杜鸿渐为剑南西川节度使,兼山南西道、剑南东、西川副元帅。我们的诗人大概在四月底、五月初听到杜鸿渐已经前往成都的消息。事实上,老迈、狡诈而怯懦的杜鸿渐根本不急于启程,直到八月才到达成都②。

禹庙[264]

217

禹庙空山里,秋风落日斜。荒庭垂橘柚,古屋画龙蛇。

云气生虚壁,江声走白沙。早知乘四载,疏凿控三巴。

别常征君[265]

儿扶犹杖策,卧病一秋强。白发少新洗,寒衣宽总长。

故人忧见及,此别泪相忘。各逐萍流转,来书细作行。

---

① 云安已经不记得杜甫的居处了。《云安县志》（12 卷,1851 年）卷 1.70a 记载说,县城北边的一块岩石栖息着杜鹃,杜鹃在晚春时节啼叫,杜甫于是写了云安杜鹃的诗篇（《九家注杜诗》147/11/1,不过其中并未提到任何关于岩石的事情）。新版《云安县志》（44 卷,1935 年）删掉了这一条目,也许认为这种企图以杜甫的短暂居留来夸耀地方的行为很没有意义。

② 关于郭英义和崔旰之间的争斗,见《新唐书》卷 224.1b—2a。关于郭英义,见《旧唐书》卷 117.2a—3b;《新唐书》卷 133.3b—4b。关于杜鸿渐的剑南任命,见《新唐书》卷 224.2b、3a。关于杜鸿渐抵达成都的大概时间,见闻一多《岑嘉州系年考证》（《清华学报》第八卷,1933 年）第 41 页。

十二月一日三首

（其一）[266]

今朝腊月春意动，云安县前江可怜。
一声何处送书雁，百丈谁家上水船。
未将梅蕊惊愁眼，要取楸花媚远天。
明光起草人所羡，肺病几时朝日边。

客居[267]

客居所居堂，前江后山根。下堑万寻岸，苍涛郁飞翻。
葱青众木梢，邪竖杂石痕。子规昼夜啼，壮士敛精魂。
峡开四千里，水合数百源。人虎相半居，相伤终两存。
蜀麻久不来，吴盐拥荆门。西南失大将，商旅自星奔。
今又降元戎，已闻动行轩。舟子候利涉，亦凭节制尊。
我在路中央，生理不得论。卧愁病脚废，徐步视小园。
短畦带碧草，怅望思王孙。凤随其皇去，篱雀暮喧繁。
览物想故国，十年别荒村。日暮归几翼，北林空自昏。
安得覆八溟，为君洗乾坤。稷契易为力，犬戎何足吞。
儒生老无成，臣子忧四藩。箧中有旧笔，情至时复援。

第十一章

憂子之國杜陵翁

—— 杜甫《复阴》

公元 766—768 年

夔州

219　　　　从云安开始,大江(又名西汉水,或扬子江)向东奔流,大约 67 英里就来到夔州,此地距巫山只有 30 多英里。云安和巫山都是夔州治下的辖区,夔州则是府治在江陵的荆南节度使治下八个州郡中的一个。在夔州附近有两条溪谷,中间相隔约 3 英里,向南流淌,汇入大江。西边的溪谷叫瀼水,东边的溪谷现在叫做东瀼水。一世纪时公孙述在此称帝,自号白帝,在大江北边和东瀼水西边的地区建造白帝城,城池位于杜甫那个时代所称的赤甲山。东瀼水的东边,另一座现在称为赤甲山的地方,在杜甫诗中被叫做北崦,位于东屯的北边。大江南边的山则是白盐山。

　　　　据说东瀼水被白帝用来灌溉白帝城东南不到 2 英里的东屯的100 000亩稻田。瀼水的西边,在白帝之前的几个世纪,有一座城市叫做鱼复。传说黄鱼会向上游溯,来到城下的河水中,然后又转而向下

220　　游游去——故有此名。鱼复城后来归于信州治下,576 年迁至白帝城。白帝城也因此成为信州的一座城池,后来又经过扩建,可能是向西北延展,619 年改名夔州。杜甫有首诗这样写道:"白帝夔州各异城。"(《夔州歌十绝句》其二)史学家们常常以此证明有两座不同的城池,彼此临近。尽管如此,如果仔细考察杜诗,我发现,他实际上用鱼复、白帝和夔州指代同一个地方。上引诗句可能只是表明历史上的差异。在杜甫的时代,只有一座城池,官方的名称是夔州,但也被普遍称为白帝城。

　　鱼复的原址在杜甫的时代位于瀼西——可能由一群村庄和果园构成，并没有城墙。瀼西毫无疑问是因为位于瀼水西边而得名；瀼水东边则可能被称为瀼东，杜甫有一句诗说："瀼东瀼西一万家。"（《夔州歌十绝句》其五）因此，瀼东和瀼西一样，是一片散落着村庄、果园和菜圃的区域。它们从赤甲山南麓延伸出去，直到大江北岸，位于唐代夔州府治所在地、石头建造的白帝城的西边稍稍偏北。

　　1004年到1007年之间，在宋朝（960—1279）治下，朝廷下令将夔州府治迁移到瀼西地区，在此建造了一座新城池。因此，唐代的夔州城和宋代的夔州城不在一个地方，两地大概相距2.5英里。许多历史遗迹的消失，原址的迁移，名称的改变，这些令人困惑的情况使得试图重建杜甫夔州及其附近地区诗歌的地理状况的努力变得相当困难。最近一幅重构的地图将宋代的夔州城当作唐代的夔州城，当然了，这种错误比什么都不做还糟糕。不过，依靠固定的地理标志、杜甫的诗篇和唐代及唐前的地理著述，我们还是能勾勒出大致的轮廓，尽管不能确知精准的地点。矗立在大江中的著名的滟滪堆正好在白帝城的南边。岩石可见的形状随着水位的高低变化。为了避免撞上它，船夫们必须走之字形路线来绕过。因此它得名"犹豫"（滟滪）。

　　扬子江的这段流域始于瞿塘峡。从巫山地区开始则始于巫峡。瞿塘峡和巫峡是中国文学中著名的长江三峡中的两个，因为它们陡峭而奇异的悬崖，两岸的哀猿，水域中变化莫测的礁石和潜流暗涌。至于第三个峡谷，则一直没有得到公认。其中一个较为权威的说法是黄牛峡，始于巫峡之后，到峡州附近（靠近我们现在的宜昌）为止。三峡包括了一段长达200多英里的江流。据另一种说法，第三个峡谷是指明月峡，始于渝州（现在的重庆）东边27英里处，因此它在夔州的西边。由于杜甫的诗篇中同时提到了黄牛峡和明月峡，我们不能确定他在使用"三峡"一词时究竟是指哪一个。此外,他对瞿塘峡和巫峡的使用似乎也毫无区别。也许甚至杜甫自己对三峡包括哪些地段都不甚了解。

白帝城的其中一个城门也许就位于瞿塘关,大江上的来往客货必须在这里通过官吏检查。这里还是一个战略军事地点,将西边的蜀地和东边的楚地分来。瞿塘驿一定也就在这附近。

城池的西南侧位于从江上突然崛起的一块大岩石上。岩石上还有一座木制的建筑物,能居高临下鸟瞰大江和江岸的大部分区域。这可能就是西阁,在其上层也有为官方客人准备的住处。

大江稍微靠近瀼口的地方有一堆堆的石块,这就是所谓诸葛亮的八阵图。由此向北不到 1 英里远——也就是瀼西——就是蜀先主刘备所建的永安宫遗址,在杜甫的时代,这里只剩下一座纪念诸葛亮及其君主刘备的庙宇。

如果要对这个地区获得一个全景式的了解,我们可以设想一条褐色、闪着波光的奔腾大江,被两座山峰截断,八阵图在瀼口附近的西边,滟滪堆在东边,夔州城在南边。大江北边的地区被两条溪谷分开,一条是瀼水,另一条则是现在所称的东瀼水。由西向东,依次是瀼西、瀼东和东屯。杜甫在这些地方居住了两年——从 766 年暮春到 768 年仲春——写下了 400 多首诗——是他现存作品的四分之一还多。

下面所选的 69 首诗也许可以使我们对杜甫这一时期的生活和思想有一个全面的了解,这段生活可以分为三个时期:(一) 766 年春天到秋天,杜甫及其一家住在瀼东。(二) 766 年秋天到 767 年春天,杜甫大部分时间都待在夔州西阁,而将家人留在瀼东。(三) 767 年春天到 768 年春天,杜甫在瀼东和东屯都购置了一些田产,往返于两地之间。

一

从《移居夔州郭》[268]一诗可知,显然杜甫一家是在 766 年春天的晚些时候乘舟由云安出发来到夔州。在夔州城,他们只有一个临时寓居的住所,或者是在朋友家,或者是在旅舍。我们的诗人描述了城墙和最高的楼阁。他参加了在白帝城头的越公堂举办的一次宴会(《陪诸公上白帝城头宴越公堂之作》)——据说这是由扩建了白帝城的越公杨素所建。

不过,杜甫待在城中的时间非常短。春天将尽之前,他和家人就已经搬到了白帝城西北的乡下丘陵。《引水》[270]向我们透露,这个地方离大江颇有一段距离,居民饮水必须依靠竹管引来的山泉水。《入宅三首》(其一)[269]表明赤甲山的峰峦在房舍的后面或北面。那么这所房屋显然就在瀼东。

我们的诗人性喜寻访山水,一在瀼东安置下来,就开始游览附近地区的名胜。不少关于附近名胜古迹的诗篇可能就是在诗人抵达夔州之后数月间写就的。其中,《武侯庙》[271]《八阵图》[272]《古柏行》[276]都是关于诸葛亮这位三世纪的伟人的诗篇,它们讲述了诸葛亮对蜀国先主刘备的忠诚辅佐,关于他们两人之间相互关系的传说我们可以从杜甫此前作于成都的诗篇中回想起来[166]。《八阵图》的最后两行说到蜀国先主刘备对吴国的征讨,诸葛亮未能阻止这次战役。在战争与和平之间的错误选择的灾难性后果不但导致蜀国由于战败而国势屡弱,还使得蜀国从此以后既要面对北方的敌人——魏国,还要应付东边的敌人——吴国。

杜甫某些关于夔州当地习俗的诗篇很可能和那些关于当地名胜

古迹的诗篇一样,是作于他刚来这一地区的时候——在新鲜感造成的印象尚未被时光磨灭之前。其中一首《负薪行》[273]尤其典型地表现了我们的诗人对穷人和弱者的同情之心。因为劳作和可悲的穷困而年华老去的这些未嫁女子绝不可能展现出女性的美貌。但是杜甫希望他的读者记住,古代最美的女子之一,王昭君,就生在夔州城附近东北地区的村落中。王昭君(或王嫱)是公元前一世纪汉朝皇帝的"明妃"。皇帝想要挑出后宫中他最不喜欢的女子,用来与北方蛮族首领和亲,因此他浏览宫女的画册,挑出了明妃,她的画像显得十分平常。见到明妃本人的超常美貌之后,皇帝十分后悔,但是事情已经不能挽回了;为了发泄愤怒,皇帝处死了不诚实的宫廷画师,此人因为明妃不愿意贿赂他,便将明妃画得十分平常。后来,在王昭君的丈夫死后,她拒绝按照匈奴习俗嫁给可汗的儿子,因此便自杀了。据说她在北地沙漠中陵墓上的草总是翠绿。后世的艺术家总是把她画成骑在蒙古马上、怀抱琵琶的形象。文人还为她写下了不少悲哀的辞曲。

　　除了游览和沉思于当地奇特而有趣的生活方式之外,杜甫自然还有考虑生计问题。从他的一些诗篇可以看出,他得不时进城,可能是去接受某些临时的文字工作,这会带来润笔酬劳。他还试图种植蔬菜,但这事却失败了,因为在766年夏天夔州经历了一场旱灾。关于这次干旱杜甫也写了诗。这是个怎样的题目啊!这些诗篇把酷热和干渴写得越真实,它们就越难引起阅读的畅快之感。甚至在初秋雨水终于降临之后,高温已经退去,杜甫的菜园也没有任何起色。他希望菜园里长出莴苣,但是只有野苋滋生。不过,杜甫养鸡的成绩不错。《催宗文树鸡栅》[274]写给他的大儿子,也就是早年的骥子,现在可能13岁了。《缚鸡行》[275]是那些表现杜甫对一切受难生灵怀有同情之心的诗篇中的一首。如果在杜甫的时代有防止动物遭受虐待的协会,他很可能会第一个参加。

移居夔州郭[268]

224

伏枕云安县,迁居白帝城。春知催柳别,江与放船清。
农事闻人说,山光见鸟情。禹功饶断石,且就土微平。

入宅(三首)
(其一)[269]

奔峭背赤甲,断岸当白盐。客居愧迁次,春酒渐多添。
花亚欲移竹,鸟窥新卷帘。衰年不敢问,胜概欲相兼。

引水[270]

月峡瞿唐云作顶,乱石峥嵘俗无井。
云安酤水奴仆悲,鱼复移居心力省。
白帝城西万竹蟠,接筒引水喉不干。
人生留滞生理难,斗水何直百忧宽。

武侯庙[271]

遗庙丹青落,空山草木长。犹闻辞后主,不复卧南阳。

八阵图[272]

功盖三分国,名成八阵图。江流石不转,遗恨失吞吴。

负薪行[273]

夔州处女发半华,四十五十无夫家。

225　更遭丧乱嫁不售，一生抱恨堪咨嗟。
土风坐男使女立，应当门户女出入。
十犹八九负薪归，卖薪得钱当供给。
至老双鬟只垂颈，野花山叶银钗并。
筋力登危集市门，死生射利兼盐井。
面妆首饰杂啼痕，地褊衣寒困石根。
若道巫山女粗丑，何得此有昭君村。

催宗文树鸡栅[274]

吾衰怯行迈，旅次展崩迫。愈风传乌鸡，秋卵方漫吃。
自春生成者，随母向百翮。驱趁制不禁，喧呼山腰宅。
课奴杀青竹，终日憎赤帻。蹋藉盘案翻，塞蹊使之隔。
墙东有隙地，可以树高栅。避热时来归，问儿所为迹。
织笼曹其内，令入不得掷。稀间可突过，觜爪还污席。
我宽蝼蚁遭，彼免狐貉厄。应宜各长幼，自此均勍敌。
笼栅念有修，近身见损益。明明领处分，一一当剖析。
不昧风雨晨，乱离减忧戚。其流则凡鸟，其气心匪石。
倚赖穷岁晏，拨烦去冰释。未似尸乡翁，拘留盖阡陌。

226　### 缚鸡行[275]

小奴缚鸡向市卖，鸡被缚急相喧争。
家中厌鸡食虫蚁，不知鸡卖还遭烹。
虫鸡于人何厚薄，吾叱奴人解其缚。
鸡虫得失无了时，注目寒江倚山阁。

古柏行[276]

孔明庙前有老柏，柯如青铜根如石。

霜皮溜雨四十围，黛色参天二千尺。

君臣已与时际会，树木犹为人爱惜。

云来气接巫峡长，月出寒通雪山白。

忆昨路绕锦亭东，先主武侯同閟宫。

崔嵬枝干郊原古，窈窕丹青户牖空。

落落盘踞虽得地，冥冥孤高多烈风。

扶持自是神明力，正直原因造化功。

大厦如倾要梁栋，万牛回首丘山重。

不露文章世已惊，未辞翦伐谁能送。

苦心岂免容蝼蚁，香叶终经宿鸾凤。

志士幽人莫怨嗟，古来材大难为用。

二

我们还记得上一章说到成都附近地区发生在叛将崔旰和几个地方牙将之间的战斗，其中一个是邛州牙将柏茂琳。节度使兼副元帅、老迈、怯懦而狡诈的杜鸿渐，被朝廷派遣处理这一局面，在长时间有意的耽搁之后，他才到达这个已经饱受战乱影响的地区，通过把所有将领都提拔安排到不同地区的简单办法，倒是确实带来了和平。柏茂琳现在改名柏贞节，在 766 年仲秋来到白帝城，担任夔州都督，兼任以夔州为首的五州防御使。

因为柏茂琳曾经是节度使严武属下的一员牙将，他不可能不认识在成都使府任职的节度参谋杜甫。如今，作为夔州的最高长官，柏茂琳对穷困落魄、寄居于此的诗人加以援手。在杜甫现存文章中，有一篇是他为柏茂琳起草给朝廷的奏表(《为夔府柏都督谢上表》)，答谢朝廷给予柏氏的夔州任命。在一首大概写于766年晚秋的诗中(《峡口二首》其二)，我们的诗人添上一条注语说："主人柏中丞频分月俸。"看起来杜甫是官方的客人和都督非正式的私人秘书。

可能是柏都督慷慨地批准，我们穷困潦倒的工部员外郎在前往长安朝廷的途中可以长期居停在西阁中的几间房舍中。杜甫首次访问西阁还是在柏都督抵达夔州之前。《宿江边阁》[277]一诗作于杜甫听说杜鸿渐和平斡旋的消息与得知西阁的名字之前。不过，从766年仲秋开始，杜甫的很多诗篇都作于西阁，或者涉及西阁，或者描述在西阁上所见到的情景。这些诗篇都带有孤独的意味，没有提到家人和他在一起。似乎杜甫不愿意让官方的招待惠及自己的家人。他将家人留在瀼东郊外山麓边的房舍中，只时不时回去小聚。

从《西阁雨望》[278]一诗可以推断，西阁上层有一个带朱红油漆栏杆的走廊，走廊也许环绕这个建筑一周。可能就是在这个走廊上，我们的诗人饱览万象，倾听群籁，然后将它们写到这些诗篇之中，如《秋兴八首》[281]-[288]《阁夜》[296]。以《秋兴》为题的八首组诗被许多批评家认为是杜甫最好的诗篇。翻译多多少少能传达杜甫的思想和感受，但是很难表现他伟大的诗歌语言中的技巧。

杜甫在西阁时期所写的还有其他一系列著名诗篇。他不必忙于日常案牍公务，只需要帮助起草都督最重要的文件，他也不必在家教授自己的孩子，这样，杜甫就有了充足的时间去进行诗歌写作。八首长篇回忆诗歌可能花了他好几周时间——如果不是好几个月的话——去起草、修改和打磨。杜甫回忆的有些人为唐帝国的防御作出过杰出贡献，例如我们都很熟悉的一个，足智多谋的军事家李光弼

（死于 764 年）。有些是文人，他们是杜甫最亲密的朋友，例如广文博士郑虔和国子监司业苏源明，尽管杜甫在 764 年①获悉他们的死讯时已经写过哀悼的诗篇，但他如今仍然用长篇来抒发自己的悲伤之情，描述两人的性格、事业、成就和他们与自己的友谊。在八个人中，严武似乎是唯一两种类型都符合的人。哪怕只是匆匆一瞥关于严武的这首诗（《八哀诗·赠左仆射郑国公严公武》[280]），就已经足够熄灭那些关于诗人和自己年轻的资助者之间关系破裂的闲言碎语了。细读这首诗就可以看出杜甫对节度使严武保障唐帝国西南一隅安全的高度评价。这个意思在另一组关于军队将领们的著名组诗《诸将五首》其五[279]中表现得更加明显。当杜甫说蜀地的和平和秩序要依靠严武这种类型的将军统领时，很显然他对于自己同宗的杜鸿渐在成都的所作所为并不赞同，因为此人漠视军队的纪律。

　　《咏怀古迹五首》也常常被选家们所垂青。其中一首关于王昭君出生村落的诗篇[290]，被后世的诗人们一再步韵唱和。明妃的故事——我们在前面提到过——是绘画、戏剧和音乐的普遍题材。为什么杜甫要为此写一首诗？他是否想到明妃拒绝向卑鄙的行径屈服的举动，是否想到明妃最终背井离乡和许多忠贞的官员的经历在本质上很相似——这其中也包括杜甫自己——他们因为毫不妥协的正直而被朝廷贬谪放逐？《咏怀古迹五首》中的另一首，虽然其主题是关于庾信在江陵的故乡，但很显然我们的诗人仅仅是用庾信的故事来诉说自己的心声。庾信是六世纪的文学天才，是南朝梁的官员。南梁几乎在一次鞑靼将军背信弃义的叛乱中覆国；这时庾信正被派往北方出使，被北朝羁留，再也没有回到南方。这其中有些因素和

---

① 【译者按】1952 年初版作"762 年"，1969 年第二版改为"764 年"。

安史之乱以及杜甫的流离失所很相似。但杜甫真正暗示的是庾信的杰作《哀江南赋》可以和自己回忆长安的诗篇相媲美——例如《秋兴八首》。

当杜甫写作此诗时，他还没有到江陵，因此也就没有见到庾信的故居。至于他是否去过王昭君的故乡村落也是一个值得怀疑的问题。当他在舒服的西阁以写作诗篇来打发闲暇时光之际，他可能只是用几个古迹把自己生平经历谱成的音符串联起来。他只把它们作为背景和引子。这是他经常享有的诗歌豁免权之一。与之相似，在《鹦鹉》[293]和关于白黑二鹰的诗篇[294]-[295]中，杜甫更多地谈到自己，而不是那些鸟儿。唐帝国现在到处都是将军、都督和节度使，每一个野心勃勃的将领都在身边聚集起一些文学之士，拥有自己的一个小朝廷。请求杜甫为两只鹰写诗的王兵马使来自很有魅力的荆南节度使卫伯玉驻节的江陵府，卫伯玉已经在自己周围搜罗了一些颇有文学声誉的名士，其中包括杜甫的老朋友薛据和孟云卿。杜甫会有兴趣进入这位富足而权重的节度使的幕府吗？——进入幕府将轻易结束我们诗人在贫困中的挣扎。如果卫伯玉的属下王兵马使有过这样的些许暗示，那么这两首诗则很好地作出了毫不含糊的回答。诗中说，鹰只能翱翔于高天，它们不应该陷入网罗，而被狩猎者牵系在臂环之上。杜甫只愿意为天上的朝廷效力，不会为地方的军阀用命。即使他以非正式的身份待在柏贞节的幕下，那也是因为他相信柏都督对于朝廷的忠诚，而且柏都督对他的慷慨令他十分感激，尽管如此，久居此地也是杜甫所不乐意接受的。杜甫将自己比作羽毛憔悴的鹦鹉，尽管被人宠爱，还是希望脱出樊笼，飞回到皇苑中的树枝上。

这两首关于鹦鹉和鹰的诗篇也许不是写于西阁，而是作于宴会上或是朋友的家中。当然,杜甫不会在西阁度过全部时光。《解闷十二首》中的两首^{[291][292]}写到他在江畔散步。其中的第二首提到他急于去到东岸。也许在那时——766 年晚秋——前往扬子江下游以寻找自己失散的小弟杜丰的念头,已经渐渐取代了他一旦准备妥当就要回到长安的想法。不管怎么说,他都得经过江陵,不管目的地是去北方还是东方。因此,在他写给崔漪——此人将到衡州,也要经过江陵——的告别诗中(《别崔漪因寄薛据孟云卿》)^[298],他让崔漪转告薛据和孟云卿,他将在不久的某个时候到江陵,和他们谈论诗歌——也就是说,与节度使卫伯玉的政治事务不相干。

《230》

　　但是杜甫并未践约,因为疟疾折磨了他大半个冬天,春天之后又伴随着咳嗽。我们发现在 766 年 12 月 19 日,杜甫及其一家还住在山麓下的房舍中。在《小至》^[297]一诗中,五彩丝线和律管中的灰是传统的典故,表示冬至之后,白昼渐长,比常日增一线之功,而阳春气动,对应的律管内的灰会被气息吹去。也许,我们的诗人的儿女们真的在玩丝线和管制乐器。否则,他恐怕不会这样书生气十足地提到这些典故,只消说天气变得昼长夜短、渐渐暖和了①。

　　767 年 4 月 2 日,这一天是寒食节,是古代重要的祖先祭祀和家庭聚会的节日。我们的诗人写了两首诗给两个儿子,宗文和宗武——后者也许就是生于 756 年晚秋的"熊儿"。其中的第二首(《又示两儿》)^[300]中,有一些地方需要说明。杜甫有三个同父异母弟弟,杜颖、杜观和杜丰,还有一个同父异母妹妹,寡居的韦氏。在春天的早些时候,杜甫接到杜观从江陵寄来的书信,从那以后就一直盼着杜观在四月末到虁州来探亲。当杜甫在诗中说到"江州涕不禁"

---

① 【译者按】不过,且不管杜甫此处是否用典,宋人已经将他的这两句诗作为事典来用了。例如张耒《冬至赠潘郎》:"五纹暗度人间线,九寸潜通地下春。"

时，他是指杜丰，杜丰已经到了江州（在扬子江下游），但没有再来信。当杜甫在诗中说到"长葛书难得"时（长葛在河南的许州），他可能是指杜颖或者韦氏。诗篇的第二行，"他时见汝心"，意思比较含混，引起了注家们的很多猜测。最有说服力的解释似乎是，杜甫告诫自己的孩子："等我去世之后，寒食节祭祀祖先的责任就落到你们肩上了，那时就能见出你们的孝心了。"

　　杜甫疾病缠身，感觉到自己正在迅速老去。不过，在《老病》[299]中，杜甫写到他很高兴看到去年春天枯萎和凋落的花丛又长出了新的蓓蕾，他满怀希望能够有机会再次得到皇帝赏赐的一对笔，就像从前在长安的这个季节一样。但是数月以来疟疾断断续续的发作一定把他折磨得疲惫不堪。在西阁，一个春天的早上，杜甫晚起，他被镜中自己的容貌吓住了。不过，这倒给了他一个好借口。在《览镜呈柏中丞》[301]一诗中，他请求都督原谅他的姗姗来迟。他还要求免除自己非正式的文字事务。

　　杜甫已经习惯于住在西阁。然而，如果他不再承担柏都督的文字事务，他还能继续享有客人的特权住在这个舒服的地方吗？在小小的动摇之后，他决定放弃了。对杜甫夫人来说，现在山麓边窄小而嘈杂的房舍对习惯了住在西阁的丈夫而言已经不够宽敞了，况且自己的小叔子杜观也很快就要到访，这些都使得她同意再一次搬迁。杜甫《暮春题瀼西新赁草屋五首》对新居并没有什么描述。从我们选的其中两首[302][303]来看，杜甫的忧虑并不在于局促的生计，而在于永无休止的战争①。

---

① 我对杜甫在夔州的生活的重建与此前学者不同的地方在于，我去掉了杜甫一家在各个地点之间的某些额外的搬迁。《奉节县志》卷36.47b—48b指出有五个地点是杜甫一家居住过的：白帝城，西阁，赤甲，瀼西，东屯。闻一多（第702页）遵循仇兆鳌卷15.2b，加上了一个特别的地点：客堂（《九家注杜诗》151/11/10）。我的推测是，杜甫一（转下页）

宿江边阁[277]

暝色延山径,高斋次水门。薄云岩际宿,孤月浪中翻。

鹳鹤追飞静,豺狼得食喧。不眠忧战伐,无力正乾坤。

西阁雨望[278]

楼雨沾云幔,山寒著水城。径添沙面出,湍减石棱生。

菊蕊凄疏放,松林驻远情。滂沱朱槛湿,万虑傍檐楹。

诸将五首

(其五)[279]

锦江春色逐人来,巫峡清秋万壑哀。

正忆往时严仆射,共迎中使望乡台。

主恩前后三持节,军令分明数举杯。

西蜀地形天下险,安危须仗出群材。

232

(接上页)家只在四个地方居住过,即:白帝城,瀼东,瀼西,东屯。在瀼东,杜甫一家从 766 年晚春到 767 年晚春一直居住于此,这也包括杜甫离开家人,独自频繁居住于白帝城的西阁期间。我相信客堂是指瀼东的居所。旧说认为杜甫一家在 767 年春天很短的一段时期从西阁搬到赤甲,稍后搬回瀼西。关于赤甲的这一说法有三个难点:(1)尽管在瀼东后面有一座赤甲山,但是并没有一个地名叫做赤甲。《奉节县志》卷 36.48a 说,未知赤甲在何处,或近瀼东,在赤甲山麓。或以为即白帝城。(2)《九家注杜诗》499/31/47 说,搬迁到瀼西的决定是在春天之前作出的。那为何不直接从他们住的地方搬到瀼西,而要在一个叫做赤甲的地方中转周折一下呢?(3)《老病》[299]中有一句是"花发去年丛",似乎说明杜甫一家在某地待了整整一年——从春天到次年春天。此诗一定作于 767 年春天——不是 766 年,因为杜甫那时刚到夔州;也不是 768 年,那时杜甫已经打算离开夔州——而地点一定在瀼东。那时杜甫一家正是从瀼东迁到瀼西。没有足够多的时间再让他们在一个未知的地点赤甲停下了。对赤甲旧说的唯一修正是《赤甲》(《九家注杜诗》421/27/30),其中说:"卜居赤甲迁居新,两见巫山楚水春。"因为此诗的文学价值不高(见仇兆鳌卷 18.43a),还因为它造成了编年和地理上的极大困难,我以为应该把它视为赝作去掉。

八哀诗·赠左仆射郑国公严公武[280]

郑公瑚琏器，华岳金天晶。昔在童子日，已闻老成名。

巍然大贤后，复见秀骨清。开口取将相，小心事友生。

阅书百纸尽，落笔四座惊。历职匪父任，嫉邪常力争。

汉仪尚整肃，胡骑忽纵横。飞传自河陇，逢人问公卿。

不知万乘出，雪涕风悲鸣。受词剑阁道，谒帝萧关城。

寂寞云台仗，飘飖沙塞旌。江山少使者，笳鼓凝皇情。

壮士血相视，忠臣气不平。密论贞观体，挥发岐阳征。

感激动四极，联翩收二京。西郊牛酒再，原庙丹青明。

匡汲俄宠辱，卫霍竟哀荣。四登会府地，三掌华阳兵。

京兆空柳色，尚书无履声。群乌自朝夕，白马休横行。

诸葛蜀人爱，文翁儒化成。公来雪山重，公去雪山轻。

记室得何逊，韬钤延子荆。四郊失壁垒，虚馆开逢迎。

堂上指图画，军中吹玉笙。岂无成都酒，忧国只细倾。

时观锦水钓，问俗终相并。意待犬戎灭，人藏红粟盈。

以兹报主愿，庶或裨世程。炯炯一心在，沉沉二竖婴。

颜回竟短折，贾谊徒忠贞。飞旐出江汉，孤舟转荆衡。

虚无马融笛，怅望龙骧茔。空馀老宾客，身上愧簪缨。

秋兴八首

(其一) [281]

玉露凋伤枫树林，巫山巫峡气萧森。

江间波浪兼天涌，塞上风云接地阴。

丛菊两开他日泪，孤舟一系故园心。

寒衣处处催刀尺，白帝城高急暮砧。

（其二）[282]

夔府孤城落日斜，每依南斗望京华。
听猿实下三声泪，奉使虚随八月槎。
画省香炉违伏枕，山楼粉堞隐悲笳。
请看石上藤萝月，已映洲前芦荻花。

234

（其三）[283]

千家山郭静朝晖，日日江楼坐翠微。
信宿渔人还泛泛，清秋燕子故飞飞。
匡衡抗疏功名薄，刘向传经心事违。
同学少年多不贱，五陵衣马自轻肥。

（其四）[284]

闻道长安似弈棋，百年世事不胜悲。
王侯第宅皆新主，文武衣冠异昔时。
直北关山金鼓振，征西车马羽书迟。
鱼龙寂寞秋江冷，故国平居有所思。

（其五）[285]

蓬莱宫阙对南山，承露金茎霄汉间。
西望瑶池降王母，东来紫气满函关。
云移雉尾开宫扇，日绕龙鳞识圣颜。
一卧沧江惊岁晚，几回青琐照朝班。

235

（其六）[286]

瞿唐峡口曲江头，万里风烟接素秋。
花萼夹城通御气，芙蓉小苑入边愁。
珠帘绣柱围黄鹤，锦缆牙樯起白鸥。
回首可怜歌舞地，秦中自古帝王州。

（其七）[287]

昆明池水汉时功，武帝旌旗在眼中。
织女机丝虚月夜，石鲸鳞甲动秋风。
波漂菰米沉云黑，露冷莲房坠粉红。
关塞极天唯鸟道，江湖满地一渔翁。

（其八）[288]

昆吾御宿自逶迤，紫阁峰阴入渼陂。
香稻啄馀鹦鹉粒，碧梧栖老凤凰枝。
佳人拾翠春相问，仙侣同舟晚更移。
彩笔昔游干气象，白头吟望苦低垂。

236　　咏怀古迹五首

（其一）[289]

支离东北风尘际，漂泊西南天地间。
三峡楼台淹日月，五溪衣服共云山。
羯胡事主终无赖，词客哀时且未还。
庾信平生最萧瑟，暮年诗赋动江关。

（其三）［290］

群山万壑赴荆门，生长明妃尚有村。

一去紫台连朔漠，独留青冢向黄昏。

画图省识春风面，环佩空归月夜魂。

千载琵琶作胡语，分明怨恨曲中论。

解闷十二首

（其一）［291］

草阁柴扉星散居，浪翻江黑雨飞初。

山禽引子哺红果，溪友得钱留白鱼。

（其二）［292］

商胡离别下扬州，忆上西陵故驿楼。

为问淮南米贵贱，老夫乘兴欲东游。

鹦鹉［293］

鹦鹉含愁思，聪明忆别离。翠衿浑短尽，红觜漫多知。

未有开笼日，空残旧宿枝。世人怜复损，何用羽毛奇。

见王监兵马使说近山有白黑二鹰，罗者久取，竟未能得，王

　　以为毛骨有异他鹰，恐腊后春生，鶱飞避暖，劲翮思秋之

　　甚，眇不可见，请余赋诗

（其一）［294］

雪飞玉立尽清秋，不惜奇毛恣远游。

在野只教心力破，千人何事网罗求。

一生自猎知无敌，百中争能耻下鞲。
鹏碍九天须却避，兔经三穴莫深忧。

（其二）[295]
黑鹰不省人间有，度海疑从北极来。
正翮抟风超紫塞，立冬几夜宿阳台。
虞罗自各虚施巧，春雁同归必见猜。
万里寒空只一日，金眸玉爪不凡材。

阁夜[296]
岁暮阴阳催短景，天涯霜雪霁寒宵。
五更鼓角声悲壮，三峡星河影动摇。
野哭几家闻战伐，夷歌是处起渔樵。
卧龙跃马终黄土，人事音书漫寂寥。

小至[297]
天时人事日相催，冬至阳生春又来。
刺绣五弦添弱线，吹葭六琯动浮灰。
岸容待腊将舒柳，山意冲寒欲放梅。
云物不殊乡国异，教儿且覆掌中杯。

别崔潩因寄薛据孟云卿[298]
志士惜妄动，知深难固辞。如何久磨砺，但取不磷缁。
夙夜听忧主，飞腾急济时。荆州遇薛孟，为报欲论诗。

老病[299]

老病巫山里，稽留楚客中。药残他日裹，花发去年丛。
夜足沾沙雨，春多逆水风。合分双赐笔，犹作一飘蓬。

又示两儿[300]

令节成吾老，他时见汝心。浮生看物变，为恨与年深。
长葛书难得，江州涕不禁。团圆思弟妹，行坐白头吟。

览镜呈柏中丞[301]

239

渭水流关内，终南在日边。胆销豺虎窟，泪入犬羊天。
起晚堪从事，行迟更学仙。镜中衰谢色，万一故人怜。

暮春题瀼西新赁草屋五首
（其一）[302]

久嗟三峡客，再与暮春期。百舌欲无语，繁花能几时。
谷虚云气薄，波乱日华迟。战伐何由定，哀伤不在兹。

（其五）[303]

欲陈济世策，已老尚书郎。不息豺虎斗，空惭鸳鹭行。
时危人事急，风逆羽毛伤。落日悲江汉，中宵泪满床。

杜甫害怕战争主要是由于他认为军阀割据的蔓延会招致国内战争和外族入侵。在天下比比皆是的节度使当中，他认为西北边境的节度使最为不堪。他们中的大部分原来就出身强盗和叛军，他们那种对长安朝廷的半独立状态对唐帝国而言并无半点益处。

不过,在 767 年春天快结束的时候,杜甫暂时从这些忧虑中缓解出来。在《承闻河北诸道节度入朝欢喜口号绝句十二首》(其三)[304]一诗中,杜甫说自己从街上吵吵嚷嚷的闲谈中听到了这个好消息。在其他几篇里,他回溯历史,他计划未来,他哀叹自己因为疾病而没有能力立刻出发前往长安。在这组诗的最后一首[305]中,他将朝廷权威重建的希望寄托在郭子仪的身上,郭子仪现在已经位居汾阳王,尽管他并非皇帝宗室。杜甫对这位伟大的战士的估计相当准确,尽管郭子仪有着显赫的战功、能力和权力,但他始终忠于朝廷。他家中发生的一件事情很能说明问题。郭子仪的一个儿子娶了皇帝的女儿。一天早上,年轻的夫妻吵架了。"别以为你的父亲是皇帝就能吓唬我",男人说;"我父亲只不过不想作皇帝罢了,他可没把皇位看得那么重要。"公主十分愤怒,跑到皇宫向父亲哭诉,然而,她父亲却告诉她,她的丈夫说得没错,并要她回到丈夫身边。郭子仪立刻把儿子锁起来,晋见皇帝,要求父子俩都受到处罚。"咱们可一定别把这种孩子气的争吵当回事儿。"皇帝笑着说。

核心地区军阀的变动确实是一个好消息,如果它是真的。我们不知道杜甫多久之后才发现这个令人愉快的传言并不可靠。不管怎么说,在春天结束之前,杜甫买下了瀼西和东屯的田产;看起来他似乎并不急于离开夔州地区。并且,如果《绝句二首》[306][307]作于此时,那说明在 767 年他并未计划返回北方①。

买田产的钱也许来自柏贞节都督的资助,因为一个显贵通常会馈赠自己所尊重的已经不在位的朋友。这种馈赠有时会十分慷慨:

---

① 这两首诗被黄鹤和其他注家编入 764 年成都期间。但是在成都,一个人很难看清山上的红色花朵,因为距离很远。根据此诗内容,倒是可以琢磨其他几个地方的春天景象。《保宁府志》卷 61.10b 将其置于 762 年春天阆州期间。不过,我认为 767 年春天的夔州倒是更符合这一景象和气氛。

因为即使杜甫没有为自己尚未确定的未来旅行留下一些费用，仅仅是购置田产的钱也相当可观了。在瀼西，杜甫买下了自己租赁的房舍，一座宽敞的老房子，紧挨着房子的南边有一个小花园，房子北边则是一个六英亩的果园，长着大片柑桔林。在东屯，他买下了一些稻田，还有一所视野很好、可以看到南边大江景致的房子。

现在杜甫成了乡绅，比从前更为关心农事生产。我们发现他指挥农夫、奴仆，雇佣田畯；伐木，修补栅栏，耕地，播种，除草，灌溉，然后收获①。我们发现他往返于瀼西和东屯之间，有时去到夔州城中参加一些他没法推脱的社交应酬。从《秋行官张望督促东渚刈稻向毕，清晨遣女奴阿稽、竖子阿段往问》[308]《自瀼西荆扉且移居东屯茅屋四首》[316][317]和《暂往白帝复还东屯》[326]等诗篇很清楚地表明我们诗人写作时身处何地，更多的诗篇需要我们的从诗中描述的地形地貌和叙事线索去猜测诗人所在的位置，而还有很多诗篇我们则根本无法猜测确切地点。

因此，《秋野五首》[313][314]也可以系于瀼西，因为其中提到了枣树，还因为另一首诗提到将南堂借给一位年轻的亲戚吴郎居住，又有一首诗[323]要求吴郎不要禁止一位贫困的邻居老太太在堂前扑枣。《小园》[327]显然也写于瀼西，因为其中提到了"瀼岸"。《十七夜对月》[322]因为提到了柑桔树，可能作于我们诗人在瀼西的"北舍"——南堂已经借给吴郎了。10 月 5 日，杜甫写诗（《晚晴吴郎见过北舍》）邀请吴郎再次做客北舍，因为第二天是重阳节。《登高》[325]所提到的高台可能就在瀼西江边。这首诗还提到最近放弃饮酒。一个星期之后，杜甫在一首诗中提到在一次宴会上他只能看着朋友们饮酒。也

① 【译者按】关于此点，陈贻焮《杜甫评传》认为是柏茂琳都督委派杜甫管理官方的田庄。

许这时他听从某些建议，为了健康的缘故而试图戒酒。

尽管 9 月 14 日夜里杜甫在瀼西，但前一天晚上他是在东屯度过的，在《十六夜玩月》[321]一诗中，他还能听见夔州城中的笛声。同样，《八月十五夜月二首》(其一)[320]似乎也作于东屯，因为这个标题下有两首诗，其中第二首提到月亮正好在白帝城上。实际上，白帝城成为以下这些诗篇系于东屯的一个判断标准，它们是《晓望》[328]《复阴》[332]《写怀二首》[333][334]。《写怀二首》表现了杜甫精神上这样的一些时刻：他所受到的挫折，他对儒家强调改进社会制度的困惑，他厌恶自己正在做的事情——经济上的算计和为了一己之利的储积，他想要逃进道家哲学的庇护中①。

也许某些具有不带任何色彩的标题的诗篇也可以系于东屯，例如《偶题》[324]，这首诗代表了杜甫对中国诗歌史的理解，以及他对自己在其中的位置的谦虚估计。他还提到自己的时间要在农事和诗歌中分配。前者很可能是指收获谷物。后者不但是指诗歌写作，也是指对古代诗歌大师的反复学习：公元前三世纪初期楚国的吟游诗人；汉代(前 206—220)对儒家学说特别投入的众多作家，例如扬雄(前 53—18)；魏国王室的曹操(155—220)、曹植(192—232)父子；晋朝(265—420)及后来各个时期的众多诗人们。需要指出，在杜甫赞扬不朽的文学作品时，他特别强调文学表现的个性。我将此诗的第一行置于本书的扉页。

农事不是唯一将杜甫从诗歌中牵扯出来的事情，夔州城中的社交邀请也常常让杜甫分心。《观公孙大娘弟子舞剑器行》[330]所

---

① 冯·萨克在关于这两首诗的专门论述中正确地观察到杜甫和许多中国文人一样，并不是一个纯粹的儒家思想信仰者，他也涉足到道家和佛家思想中。不过，冯·萨克认为杜甫更多倾向于佛家而非道家，这却错了。就这两首诗而言，其基本主旨是道家思想。

描述的情景当然是在城中,尽管杜甫写这首诗时已经回到东屯的家中①。同样的,他坠马之前的那次宴饮也发生在城里(《醉为马所坠,诸公携酒相看》)[328];但是因为马首向东,我们可以猜想东屯是他的目的地,这首幽默而令人同情的诗歌就是写于东屯。也许杜甫到了秋天快结束的时候就已经痊愈了,禁不住酒友们的苦劝,他又开戒了。

有一些诗篇很难决定到底作于瀼西还是东屯,例如《夜归》[331]《耳聋》[329]。《夜归》中的老虎可能是比喻路上遇到的某些欺凌弱小之辈。或者,就是酒精使得杜甫在路上看见了老虎,以及蜡烛的两根灯芯。我们可以猜想一次晚宴之后杜甫步行回到东屯。另一方面,

---

① 在此诗前面的长序中,蔡梦弼卷33.10a和钱谦益卷7.14a有异文,这使得杜甫初见公孙大娘的时间有715年和717年两说。钱谦益支持717年说,因为比715年说更能符合第17行诗句"五十年间似反掌"。实际上,从717到767年正好是五十年,而715到767年则是五十二年了。故而钱谦益的717年说被普遍接受;参见朱鹤龄卷18.10a,张溍卷17.38a,卢元昌卷29.7a,仇兆鳌卷20.53a,浦起龙2C.13b。二十年前,我也支持接受717年说(见洪业《苦难诗人》,《礼拜六评论》,1930年4月5日)。不过,近年来随着对文本的深入研究,我开始倾向于715年说。原因有二:(1)此诗在《九家注杜诗》、《王状元集百家注编年杜陵诗史》卷29.6a、《分门集注杜工部诗》卷16.26a中并未包含关于717年说法的异文。因此,关于717年的读解一定不是文字校勘的结果,而是编纂者修订的结果,因为吕大防于715年处指出杜甫那时才四岁,年龄太小,还不能欣赏以至于记得公孙大娘的剑器舞。(2)从717到767年,根据杜甫的计算方式——是五十一年。从715到767年,则是五十三年。但是杜甫经常取一个整数。"五十年"意味着五十多年,五十多年可以指五十三年,也可以指五十一年。鲁訔(于715年说下)和黄鹤(见朱鹤龄,《年谱》,于715年说下)反驳了《集千家注杜工部诗集》的怀疑,他们说,既然杜甫在七岁时就可以赋诗,四岁时记得剑器舞也是可能的。这一辩说似乎有些无力,因为在孩童早期,一两年之间的差异很大。而且,孩童的兄长也有可能通过叙述帮助他加强记忆。我们不清楚剑器舞的细节。仇兆鳌卷20.53b引用了若干权威说法,表明其中并不包括剑。参见 *Kabu himmoku*(by Ogawa Shuchu, 10 kan, 1822; *Nippon koten zenshu III*)638—639页;《音乐辞典》(上海:商务印书馆,1935年)第347页。不过,《古韵堂笔记》(刘德坤〈1795〉,未完成手稿影印本,哈佛燕京和汉图书馆)卷6.〔21a—b〕认为韩国歌妓身着戎装的持剑舞蹈就是唐代传入的。冯至《爱国诗人杜甫传》(《新观察》第二卷,1951年第1期,第33页)说,四川近来出土的古砖上有持双剑舞蹈的图画。在冯至教授论著的插图上,舞女确实手持双剑。我很抱歉对这一砖画一无所知,我也不能确定这一插图是根据砖画摹写,还是艺术家想象杜甫所见到的景象。不管怎么说,我还是倾向于支持旧说,即舞蹈中不包括剑。如果其中真有闪闪的剑光,杜甫怎么会不写到它们呢?

他也可以乘船从城门驶往瀼西，然后步行一段路回到北舍。至于《耳聋》，其中描述的情景既可以放在瀼西，也适用于东屯。我们不妨试着推测，杜甫从马上摔下来，这正是他左耳聋掉的原因。但是，他说自己在看见黄叶飘零之前一个月就已经聋了。那么，看起来杜甫的部分失聪始于他秋天的患病，正是那次患病使得杜甫暂时戒掉了饮酒。

不过，大体看来，767 年下半年，杜甫的健康和经济状况都要好过766 年。因为感觉稍好，杜甫再一次想要离开夔州。也许杜观在夏天的来访和这一想法也有些关系。大概两兄弟讨论过家庭团聚、重返偃师和长安、整顿家族产业的计划。在《见萤火》[309]一诗中，我们诗人指出他希望在 768 年秋天回到北方家乡。我们从《舍弟观归蓝田迎新妇送示二篇》中的一首[310]中得知杜甫计划在 767 年 9 月顺江而下，准备在荆州当阳与杜观会面，在仲宣（王粲字）楼痛饮。在《更题》[311]（这是系在《雨夜》之后的一首）和《秋清》[312]中，很明显可以看出离别的计划延迟到了冬天，这可能与杜观在蓝田的耽搁有关。《第五弟丰独在江左，近三四载寂无消息，觅使寄此二首》很可能就是作于晚秋时节，由其中的第二首[319]可见，离别的时间甚至推迟到了768 年春天，而且往北到长安的原计划取消了，代之以乘船驶往东南沿岸，寻找失散的弟弟。目的地的改变可能也和长安传来的令人烦恼的消息有关。在九月中旬，吐蕃又袭击了灵武，一直到十月底长安都处于军事戒严中。

不过，不久又传来好消息，长安在杜甫心目中再次变得头等重要。768 年 1 月 24 日是中国农历的新年。这一天杜甫写了《喜闻盗贼蕃寇总退口号五首》，其中最后一首[336]中，他甚至认为普遍的和平最终不可思议地得到了。事实上，在此之前几天杜甫已经得到了杜

观的来信，在《续得观书迎就当阳居止，正月中旬定出三峡》[335] 一诗
中，我们的诗人再次明确宣布将前往长安。

《将别巫峡，赠南卿兄瀼西果园四十亩》[337] 可能作于计划中杜
甫一家启程离开夔州的那一天，768 年 2 月 22 日。南卿兄是何许人
也？杜甫为什么给他这么慷慨的馈赠？他的名字在别处并未提到。
他是否只是一个劳动者，渔夫或者樵夫？是不是比起那些仕途之人
的奔竞和油滑来，杜甫更重视与他的友谊？杜甫如何处理他在瀼西
和东屯的其他产业？也许卖掉了，也许干脆放弃了。我们对此一无
所知。

承闻河北诸道节度入朝欢喜口号绝句十二首
（其三）[304]
喧喧道路多歌谣，河北将军尽入朝。
始是乾坤王室正，却交江汉客魂销。

244

（其十二）[305]
十二年来多战场，天威已息阵堂堂。
神灵汉代中兴主，功业汾阳异姓王。

绝句二首
（其一）[306]
迟日江山丽，春风花草香。泥融飞燕子，沙暖睡鸳鸯。

（其二）[307]
江碧鸟逾白，山青花欲燃。今春看又过，何日是归年。

秋行官张望督促东渚刈稻向毕,清晨遣女奴阿稽、竖子阿段
　往问[308]

东渚雨今足,仑闻粳稻香。上天无偏颇,蒲稗各自长。
人情见非类,田家戒其荒。功夫竞揈揈,除草置岸旁。
谷者命之本,客居安可忘。青春具所务,勤垦免乱常。
吴牛力容易,并驱动莫当。丰苗亦已概,云水照方塘。
有生固蔓延,静一资堤防。督令不无人,提携颇在纲。
荆扬风土暖,肃肃候微霜。尚恐主守疏,用心未甚臧。
清朝遣奴仆,寄语逾崇冈。西成聚必散,不独陵我仓。
岂要仁里誉,感此乱世忙。北风吹蒹葭,蟋蟀近中堂。
荏苒百工休,郁纡迟暮伤。

245

见萤火[309]

巫山秋夜萤火飞,帘疏巧入坐人衣。
忽惊屋里琴书冷,复乱檐边星宿稀。
却绕井阑添个个,偶经花蕊弄辉辉。
沧江白发愁看汝,来岁如今归未归?

舍弟观归蓝田迎新妇送示两篇
(其二)[310]

楚塞难为别,蓝田莫滞留。衣裳判白露,鞍马信清秋。
满峡重江水,开帆八月舟。此时同一醉,应在仲宣楼。

更题[311]

只应踏初雪,骑马发荆州。直怕巫山雨,真伤白帝秋。

群公苍玉佩，天子翠云裘。同舍晨趋侍，胡为淹此留。

秋清[312]
高秋苏肺气，白发自能梳。药饵憎加减，门庭闷扫除。
杖藜还客拜，爱竹遣儿书。十月江平稳，轻舟进所如。

秋野五首
（其一）[313]

秋野日疏芜，寒江动碧虚。系舟蛮井络，卜宅楚村墟。
枣熟从人打，葵荒欲自锄。盘餐老夫食，分减及溪鱼。

（其二）[314]
易识浮生理，难教一物违。水深鱼极乐，林茂鸟知归。
吾老甘贫病，荣华有是非。秋风吹几杖，不厌此山薇。

（其三）[315]
礼乐攻吾短，山林引兴长。掉头纱帽侧，曝背竹书光。
风落收松子，天寒割蜜房。稀疏小红翠，驻屐近微香。

自瀼西荆扉且移居东屯茅屋四首
（其一）[316]
白盐危峤北，赤甲古城东。平地一川稳，高山四面同。
烟霜凄野日，粳稻熟天风。人事伤蓬转，吾将守桂丛。

247

（其二）[317]

东屯复瀼西，一种住青溪。来往皆茅屋，淹留为稻畦。
市喧宜近利，林僻此无蹊。若访衰翁语，须令剩客迷。

晓望[318]

白帝更声尽，阳台晓色分。高峰寒上日，叠岭宿霾云。
地坼江帆隐，天清木叶闻。荆扉对麋鹿，应共尔为群。

第五弟丰独在江左，近三四载寂无消息，觅使寄此二首
（其一）[319]

闻汝依山寺，杭州定越州。风尘淹别日，江汉失清秋。
影盖啼猿树，魂飘结蜃楼。明年下春水，东尽白云求。

八月十五夜月二首
（其一）[320]

满目飞明镜，归心折大刀。转蓬行地远，攀桂仰天高。
水路疑霜雪，林栖见羽毛。此时瞻白兔，直欲数秋毫。

十六夜玩月[321]

旧挹金波爽，皆传玉露秋。关山随地阔，河汉近人流。
谷口樵归唱，孤城笛起愁。巴童浑不寝，半夜有行舟。

248

十七夜对月[322]

秋月仍圆夜，江村独老身。卷帘还照客，倚杖更随人。
光射潜虬动，明翻宿鸟频。茅斋依橘柚，清切露华新。

又呈吴郎[323]

堂前扑枣任西邻，无食无儿一妇人。
不为困穷宁有此，只缘恐惧转须亲。
即防远客虽多事，使插疏篱却甚真。
已诉征求贫到骨，正思戎马泪沾巾。

偶题[324]

文章千古事，得失寸心知。　作者皆殊列，名声岂浪垂。
骚人嗟不见，汉道盛于斯。　前辈飞腾入，馀波绮丽为。
后贤兼旧制，历代各清规。　法自儒家有，心从弱岁疲。
永怀江左逸，多病邺中奇。　骐骥皆良马，骐驎带好儿。
车轮徒已斫，堂构惜仍亏。　漫作《潜夫论》，虚传《幼妇碑》。
缘情慰漂荡，抱疾屡迁移。　经济惭长策，飞栖假一枝。
尘沙傍蜂虿，江峡绕蛟螭。　萧瑟唐虞远，联翩楚汉危。
圣朝兼盗贼，异俗更喧卑。　郁郁星辰剑，苍苍云雨池。
两都开幕府，万宇插军麾。　南海残铜柱，东风避月支。
音书恨乌鹊，号怒怪熊罴。　稼穑分诗兴，柴荆学土宜。
故山迷白阁，秋水忆黄陂。　不敢要佳句，愁来赋别离。

249

登高[325]

风急天高猿啸哀，渚清沙白鸟飞回。
无边落木萧萧下，不尽长江衮衮来。
万里悲秋常作客，百年多病独登台。
艰难苦恨繁霜鬓，潦倒新停浊酒杯。

暂往白帝复还东屯[326]

复作归田去，犹残获稻功。筑场怜穴蚁，拾穗许村童。
落杵光辉白，除芒子粒红。加餐可扶老，仓庾慰飘蓬。

小园[327]

250

由来巫峡水，本是楚人家。客病留因药，春深买为花。
秋庭风落果，瀼岸雨颓沙。问俗营寒事，将诗待物华。

醉为马所坠，诸公携酒相看[328]

甫也诸侯老宾客，罢酒酣歌拓金戟。

骑马忽忆少年时，散蹄迸落瞿唐石。

白帝城门水云外，低身直下八千尺。

粉堞电转紫游缰，东得平冈出天壁。

江村野堂争入眼，垂鞭亸鞚凌紫陌。

向来皓首惊万人，自倚红颜能骑射。

安知决臆追风足，朱汗骖驒犹喷玉。

不虞一蹶终损伤，人生快意多所辱。

职当忧戚伏衾枕，况乃迟暮加烦促。

朋知来问腆我颜，杖藜强起依僮仆。

语尽还成开口笑，提携别扫清溪曲。

酒肉如山又一时，初筵哀丝动豪竹。

共指西日不相贷，喧呼且覆杯中渌。

何必走马来为问，君不见嵇康养生遭杀戮。

耳聋[329]

生年鹖冠子，叹世鹿皮翁。眼复几时暗，耳从前月聋。

猿鸣秋泪缺，雀噪晚愁空。黄落惊山树，呼儿问朔风。

251

观公孙大娘弟子舞剑器行并序[330]

大历二年十月十九日，夔府别驾元持宅见临颍李十二娘舞剑器，壮其蔚跂。问其所师，曰："余公孙大娘弟子也。"开元三载，余尚童稚，记于郾城观公孙氏舞剑器浑脱，浏漓顿挫，独出冠时，自高头宜春、梨园二伎坊内人，洎外供奉，晓是舞者，圣文神武皇帝初，公孙一人而已。玉貌锦衣，况余白首；今兹弟子，亦匪盛颜。既辨其由来，知波澜莫二。抚事慷慨，聊为《剑器行》。昔者吴人张旭，善草书书帖，数常于邺县见公孙大娘舞西河剑器，自此草书长进，豪荡感激，即公孙可知矣。

昔有佳人公孙氏，一舞剑气动四方。

观者如山色沮丧，天地为之久低昂。

曜如羿射九日落，矫如群帝骖龙翔。

来如雷霆将震怒，罢如江海凝清光。

绛唇珠袖两寂寞，晚有弟子传芬芳。

临颍美人在白帝，妙舞此曲神扬扬。

与余问答既有以，感时抚事增惋伤。

先帝侍女八千人，公孙剑器初第一。

252

五十年间似反掌，风尘澒动昏王室。

梨园弟子散如烟，女乐馀姿映寒日。

金粟堆南木已拱，瞿唐石城草萧瑟。

玳筵急管曲复终，乐极哀来月东出。

老夫不知其所往,足茧荒山转愁疾。

夜归[331]

夜半归来冲虎过,山黑家中已眠卧。
傍见北斗向江低,仰看明星当空大。
庭前把烛嗔两炬,峡口惊猿闻一个。
白头老罢舞复歌,杖藜不睡谁能那。

复阴[332]

方冬合沓玄阴塞,昨日晚晴今日黑。
万里飞蓬映天过,孤城树羽扬风直。
江涛簸岸黄沙走,云雪埋山苍兕吼。
君不见夔子之国杜陵翁,牙齿半落左耳聋。

写怀二首

(其一)[333]

劳生共乾坤,何处异风俗。冉冉自趋竞,行行见羁束。
无贵贱不悲,无富贫亦足。万古一骸骨,邻家递歌哭。
鄙夫到巫峡,三岁如转烛。全命甘留滞,忘情任荣辱。
朝班及暮齿,日给还脱粟。编蓬石城东,采药山北谷。
用心霜雪间,不必条蔓绿。非关故安排,曾是顺幽独。
达士如弦直,小人似钩曲。曲直我不知,负暄候樵牧。

(其二)[334]

夜深坐南轩,明月照我膝。惊风翻河汉,梁栋已出日。

群生各一宿，飞动自俦匹。吾亦驱其儿，营营为私实。
天寒行旅稀，岁暮日月疾。荣名何中人，世乱如虮虱。
古者三皇前，满腹志愿毕。胡为有结绳，陷此胶与漆。
祸首燧人氏，厉阶董狐笔。君看灯烛张，转使飞蛾密。
放神八极外，俯仰俱萧瑟。终契如往还，得匪合仙术。

续得观书迎就当阳居止，正月中旬定出三峡[335]
自汝到荆府，书来数唤吾。颂椒添讽咏，禁火卜欢娱。
舟楫因人动，形骸用杖扶。天旋夔子峡，春近岳阳湖。
发日排南喜，伤神散北吁。飞鸣还接翅，行序密衔芦。
俗薄江山好，时危草木苏。冯唐虽晚达，终觊在皇都。

喜闻盗贼蕃寇总退口号五首
（其五）[336]
今春喜气满乾坤，南北东西拱至尊。
大历二年调玉烛，玄元皇帝圣云孙。

将别巫峡，赠南卿兄瀼西果园四十亩[337]
苔竹素所好，萍蓬无定居。远游长儿子，几地别林庐。
杂蕊红相对，他时锦不如。具舟将出峡，巡圃念携锄。
正月喧莺末，兹辰放鹢初。雪篱梅可折，风榭柳微舒。
托赠卿家有，因歌野兴疏。残生逗江汉，何处狎樵渔。

254

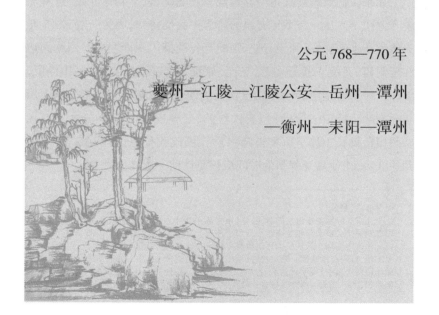

第十二章

孤舟增鬱鬱

——杜甫《聂耒阳以仆阻水，书致酒肉，疗饥荒江。诗得代怀，兴尽本韵，至县呈聂令。陆路去方田驿四十里，舟行一日，时属江涨，泊于方田》

公元 768—770 年

夔州—江陵—江陵公安—岳州—潭州

—衡州—耒阳—潭州

255　　　杜甫的传记作家一般都认为我们的诗人从夔州顺流而下的时间是中国农历的第一个月，到达江陵的时间是三月。即使杜甫一家是在一月的最后一天离开，三月的第一天到达，由公历来算的话，就是768年2月22日到3月23日——从夔州到江陵的航程，尽管顺江而下253英里，也不可能需要三十天。杜甫在一首描述归州船夫驾船技艺的诗中曾经这样说："朝发白帝暮江陵，顷来目击信有征。"①即使算上沿途观赏风光的时间，下水船的行程也不会超过一个星期。

　　如果我们意识到杜甫一家较晚离开夔州、较早到达江陵，这就能解开谜团了。从一首系年有误的诗篇中我们得知，因为一场暴雨，船夫认为江水暴涨，不利于行船，因此行程耽搁了两周左右。当船到达江陵附近，月亮正接近盈亏之交。旅程中，我们的诗人在巫山停留，参加了一个告别宴会（《巫山县汾州唐使君十八弟宴别兼诸公携酒乐相送率题小诗留于屋壁》），舟次峡州，又整夜在津亭中宴饮（《春夜峡州田侍御长史津亭留宴得筵字》）。因此我猜想，杜甫在三月中旬到达江陵，而他离开夔州的时间应该是此前一周之内②。

①　引自杜甫《最能行》。
②　关于杜甫实际从夔州出发的时间，见《敬寄族弟唐十八使君》《巫山县汾州唐使君十八弟宴别兼诸公携酒乐相送率题小诗留于屋壁》（《九家注杜诗》198/13/35，524/33/11）。第一首诗表明唐十八从巫山写信给身在夔州的杜甫，而杜甫在诗中回复说，因为江流情况不佳，行程有所耽搁。第二首诗《巫山县汾州唐使君十八弟宴别兼诸公携酒乐相送率题小诗留于屋壁》说明杜甫最后到达了巫山，并与唐使君及其朋友参加了宴会，见仇兆鳌卷21.25a—27a。黄鹤注《敬寄族弟唐十八使君》说："前有《唐十八使君宴别》（转下页）

从夔州穿过峡谷到峡州的旅行者无一例外会被沿途壮丽的景色 *256*
所震撼。杜甫只写了一首八十四行的长诗（《大历三年春白帝城放船
出瞿塘峡久居夔府将适江陵漂泊有诗凡四十韵》），描述一路所见的
景色，抒发自己由于疾病和挫折带来的沮丧心情。这首诗很难翻译，
因为其中描述景色的部分十分简洁，没有详尽的注释很难理解，而其
中叙述的部分包含了大量典故，博洽之士也难以一一剖析。不过，有
一首短诗《旅夜书怀》[338]，可以用来代表江陵附近春天的景象和杜
甫的感受①。

　　旅夜书怀[338]

　　细草微风岸，危樯独夜舟。星垂平野阔，月涌大江流。

　　名岂文章著，官因老病休。飘零何所似，天地一沙鸥。

　　一旦杜甫下定决心放弃仕途的希望，他就不再急于奔赴长安。
在江陵，他弃船登岸住下②。他似乎并不关心会在这里住多久，而且又
开始饮酒。在这里杜甫还遇到了老朋友郑审，郑审此时正在江陵附近

（接上页）诗，盖下峡时，与唐相别于巫山。此是既别之后，唐寄书而公赋诗以简之，时犹未
　　出峡也。"黄鹤刚好把两首诗写作的时间前后颠倒了。提到残月的那首四十八韵的长诗
　　是《大历三年春白帝城放船出瞿塘峡久居夔府将适江陵漂泊有诗凡四十韵》（《九家注
　　杜诗》522/33/10.36）。关于杜甫整夜停在峡州津亭，见《春夜峡州田侍御长史津亭留宴
　　得筵字》（《九家注杜诗》524/33/12）。
① 因为此诗地形上的描述，它一般被系于 765 年杜甫从忠州到云安之间的时期，见仇兆鳌
　　卷 14.36a，杨伦卷 12.11b。但那时是在夏天，季节和诗中所说的"细草"不太吻合，这个
　　辞杜甫一般都用来描述春天（参见《晚晴》[207] 及《九家注杜诗》289/18/30）。我相信
　　此诗很契合杜甫于 768 年 3 月 15 日在江陵附近扬子江上的夜航。
② 关于杜甫在江陵有一座房舍的猜想，见诗篇《登舟将适汉阳》[343]。《江陵县志》（66
　　卷，1877 年）卷 23.11a 指出，在沙市城有一条杜甫巷，沙市是江陵旧址，在今江陵东南约
　　5 英里处，杜甫曾经在这条巷子住过数月。这一传闻无法确定其真实性。我们也无从
　　知道为何杜甫要在此居留并有一所房舍。很可能是杜甫的朋友岑参和李之芳劝说他这
　　么做的。

居住,处于退休状态。他还遇到老朋友李之芳(此人我们在前面的章节中遇到过),李之芳在被吐蕃羁留两年之后回归,被提拔为礼部尚书,现在江陵作数月逗留——可能向朝廷告假了。三个老朋友聚首,相互写诗唱和,在胡侍御的书堂饮酒。那一天是 768 年 4 月 6 日。夜里满月。

> 书堂饮既夜复邀李尚书下马月下赋绝句[339]
> 湖水林风相与清,残罇下马复同倾。
> 久拼野鹤如霜鬓,遮莫邻鸡下五更。

春天的馀下时间,以及整个夏天和初秋,我们诗人都待在江陵。他邀请远方堂弟杜位,现在是那位奢华的节度使卫伯玉——如今已经升为阳城郡王——手下的一名军事参谋。杜位可能也邀请杜甫参加了一些节日宴会,但除了两首写给节度使的马马虎虎的诗篇,我们的诗人似乎有意选择尽可能少地与这位华而不实的权贵打交道。杜甫写了好几首关于饮酒和作诗的宴集诗篇,这些集会总有郑审或李之芳、或两人同在的身影。《夏夜李尚书筵送宇文石首赴县联句》[342]是杜甫现存作品中唯一的联句体,这一形式在我们诗人同时代的诗人中相当普遍。在这首诗中,杜甫首先写了前两句。然后李之芳和另一个诗人崔彧,每人跟写两句。三人类次写来,最终写成了十六句诗。联句体必须呈现出思想的一致,不同的诗句之间一定要讲求声律和意义的对仗。这一技巧正是游戏吸引人的地方,但在翻译中就难以表现出来了。

《归雁》[340]和《短歌行赠王郎司直》[341]都作于春天。我们不清楚王郎是何许人。诗中提到的仲宣楼正是当阳的城楼,尽管在 1008 年—1016 年间这个名字被赋予江陵的一座建筑。似乎我们的诗人曾前往西北方向 50 英里外的当阳旅行。也许,杜甫及其一家到那里去拜访杜观一家,尽管这次拜访在现存诗篇中并未留下任何证据。至于说到《归雁》,一些注家认为杜甫在诗中预言了即将到来的战争。中国文人的传统思想总是认为自然界的不寻常现象是人类社会吉凶的预兆。杜甫也不例外。767 年 12 月 20 日,驻节广州的节度使上表奏说岭南地区出现了大雁,这是一个好兆头,预示着唐帝国的普遍和平。现在我们的诗人听说 768 年春天这些大雁离开了广州,他自然会借这个机会说,这是个不祥之兆,预示着战争。

归雁[340]
闻道今春雁,南归自广州。见花辞涨海,避雪到罗浮。
是物关兵气,何时免客愁。年年霜露隔,不过五湖秋。

短歌行赠王郎司直[341]

258

王郎酒酣拔剑斫地歌莫哀,我能拔尔抑塞磊落之奇才。
豫章翻风白日动,鲸鱼跋浪沧溟开。
且脱佩剑休裴回,西得诸侯棹锦水。
欲向何门趿珠履,仲宣楼头春已深。
青眼高歌望吾子,眼中之人吾老矣。

夏夜李尚书筵送宇文石首赴县联句[342]
爱客尚书重,之官宅相贤。酒香倾坐侧,帆影驻江边。翟表郎官瑞,兔看令宰仙。
雨稀云叶断,夜久烛花偏。数语欹纱帽,高文掷彩笺。兴饶行处乐,离惜醉中眠。
单父长多暇,河阳实少年。客居逢自出,为别几凄然。

　　《登舟将适汉阳》[343]可能作于仲秋，杜甫正计划往东南顺流而下 190 英里前往岳州；再转向东北前行 233 英里去到沔州；然后改道汉水，往西北方向溯流而上 440 英里，前往襄阳。诗中提到"中原戎马盛"可能与吐蕃入侵有关，在 10 月 7 日吐蕃进至灵武，从 10 月 11 日起至 11 月 11 日止，长安处于军事戒严状态①。

　　我们不知道杜甫的这次旅程行进了多远。《哭李尚书》[344]表明他很快回到江陵。很可能是李之芳的死讯使他赶回江陵。两人一生的友谊使得生者一定要在死者的棺椁前为永远的离别致哀。杜甫正是这样做的，有两首诗为证。

259

登舟将适汉阳［343］

　　春宅弃汝去，秋帆催客归。庭蔬尚在眼，浦浪已吹衣。
　　生理飘荡拙，有心迟暮违。中原戎马盛，远道素书稀。
　　塞雁与时集，樯乌终岁飞。鹿门自此往，永息汉阴机。

哭李尚书［344］

　　漳滨与蒿里，逝水竟同年。欲挂留徐剑，犹回忆戴船。
　　相知成白首，此别间黄泉。风雨嗟何及，江湖涕泫然。
　　修文将管辂，奉使失张骞。史阁行人在，诗家秀句传。

---

① 关于此诗的系年，注家的意见并不统一：到底是在潭州的 769 还是 770 年？见朱鹤龄卷 20.8a，张溍卷 20.7b—8a，卢元昌卷 32.20b，仇兆鳌卷 23.51a，浦起龙 5D.19a，杨伦卷 20.7a；参见闻一多第 711 页。对我而言，在 768—770 年之间，杜甫停留过几个月的四个地点——江陵，公安，潭州和衡州中，只有江陵符合此诗的前两行，"春宅弃汝去，秋帆催客归"。公安和衡州不符合春天到秋天的季节条件，潭州则不符合 769 或 770 的时间要求，原因有二：（1）在潭州，杜甫一家居住在江阁的上层，而不是一个可以种植蔬菜的院子。（2）769 年，船只并未被弃置，因为在春天还要用它从潭州驶往衡州，然后在夏天再返回潭州；时间不是在 770 年，因为在夏天杜甫一家正驶往衡州和耒阳。关于吐蕃入侵，见《新唐书》卷 224.6b—7a。

客亭鞍马绝,旅榇网虫悬。复魄昭丘远,归魂素浒偏。

樵苏封葬地,喉舌罢朝天。秋色凋春草,王孙若个边。

　　因为吐蕃的入侵,北方正在准备战争、到处一片惊慌的消息很容易就会改变我们诗人的原定计划。难道朝廷军队无力阻止吐蕃的前进,甚至远在长安东南 621 英里的襄阳也不是一个安全的隐居之地了吗? 但是杜甫一家暂时能去哪里避避风头呢?《移居公安敬赠卫大郎》[345]表明,由于遇到一些困难——可能是盗贼——杜甫一家得到了卫大郎的盛情招待,此人爱好文学,并非仕宦中人。公安是江陵管辖下的一个县,位于江陵南边约 30 英里处的扬子江的一条支流旁①。

　　《久客》[346]可能不是作于此时此地。不过,此诗有助于使我们理解写给卫大郎(钧)的那首诗的最后两句。"富贵多交友,贫贱弃于邻",这在任何时代、任何地方都不是新发现。只要杜甫还可能在朝廷中获得一席之地,那些老于世故的聪明人总会出于投资的长远打算向他表示慷慨。但是现在,他不但贫困潦倒、年老多病,而且看不到前途,因为他已经放弃了一切仕途的想法。因此,他的朋友就仅限于那些因为他的为人或诗艺而喜欢和尊重他的人了。他在诗中提到

---

① 注家和传记作者常常在杜甫的行踪中插入一段在公安山馆居停的时期,见仇兆鳌卷 22.5a、杨伦卷 19.14a,闻一多第 708 页。这一错误似乎始于蔡梦弼卷 36.1a,《移居公安山馆》。但是诗中对地形的描述——陡峭的山路——并不符合公安。而此诗的标题,根据《九家注杜诗》400/25/32、《王状元集百家注编年杜陵诗史》卷 30.19a、《分门集注杜工部诗》卷 12.7a,仅仅简单作《山馆》。《九家注杜诗》将此诗置于 764 年春天,从阆州到成都的山行途中,这并非没有说服力。《王状元集百家注编年杜陵诗史》将此诗置于以《移居公安之岳阳》为标题的一组诗之首。有一段时期的某些诗题就以蔡梦弼本的文本重复出现。然而,《公安县志》(8+1 卷,1874 年)卷 1.19b 记载在杓湖提岸上有杜甫休息过的亭子,即所谓"杜甫公安山馆"。县志的编纂者还全文引用了《移居公安山馆》一诗。我一直在疑惑这一可笑的讹误是如何产生的。看上去并没有编者知道卫钧是何许人也。闻一多第 707 页说,此人是卫伯玉的儿子,住在江陵,杜甫在前往公安之前写了这首诗给他。我不清楚闻一多是如何得出这一结论的,我还是倾向于对此表示怀疑。

的大多数小官员都是那些属吏或为权贵服务的扈从。他们都是官僚体系中的流外之人。

> 移居公安敬赠卫大郎[345]
>
> 卫侯不易得，余病汝知之。雅量涵高远，清襟照等夷。
> 平生感意气，少小爱文辞。河海由来合，风云若有期。
> 形容劳宇宙，质朴谢轩墀。自古幽人泣，流年壮士悲。
> 水烟通径草，秋露接园葵。入邑豺狼斗，伤弓鸟雀饥。
> 白头供宴语，乌几伴栖迟。交态遭轻薄，今朝豁所思。

> 久客[346]
>
> 羁旅知交态，淹留见俗情。衰颜聊自哂，小吏最相轻。
> 去国哀王粲，伤时哭贾生。狐狸何足道，豺虎正纵横。

《宗武生日》[347]可能作于晚秋时节，当时杜甫一家仍在卫钧处做客①。如果我对这个孩子生日日期的猜测没有错的话，他现在的年龄正好十二岁。在《晓发公安》[348]中，杜甫说，"数月憩息此县。"

---

① 此诗引起三个问题。（1）宗武是杜甫此前诗歌所说的骥子吗？此诗题下注称："宗武小名骥子。"这不是杜甫的自注。《王状元集百家注编年杜陵诗史》卷 16.4b 认为是王得臣所为，《分门集注杜工部诗》卷 9.26b 认为是〔伪〕王洙所为。我倾向于认为宗武是诗篇《得家书》[81]所说的熊儿，参见我对该诗的注释。（2）这一天父亲和儿子是否在一起？赵子栎把第一行读作"我什么时候可以见到小儿子"。因此他将此诗置于 762 年秋天，杜甫那时和成都的家人分开，正在梓州。我赞成仇兆鳌卷 17.14a 对此的反驳：第一行应该理解为"儿子是哪一天出生的"。这一提问由第二行诗句回答。最后两行诗句则很清楚地表明父亲出现在小小的生日聚会上。（3）第三行诗句说："自从都邑语。"都邑指哪里？仇兆鳌认为是指成都，将此诗置于 767 年秋天夔州时期。但在成都时，杜甫一家住在江村，而不在城中。而且，767 年秋天，杜甫身体状况不错，不像此诗第九、十行所描述那样。看起来 768 年杜甫一家在江陵居停的那几个月的情况与此诗比较吻合。江陵在 760 年被定为南都。

这样看起来，768—769 年之间，杜甫一家在公安不只度过了秋天，而且还逗留了大半个冬天。在《留别公安太易沙门》一诗，杜甫说自己将要前往江州（在沔州东边 194 英里）的庐山去寻找一块隐居之地，他还说公安的雪尚未化冻时，江州的梅花已经绽放了。这次离别可能发生在春天开始之前的几天内——换句话说，769 年 2 月 7 日之前几天。不过，在真正出发的那天早上所写的诗中，杜甫并未再提到江州。他是否已经在踌躇真的要去到江州那么远的地方吗？不管怎么说，我们很快发现杜甫出现在洞庭湖东畔的岳州。在这里他写了《岁晏行》[349] 和《登岳阳楼》[350]。他这是第二次登上岳阳楼，这一次春草在湿润的土地上生长。杜甫说自己想要去往东南。看起来他和家人在岳州度过了新年。

宗武生日 [347]

小子何时见，高秋此日生。自从都邑语，已伴老夫名。
诗是吾家事，人传世上情。熟精文选理，休觅彩衣轻。
凋瘵筵初秩，欹斜坐不成。流霞分片片，涓滴就徐倾。

晓发公安 [348]

北城击柝复欲罢，东方明星亦不迟。
邻鸡野哭如昨日，物色生态能几时，
舟楫眇然自此去，江湖远适无前期。
出门转眄已陈迹，药饵扶吾随所之。

岁晏行 [349]

岁云暮矣多北风，潇湘洞庭白雪中。

渔父天寒网罟冻，莫徭射雁鸣桑弓。

去年米贵阙军食，今年米贱太伤农。

高马达官厌酒肉，此辈杼轴茅茨空。

楚人重鱼不重鸟，汝休枉杀南飞鸿。

况闻处处鬻男女，割慈忍爱还租庸。

往日用钱捉私铸，今许铅锡和青铜。

刻泥为之最易得，好恶不合长相蒙。

万国城头吹画角，此曲哀怨何时终。

登岳阳楼［350］

昔闻洞庭水，今上岳阳楼。吴楚东南坼，乾坤日夜浮。

亲朋无一字，老病有孤舟。戎马关山北，凭轩涕泗流。

从岳州出发，杜甫度过洞庭湖往南约 43 英里，进入湘江。逆流而上约 2 英里，在白沙驿过了一夜，并在诗中提到了水面上无限的月光。接着，他来到了湖南地区，这一天大约是在 769 年 2 月 25 日。杜甫一路往南溯流而上，在这里停一停，那里待一待，一边游览，一边也参加朋友们举办的宴饮集会，据杜甫自己说，朋友们都为他的容颜老去而感到遗憾。他不断地停留，也因为风向和水流的变化不利于行船。《北风》［351］一诗中提到因为南风的缘故，他的船不得不在新康江口停留了两天——这里离湘江入洞庭湖口 53 英里，离潭州 19 英里。

杜甫可能在潭州待了两三天。《岳麓山道林二寺行》［352］写的是两个著名的地点，它们在江畔数英里之外，潭州城的西边。诗中提到的橘洲在潭州附近的江中，我们的诗人用这个词来表示潭州附近地区。他把自己这首诗写在岳麓山寺的墙壁上，紧挨着宋之问的诗。大约半个世纪之后，别的文人们也相继在这堵墙上题诗。他们一致赞扬杜甫的诗篇，其中一位还对杜甫的书法称赏有加。

《宿凿石浦》[353]大概作于3月14日，在潭州上游约65英里的地方。诗中提到的客人（"俊异"）可能是指途中搭乘便船的旅客，他们也许可以在逆流而上时帮助撑船。其中有些没准儿是乔装打扮的强盗，而河汊中的小浦和外界隔绝，因此诗中提到了忧患。《南征》[354]和《早发》[355]可能也作于这段航程中。溯流而上49英里，船只抵达晚洲，这里江岸较高，水流湍急，风景优美。在《过津口》[356]中，杜甫提到对岸就是衡山东边——湘江向北流去，再次于此回转，转而流向东边数英里。我们的诗人并未探访附近的衡山。在另一首诗中，他说会在回程中前去探访。但是没有证据表明他这样做了。

我们粗略地知道杜甫什么时候到达衡州（离潭州186英里远，离衡山55英里远）。在769年年初，衡州刺史兼湖南都团练观察使韦之晋是我们诗人的朋友。4月3日，他调任潭州刺史，因此湖南军也移居潭州。韦之晋大约在这年夏天去世于潭州；因为8月9日，朝廷命令澧州刺史崔瓘为潭州刺史兼湖南都团练观察使。在悼念韦之晋逝世的诗篇（《哭韦大夫之晋》）中，杜甫提到自己因为疾病缠身，耽误了韦之晋的邀请，当他真的向南前往衡州时，很惊讶地发现他们相聚的时间很短，当他希望前往潭州与韦之晋重聚时，韦之晋去世的消息已经传来。从这一点可以猜测，在韦之晋离开衡州、前往潭州之前不久，我们的诗人已经抵达衡州，时间是在4月3日之后不久。

杜甫待在衡州好几个月，这可以由他的病情加剧、需要医生照料加以解释。《咏怀二首》（其二）[357]可能作于五月中旬，诗中表示自己希望身体好起来，以便能够向南前行，去往岭南海岸。也许，当杜甫真的

264

康复到足以再次旅行之时，他又再一次改变了计划，转而向北。也许在他从衡州到潭州的回程中，杜甫访问了衡山的文宣王庙，并称赞县宰在此修建新学堂的举措（《题衡山县文宣王庙新学堂呈陆宰》）①。

到达潭州之后，杜甫可能在江畔租了一所房舍。贫穷驱使杜甫不得不把家人留在这里，自己独自乘船前往稍远一些的地方去拜望朋友，寻求资助。《水宿遣兴奉呈群公》[358]似乎适合系于769年夏天从潭州出发的旅途，而不是通常所认为的前一年夏天从江陵出发的旅途——那时杜甫尚未以船为家，并且处境也不像现在这样受到限制。尽管杜甫并未在诗中提到具体的城市，但这可能是洞庭湖南岸附近一条由西向东流淌的小河旁的城市之一。这次短短的旅行显然收获不大，可能就是在回去之后，杜甫写了《江阁卧病走笔寄呈崔卢两侍御》[359]。

北风[351]

春生南国瘴，气待北风苏。向晚霾残日，初宵鼓大炉。
爽携卑湿地，声拔洞庭湖。万里鱼龙伏，三更鸟兽呼。
涤除贪破浪，愁绝付摧枯。执热沉沉在，凌寒往往须。
且知宽疾肺，不敢恨危途。再宿烦舟子，衰容问仆夫。
今晨非盛怒，便道即长驱。隐几看帆席，云山涌坐隅。

岳麓山道林二寺行[352]

玉泉之南麓山殊，道林林壑争盘纡。

---

① 关于杜甫访问衡山孔庙的情形，见《九家注杜诗》249/16/14。多数注家将此诗系于770年夏天（如仇兆鳌卷23.45a）。我认为769年夏天更吻合。第32行所说的"杀伐灾仿佛"就是诗篇一开始所说的"金甲相排荡"，并非指臧玠叛乱。关于衡山孔庙，见《衡山县志》（55卷，1823年）卷15.14a。

寺门高开洞庭野，殿脚插入赤沙湖。 *265*
五月寒风冷佛骨，六时天乐朝香炉。
地灵步步雪山草，僧宝人人沧海珠。
塔劫宫墙壮丽敌，香厨松道清凉俱。
莲花交响共命鸟，金榜双回三足乌。
方丈涉海费时节，悬圃寻河知有无。
暮年且喜经行近，春日兼蒙暄暖扶。
飘然斑白身奚适，傍此烟霞芽可诛。
桃源人家易制度，橘洲田土仍膏腴。
潭府邑中甚淳古，太守庭内不喧呼。
昔遭衰世皆晦迹，今幸乐国养微躯。
依此老宿亦未晚，富贵功名焉足图。
久为野客寻幽惯，细学何颙免兴孤。
一重一掩吾肺腑，山鸟山花吾友于。
宋公放逐曾题壁，物色分留与老夫。

宿凿石浦［353］

早宿宾从劳，仲春江山丽。飘风过无时，舟楫敢不系。
回塘澹暮色，日没众星嘒。缺月殊未生，青灯死分翳。
穷途多俊异，乱世少恩惠。鄙夫亦放荡，草草频卒岁。
斯文忧患馀，圣哲垂象系。

南征［354］ *266*

春岸桃花水，云帆枫树林。偷生长避地，适远更沾襟。
老病南征日，君恩北望心。百年歌自苦，未见有知音。

早发 [355]

有求常百虑，斯文亦吾病。以兹朋故多，穷老驱驰并。
早行篙师怠，席挂风不正。昔人戒垂堂，今则奚奔命。
涛翻黑蛟跃，日出黄雾映。烦促瘴岂侵，颓倚睡未醒。
仆夫问盥栉，暮颜觑青镜。随意簪葛巾，仰惭林花盛。
侧闻夜来寇，幸喜囊中净。艰危作远客，干请伤直性。
薇蕨饿首阳，粟马资历聘。贱子欲适从，疑误此二柄。

过津口 [356]

南岳自兹近，湘流东逝深。和风引桂楫，春日涨云岑。
回首过津口，而多枫树林。白鱼困密网，黄鸟喧嘉音。
物微限通塞，恻隐仁者心。瓮馀不尽酒，膝有无声琴。
圣贤两寂寞，眇眇独开襟。

咏怀二首
（其二）[357]

邦危坏法则，圣远益愁慕。飘飘桂水游，怅望苍梧暮。
潜鱼不衔钩，走鹿无反顾。嫩嫩幽旷心，拳拳异平素。
衣食相拘阂，朋知限流寓。风涛上春沙，千里侵江树。
逆行少吉日，时节空复度。井灶任尘埃，舟航烦数具。
牵缠加老病，琐细隘俗务。万古同死生，胡为足名数。
多忧污桃源，拙计泥铜柱。未辞炎瘴毒，摆落跋涉惧。
虎狼窥中原，焉得所历住。葛洪及许靖，避世常此路。
贤愚诚等差，自爱各驰骛。羸瘵且如何，魄夺针灸屡。
拥滞僮仆慵，稽留篙师怒。终当挂帆席，天意难告诉。

南为祝融客，勉强亲杖屦。结托老人星，罗浮展衰步。

水宿遣兴奉呈群公 [358]

268

鲁钝乃多病，逢迎远复迷。耳聋须画字，发短不胜篦。
泽国虽勤雨，炎天竟浅泥。小江还积浪，弱缆且长堤。
归路非关北，行舟却向西。暮年漂泊恨，今夕乱离啼。
童稚频书札，盘餐诓糁藜。我行何到此，物理直难齐。
高枕翻星月，严城叠鼓鼙。风号闻虎豹，水宿伴凫鹥。
异县惊虚往，同人惜解携。蹉跎长泛鹢，展转屡鸣鸡。
巃嵸瑚琏器，阴阴桃李蹊。馀波期救溺，费日苦轻赍。
支策门阑邃，肩舆羽翮低。自伤甘贱役，谁愍强幽栖。
巨海能无钓，浮云亦有梯。勋庸思树立，语默可端倪。
赠粟囷应指，登桥柱必题。丹心老未折，时访武陵溪。

江阁卧病走笔寄呈崔卢两侍御 [359]

客子庖厨薄，江楼枕席清。衰年病只瘦，长夏想为情。

269

滑忆雕胡饭，香闻锦带羹。溜匙兼暖腹，谁欲致杯罂。

《对雪》[360]《蚕谷行》[361]《朱凤行》[362] 通常被杜诗编纂者放在杜甫 769 年冬天的潭州诗中。诗中并没有证据可以证实这一系年。另一方面，也没有任何证据能够反驳。

对雪 [360]

北雪犯长沙，朝云冷万家。随风且开叶，带雨不成花。
金错囊徒罄，银壶酒易赊。无人竭浮蚁，有待至昏鸦。

蚕谷行［361］

天下郡国向万城，无有一城无甲兵。

焉得铸甲作农器，一寸荒田牛得耕。

牛尽耕，蚕亦成。不劳烈士泪滂沱，男谷女丝行复歌。

朱凤行［362］

君不见潇湘之山衡山高，山巅朱凤声嗷嗷。

侧身长顾求其群，翅垂口噤心甚劳。

下愍百鸟在罗网，黄雀最小犹难逃。

愿分竹实及蝼蚁，尽使鸱枭相怒号。

如果我们对杜宗武的生日的推测正确，《元日示宗武》［363］和《又示宗武》［364］可能写于 770 年 2 月 1 日。我们还能记起，前一个新春之日，我们的诗人给两个儿子宗文和宗武写了诗。这次，他只对宗武有话要说。我们不免猜想大儿子不在身边。在几个月后写的一首诗中，我们的诗人提到有个孩子从很远的地方回来，这可能就是指宗文。是不是我们的诗人派他去寻找失散在东边的杜丰呢？①

_____

① 主要是因为杜甫提到过宗武对诗歌的爱好（见《宗武生日》［347］），以及早期的注家错误地以为骥子（见《遣兴》［74］）就是宗武，一个传说因此形成，即杜甫的两个儿子之中，长子宗文比较适合体力劳作，例如修缮鸡栅（见《催宗文树鸡栅》［274］），而次子宗武则于诗歌很有天分。《诗薮》（胡应麟，6 卷，续编 4 卷，三编 6 卷，约 1588 年；《广雅丛书》本）续编卷 3.18b 引用了一个传说，"杜甫子宗武做诗示友人，友人以斧答之。宗武曰：'欲使我斤正吾父耶？'友人云：'令若自断其臂耳。不尔，天下诗名又在杜家矣。'"胡应麟感到疑惑的是为什么杜宗武的诗篇并未流传下来。事实上，这个故事源于《云仙杂记》（10 卷，《四部丛刊》续编）卷 7.3b。《云仙杂记》据说是十世纪唐人所作，但实际上它是十二世纪一个作者所纂辑的驳杂之作，其中很多引述都出自他的想象（见《四库全书总目》卷 140.5b）。如果胡应麟知道这个故事的出处，那他会毫无疑问地认识到这一传说的赝伪。《蜀典》（张澍，12 卷，1818 年，1876 年）引述说，宗武在十一岁时就能在黑暗中熟练地背诵父亲的诗篇。他告诉别人说，他能看见这些诗篇，它们仿佛用金字写就。尽管我无法查证这一引述的可信性，但我还是倾向于对此表示怀疑。

元日示宗武[363]

汝啼吾手战,吾笑汝身长。处处逢正月,迢迢滞远方。
飘零还柏酒,衰病止藜床。训喻青衿子,名惭白首郎。
赋诗犹落笔,献寿更称觞。不见江东弟,高歌泪数行。

又示宗武[364]

觅句新知律,摊书解满床。试吟青玉案,莫羡紫罗囊。
假日从时饮,明年共我长。应须饱经术,已似爱文章。
十五男儿志,三千弟子行。曾参与游夏,达者得升堂。

770 年 2 月 21 日,杜甫翻检过去的信函,检出了高适在 761 年 2 月 16 日寄给他的一首诗,那时高适担任蜀州刺史,而我们的诗人住在成都的草堂。765 年 2 月 17 日,高适在长安去世,其时任散骑常侍（正第三品）。我们的诗人如今写下这首迟到的答诗,在前面附上一篇标明了日期的自序,序中说现在海内的忘形故人只剩下汉中王李瑀和昭州刺史敬超先二人。杜甫并未提及岑参,769 年时岑参正在成都,这使得现代学者推断岑参在 770 年 2 月 21 日之前不久就已经去世了①。

《小寒食舟中作》[365]②很可能作于 770 年 4 月 4 日。另外两首诗通常也被系于同年春天的晚些时候,即《风雨看舟前落花戏为新句》[366]和《江南逢李龟年》[367]。只是关于前者有一点小小的疑问。记得我们诗人最近刚写给宗武的诗中教他不要迷恋诗中的漂亮玩物

271

① 关于岑参之死,见闻一多《岑嘉州系年考证》（《清华学报》第八卷,1933 年）第 47 页。
② 【译者按】《小寒食舟中作》、《风雨看舟前落花戏为新句》和《江南逢李龟年》三首诗原文此处编号皆误（后面引诗不误）,译者径次改之。

（"莫羡紫罗囊"），我们会疑惑诗歌中漂亮、好玩的想象怎样能成为一个为年轻人设定的好例子？然而，诗歌可以蕴含隐藏的、讽喻性的意义，它们在一定时候会被理解，可是现在我们还不能分析它们。后一首诗则引发了一个大得多的麻烦。若干世纪以来，这首诗的真实性一直被某些人质疑，又被某些人捍卫。诗人说他曾经经常在洛阳两位名人的宅府中遇见李龟年。由于这两人都在 726 年就去世了，那么杜甫跟他们交往时是不是有些太年轻了呢？另一方面，杜甫在《壮游》[211] 中说过自己十四五岁时就已经出游翰墨场了，没有理由认为他不可能于 725 年在洛阳当地名人的宅府中遇见李龟年。

　　但是，第二首诗的下半部分还有一个文本上的难点。如果杜甫于 770 年春天在潭州遇见李龟年，他为什么说，"正是江南好风景"？他在其他诗篇[369][373][374]中更喜欢用湖南，而不是江南。原文就写作"江南"吗？如果是这样，那么这首轻快的小诗可否系于杜甫年轻时期前往东南的壮游途中呢？要不就是原文作"湖南"，传抄期间被讹改为"江南"？然而，在一位九世纪的文人那里，文本就已经写作"江南"了。据文献记载（《云溪友议》），年老而悲哀的李龟年那时确实身在潭州地区。也许，我们暂时最好把这首诗的文本、编年、地理以及传抄诸问题放在一边，这里本来就没有问题需要解决①。

　　在继续讨论杜甫 770 年夏天的行踪之前，我们也许应该停下来面对这样一个问题，即他有没有在春天从潭州前往洞庭湖之外的某个地方？这个问题是由两首经常引用的诗歌引起的，或者确切地说，是其中一首的一部分。这两首诗是《清明》，它们通常被系于 769 年 4 月 4 日，因为清明节总是在冬至之后 106 天。但这两首诗看起来像

---

① 关于此诗文字校勘上的讨论，见《苕溪渔隐丛话》卷 14.5a，《西溪丛语》（姚宽，2 卷，1153 年）卷 1.31b—32a；仇兆鳌卷 23.33b—34b；闻一多《少陵先生年谱会笺》第 192—193 页。

是伪作,因为某些诗行——如果不是全篇——的艺术性太差。而且,
它们描述说杜甫乘舟渡过洞庭湖;但是在 769 年 4 月 4 日并不在洞庭
湖,那时他正在南边很远的衡州附近。其中一首诗描述杜甫的右肩
右臂瘫痪,他只能用左手书空（"右肩偏枯半耳聋⋯⋯悠悠伏枕左书
空"）。这似乎不可能是真的。就在 769 年 2 月 25 日和 3 月 14 日之
间的某个时候,杜甫还能在岳麓山寺的墙壁上题诗呢!770 年 2 月 1
日,他还能为儿子宗武写诗。再说了,在杜甫的集子中,有一首奉答
郭受的诗篇（《酬郭十五判官》）,郭受的诗也附在前面。杜甫的答诗
一定作于 770 年春天在潭州时。但是郭受的诗还描述了我们的诗人
想要亲自驾船呢!（"莲叶舟轻自学操"）

在我看来,二十四行的《清明二首》,只有最后两行诗句是杜甫的
作品。杜甫之后一辈的唐代诗人中,有人（刘禹锡）引用了这两句,表
示钦佩:

　　　　春水春来洞庭阔,白蘋愁杀白头翁。

也许后来有好事者捡起这两行诗句,凑上二十二句,伪造了两首
诗,托名给我们的诗人。结果这两首诗被杜甫的诗歌选本和传记广
泛地选用!

但是上引二句据说最初属于一首佚诗《过洞庭湖》。这与清明节
毫无关系。如果这首佚诗是真的,我们就可以推断诗人在 770 年暮
春和初夏之交曾经再次渡过洞庭湖。

　　小寒食舟中作[365]
　　佳辰强饮食犹寒,隐几萧条带鹖冠。

春水船如天上坐，老年花似雾中看。
娟娟戏蝶过闲幔，片片轻鸥下急湍。
云白山青万馀里，看云直北是长安。

风雨看舟前落花戏为新句[366]

273

江上人家桃树枝，春寒细雨出疏篱。
影遭碧水潜勾引，风妒红花却倒吹。
吹花困癫傍舟楫，水光风力俱相怯。
赤憎轻薄遮入怀，珍重分明不来接。
湿久飞迟半欲高，萦沙惹草细于毛。
蜜蜂蝴蝶生情性，偷眼蜻蜓避伯劳。

江南逢李龟年[367]

岐王宅里寻常见，崔九堂前几度闻。
正是江南好风景，落花时节又逢君。

　　如果杜甫真的在 770 年 4 月末有过一次度过洞庭湖的短暂旅行，那他回来之后，就不可能在潭州待太久。5 月 7 日，这里出了麻烦。观察使崔瓘被兵马使臧玠所杀。潭州被叛军占领，而另一场叛乱也在酝酿当中。和通常一样，杜甫一家不得不逃难。《白马》[368]记录了这场战斗开始的悲哀场面，这一场面在另一首诗《入衡州》[369]中也有描述。在讲述了这场突然爆发的叛乱的缘由之后，我们的诗人简单地描述了避开那些野兽般的叛乱者的艰难旅程。"远归儿侍侧"，可能是指宗文，他也许刚从东部海岸回来。"犹乳女在旁"，可能是指在潭州逗留期间生下的一个婴儿，很可能这个孩子在离开江畔房舍的混乱中就遗失了。在描述了一家人逆流而上,得到了衡州刺史杨济的热情款待之后,杜甫接着鼓励杨济在苏生的帮助下,组织力量反击潭州的叛军。这位苏生就是野心勃勃而才干卓越的年轻的苏涣,杜甫此前在潭州遇到过他。诗的最后一段讲到杜甫一家漂泊的目的地。他们正在前往郴州,杜甫的舅舅崔伟,可能只是他母亲的堂兄,正在那里摄州事。

白马 [368]

白马东北来,空鞍贯双箭。可怜马上郎,意气今谁见。
近时主将戮,中夜伤于战。丧乱死多门,呜呼涕如霰。

274

入衡州 [369]

兵革自久远,兴衰看帝王。汉仪甚照耀,胡马何猖狂。
老将一失律,清边生战场。君臣忍瑕垢,河岳空金汤。
重镇如割据,轻权绝纪纲。军州体不一,宽猛性所将。
嗟彼苦节士,素于圆凿方。寡妻从为郡,兀者安短墙。
凋弊惜邦本,哀矜存事常。旌麾非其任,府库实过防。
恕己独在此,多忧增内伤。偏裨限酒肉,卒伍单衣裳。
元恶迷是似,聚谋泄康庄。竟流帐下血,大降湖南殃。
烈火发中夜,高烟焦上苍。至今分粟帛,杀气吹沅湘。
福善理颠倒,明征天莽茫。销魂避飞镝,累足穿豺狼。
隐忍枳棘刺,迁延胝趼疮。远归儿侍侧,犹乳女在旁。
久客幸脱免,暮年惭激昂。萧条向水陆,汩没随鱼商。
报主身已老,入朝病见妨。悠悠委薄俗,郁郁回刚肠。
参错走洲渚,舂容转林篁。片帆左郴岸,通郭前衡阳。

275

华表云鸟埤，名园花草香。旗亭壮邑屋，烽橹蟠城隍。
中有古刺史，盛才冠岩廊。扶颠待柱石，独坐飞风霜。
昨者间琼树，高谈随羽觞。无论再缱绻，已是安苍黄。
剧孟七国畏，马卿四赋良。门阑苏生在，勇锐白起强。
问罪富形势，凯歌悬否臧。氛埃期必扫，蚊蚋焉能当。
橘井旧地宅，仙山引舟航。此行厌暑雨，厥土闻清凉。
诸舅剖符近，开缄书札光。频繁命屡及，磊落字百行。
江总外家养，谢安乘兴长。下流匪珠玉，择木羞鸾皇。
我师嵇叔夜，世贤张子房（原注：彼掾张劝）。
柴荆寄乐土，鹏路观翱翔。

从衡州向东南溯耒水而上到郴州，路程是271英里。当杜甫及其一家行进了大约100英里，他们不得不抛锚停靠数日，因为大雨导致江水横流，行舟太过危险①。

276 聂耒阳以仆阻水，书致酒肉，疗饥荒江。诗得代怀，兴尽本韵，至县呈聂令。陆路去方田驿四十里，舟行一日，时属江涨，泊于方田［370］

耒阳驰尺素，见访荒江眇。义士烈女家，风流吾贤绍。
昨见狄相孙，许公人伦表。前期翰林后，屈迹县邑小。
知我碍湍涛，半旬获浩溔。麾下杀元戎，湖边有飞旐。
孤舟增郁郁，僻路殊悄悄。侧惊猿猱捷，仰羡鹳鹤矫。

---

① 此诗最后一行有注说："闻崔侍御潩乞师于洪府，师已至袁州北，杨中丞琳问罪将士皆自澧上达长沙。"（《九家注杜诗》255/16/20）尽管《王状元集百家注编年杜陵诗史》卷32.19a、《分门集注杜工部诗》卷11.29b认为此注出于〔伪〕王洙，我还是相信赵子栎的说法，即此注出自杜甫本人。

礼过宰肥羊,愁当置清醥。人非西喻蜀,兴在北坑赵。
方行郴岸静,未话长沙扰。崔师乞已至,澧卒用矜少。
问罪消息真,开颜憩亭沼。

唐代的史学家并未留下完整的记录,告诉我们潭州的叛乱是如何被平定的。我们只知道澧州刺史杨子琳、道州刺史裴虬、衡州刺史阳济一齐起兵征讨臧玠,而杨子琳在索贿之后就返回澧州了。从杜甫那里我们得知,当他还在耒阳的时候,他的一个在崔瓘手下任职的表弟崔漟,已经从洪州借来兵马,抵达袁州北面。在一首写给阳济和其他有意派遣军队扑灭潭州叛乱的官员的诗中,杜甫提到他听说裴虬的部队已经抵达潭州,偏裨部下代表叛将臧玠三次上表。诗人提请阳济和岭南节度使李勉注意这样一个事实,太多类似的事情在帝国的不同地区频频发生,而谋害篡位者则以这种手段强迫朝廷宽恕并给予他们任命。他希望李勉和阳济两人能够恢复法律秩序,亲见潭州的叛乱者得到惩罚。我倾向于认为杜甫在耒水之上遇到了从岭南赶来的李勉及其部队①。我们不清楚杜甫是否到达郴州。他的舅舅摄郴州事崔伟,很有可能随着军队沿着耒水进发。他们和我们的诗人自然一起顺流而下,与阳济在衡州会面。那时他们得知裴虬正率领一只水军从湘江上游的道州赶来,现已越过衡州,逼近潭州。

如果杜甫写了更多的诗篇,讲述几支不同的队伍最终如何结束潭州叛乱,那么这些诗篇都没有保存下来。我猜测,在部队开始进攻潭州之前,朝廷的宽恕和委任状就已经抵达潭州了,照旧是将叛乱头子调换到其他地区。无论如何,唐代历史记载,6 月 19 日,羽林大将

———————————

① 关于李勉,见《旧唐书》卷 131.1a—4b、《新唐书》卷 131.4a—7a、《全唐文》卷 482.12b;参见《九家注杜诗》564/36/26。

军辛京杲被任命为潭州刺史兼湖南观察使。除此之外，再无其他关于臧玠和这次叛乱的记载了。

也许，在夏天结束之前，潭州之乱就已经平息了。《江阁对雨有怀行营裴二端公》[371]表明杜甫一家已经回到潭州，我们的诗人现在正在想念率领水军回到道州的刺史裴虬①。

因此我们看到在暂时避难耒阳几天之后，杜甫又回到了潭州江边的房舍中。然而，在九世纪中叶，流传着一个故事说，当杜甫在耒阳的时候，"宰遂牛炙白酒以遗。甫饮过多，一夕而卒。集中犹有赠聂耒阳诗也"②。945 年，《旧唐书》编撰时，这个故事变成了："寓居耒阳。甫尝游岳庙，为暴水所阻，旬日不得食。耒阳聂令知之，自棹舟迎甫而还。永泰二年，啖牛肉白酒，一夕而卒于耒阳。"看起来似乎是因为杜诗编集的失序，造成杜甫写给聂耒阳的诗被放到集子最后，加上对此诗的读解比较粗疏，因此使得关于杜甫死于耒阳的传说愈加兴起。

但是，反驳耒阳诗是杜甫最后作品的最明显证明是《长沙送李十一衔》[372]。耒阳诗的上下文语境显示它作于 770 年夏天，在潭州之乱平息之前的六月。写给李衔的诗作于潭州，时间是 770 年秋天，因为其中提到自从两人在同谷相遇之后（759 年），到这次潭州会面已经十二个秋天了。

---

① 仇兆鳌卷 23.44a 错误地遵循黄鹤的意见，将此诗置于衡州时期，认为裴虬正率领水军向潭州进发，攻击叛军。黄鹤和仇兆鳌都忘了江阁在潭州（见诗篇[359]）。并且，如果水军正在驶往潭州，而不是返回道州，为什么杜甫没有表达一下对胜利的希望呢？
② 现存最早记载此事的是唐人郑处诲的《明皇杂录》。
   【译者按】宋人已经指出此说未妥。如北宋诗僧德洪《次韵谒子美祠堂》："死犹遭谤诬，谓坐酒肉馑。荒祠丛筱间，下瞰湘流浚。"（《全宋诗》23 册第 15190 页）北宋末年诗人李彭《次山谷答范信中韵》："少陵未筑耒阳坟，尚喜宗文有环堵。"（《全宋诗》24 册第 15907 页）

　　《暮秋将归秦留别湖南幕府亲友》[373]可能写于杜甫听说吐蕃又
一次入侵之前，这年 10 月 5 日，吐蕃进攻了邠州。而杜甫最终未能
成行可能就是因为听到这一消息。或者是因为考虑到他的疾病，以
及幼女的去世。这些事情无疑加重了杜甫原来的病情。《风疾舟中
伏枕书怀三十六韵奉呈湖南亲友》[374]极可能是杜甫的绝笔——也许
他死于热病。当杜甫写下这首诗时，已经是冬天了。他可能卒于 770
年 11 月或 12 月。

　　江阁对雨有怀行营裴二端公[371]
　　南纪风涛壮，阴晴屡不分。野流行地日，江入度山云。
　　层阁凭雷殷，长空面水文。雨来铜柱北，应洗伏波军。

　　长沙送李十一衔[372]
　　与子避地西康州，洞庭相逢十二秋。
　　远愧尚方曾赐履，境非吾土倦登楼。
　　久存胶漆应难并，一辱泥涂遂晚收。
　　李杜齐名真忝窃，朔云寒菊倍离忧。

　　暮秋将归秦留别湖南幕府亲友[373]
　　水阔苍梧野，天高白帝秋。途穷那免哭，身老不禁愁。
　　大府才能会，诸公德业优。北归冲雨雪，谁悯敝貂裘。

279

　　风疾舟中，伏枕书怀三十六韵奉呈湖南亲友[374]
　　轩辕休制律，虞舜罢弹琴。尚错雄鸣管，犹伤半死心。
　　圣贤名古邈，羁旅病年侵。舟泊常依震，湖平早见参。

280

如闻马融笛，若倚仲宣襟。
水乡霾白屋，枫岸叠青岑。
鼓迎非祭鬼，弹落似鸮禽。
生涯相汩没，时物自萧森。
牵裾惊魏帝，投阁为刘歆。
吾安藜不糁，汝贵玉为琛。
哀伤同庾信，述作异陈琳。
叨陪锦帐座，久放白头吟。
应过数粒食，得近四知金。
转蓬忧悄悄，行药病涔涔。
蹉跎翻学步，感激在知音。
纳流迷浩汗，峻址得欹嵌。
披颜争倩倩，逸足竞駸駸。
公孙仍恃险，侯景未生擒。
畏人千里井，问俗九州箴。
葛洪尸定解，许靖力还任。

故国悲寒望，群云惨岁阴。
郁郁冬炎瘴，濛濛雨滞淫。
兴尽才无闷，愁来遽不禁。
疑惑尊中弩，淹留冠上簪。
狂走终奚适，微才谢所钦。
乌几重重缚，鹑衣寸寸针。
十暑岷山葛，三霜楚户砧。
反朴时难遇，忘机陆易沉。
春草封归恨，源花费独寻。
瘗天追潘岳，持危觅邓林。
却假苏张舌，高夸周宋镡。
城府开清旭，松筠起碧浔。
朗鉴存愚直，皇天实照临。
书信中原阔，干戈北斗深。
战血流依旧，军声动至今。
家事丹砂诀，无成涕作霖。

就这样，中国最伟大的诗人走完了一生。

结 语

千秋萬歲名　寂寞身後事

——杜甫《梦李白》

　　813 年,杜甫的孙子杜嗣业,请著名诗人、当时在江陵做官的元稹
为他的祖父写了一篇墓志铭。元稹的《唐检校工部员外郎杜君墓系
铭并序》将大部分篇幅用来讨论诗歌,元稹宣称杜甫是诗人之中最伟
大的一位。关于杜甫生平的部分十分简略。其中说杜甫在五十九岁
去世,他的棺椁暂时埋葬在岳州。杜甫的夫人杨氏在四十九岁时去
世。后嗣杜宗武没能将父母的遗骨带回偃师的家族墓地安葬就去世
了。杜宗武的儿子杜嗣业,尽管很贫穷,但通过求告和借贷,最终完
成了这件事。

　　尽管元稹没有提到关于杜甫生平的任何日期,但是他所说的杜
甫去世时的年岁对学者仍有帮助,在若干世纪的错误猜测之后,最终
确定下了正确的日期。元稹也没有提到杜宗文,杜甫的大儿子。这
使得许多学者颇感困惑。我的猜测是杜宗文可能被过继给杜甫已故
的哥哥作嗣子,他的名字我们甚至无法考知了。惟其如此,杜宗文在
祖先祭祀的时候就和自己的亲生父亲没有关系了,故而他的名字就
被这篇本来就极其简略的墓志铭所忽略。和某些注家认为的杜甫在
临终前所写的诗篇中提到的丧子("瘗夭追潘岳")就是杜宗文不同,
我认为杜宗文在杜甫去世之后仍在世多年①。773 年至 781 年之间,

_____

① 　关于此点,见诗篇《风疾舟中·伏枕书怀三十六韵奉呈湖南亲友》[374],第 47 行。闻
一多第 713 页反驳黄鹤认为其人即宗文的说法,推测那可能是诗篇《入衡州》[369]第
40 行所提到的女婴。

当李昌夔担任桂州刺史兼桂管防御观察使时，他任用时年二十多岁的宗文为正字，官阶为从第九品上阶或正第九品下阶①。除了这点信息，我们再也不清楚杜甫儿孙的更多情况了。若干世纪之后，这里或那里不时出现杜姓子嗣，宣称自己是诗人的后裔。但都无法证实。

伟大的政治家和史学家司马光（1019—1086）在笔记中说，杜甫去世于耒阳，就匆忙葬在那里。最后于 806 至 820 年之间下葬于巩县，元稹为此做了墓志铭。因为这条很不可靠的记载，巩县人宣称我们的诗人就葬在当地，而不是偃师。从那以后到现在，两地孰为墓地仍是文学上的一个争论焦点。

所谓耒阳的"杜甫墓"甚至更为有名。地方志的编撰者引用了大量访客的诗篇来证明其可靠性。这些诗歌中最早的一篇是伟大的散文家和诗人韩愈（768—824）所写，他离杜甫的时代很近，确实有很高的可信度。但是这首诗却是不折不扣的伪作，因为其风格与韩愈的其他诗篇相比等斯下矣；并且在韩愈作品的早期结集中根本找不到②。

---

① 关于李昌夔任用杜宗文之事，见任华《送杜正字暂赴江陵拜觐叔父序》（《文苑英华》卷721）："吾见骥子髫齓之时，爱其神清，知其才清，今果尔也。顷漂沦荆楚，既孤且贫，求食于谁？托身于谁？四海茫茫，未获所寄。及遇至陇西公，获所寄矣。公以故人之子，怜而收之。去沟壑而寄乎南山，罢转蓬而阴于桃李。君子曰：陇西公在，正字为不孤已。今离叔父颇久，蹇归阮家之巷；感知己厚恩，寻赴李膺之门。华与临别，抚其背曰：高门积庆，无忘乎聿修厥德；大名继继，宜其自强不息。念哉！"阎若璩（1636—1704）在为张溍《读书堂杜工部诗集注解》所作的序中认为这是指杜宗武（"余犹憾宗武官正字，赴江陵觐叔父观，见任华序"）。我认为这应该是杜宗文；见我对诗篇《得家书》[81] 的注解。

② 关于杜甫最终葬于巩县，见《温公诗话》（司马光〈1019—1086〉，1 卷，《百川学海》本）8a；参见《巩县志》卷 16.36b、卷 18.33b、35b。关于杜甫在耒阳的墓地，见《耒阳县志》（8卷，1885 年）卷 1.6a—11b，15a—b，卷 6.1a，卷 7.1b—4a。这一传说似乎有些混乱。据说杜甫去世并葬于耒阳。又有说法是他溺水于耒阳，尸体在洪水中未能找到，于是聂县令为这位失踪的诗人建了一座空冢。还有传说是，杜甫在洪水中失踪，后来只找到他的一只靴子，于是把这只靴子葬在墓中。关于这方面的讨论，见钱谦益卷 8.26a—27a，仇兆鳌卷 23.47b—49a，浦起龙 1F.29b，《李杜研究》第 145—150 页，闻一多第 711—（转下页）

不过,这些关于杜甫棺椁安息之所的争论完全可以理解,在辽阔的大地上,沿着杜甫曾经走过的漫长旅程,无数地方都竞相建起了祠堂,以怀念这位不幸的旅居者,因为他是这个国度最伟大的诗人。事实上,杜甫谈到李白的一句诗甚至更适合他自己：

千秋万岁名,寂寞身后事。

我不敢轻言自己完全懂得了作为诗人的杜甫。我相信我对于作为个人的杜甫已经有了相当准确的了解。他是孝子,是慈父,是慷慨的兄长,是忠诚的丈夫,是可信的朋友,是守职的官员,是心系家邦的国民。他不但秉性善良,而且心存智慧。他对文学和历史有着深入的研习,得以理解人类本性的力量和脆弱,领会政治的正大光明与肮脏龌龊。他所观察到的八世纪大唐帝国的某些情形仍然存在于现代中国；而且,也存在于其他的国度。

（接上页）713 页。另外,除了巩县、偃师和耒阳之外,湖南平江也开始宣称有一座杜甫墓地。《平江县志》(55+1 卷,1874 年)卷 8.19a—20a 指出墓地在一个叫做小田的地方,在平江县城南边 10 英里处。在当地著名文人李元度写的考据文字(1873 年)中,他指出杜甫去世于从潭州到岳州的船上,于是就安葬在平江达四十多年。在《平江县志》卷 48.24b 中记载说杜宗武就住在平江,直到去世,他的子孙遂安家于此地。这一说法的主要依据是所谓"湖广岳州府平江县杜甫裔孙杜富家所藏唐授杜甫左拾遗敕"。而关于这件告身,我们在第六章的注释(【译者按】本书第 136 页注①)中就已经指出其赝伪了。

索　引

在索引中的括号内,星号＊后给出的是唐代城市大致位置的现代地名。其经纬度引自 1936 年的《中国邮政地图》。（编者按：本索引页码为洪业英文原著页码,该页码现标于相应译文旁,以便读者参阅。）

附 录

一　注疏卷自叙

注疏一卷单行,这个想法要归功于叶理绥(Serge Elisseeff)教授。应他的要求,《杜甫:中国最伟大的诗人》(哈佛大学出版社,1952年)一书中大部分讨论性篇幅被抽离出来,与参考性注释一起,独立成卷。如此,第一卷正文则专门针对一般读者,重新建构出我所研究并勾勒出来的杜甫生平及其时代;此卷注疏则专为学者,尤其是汉学家的兴趣而作,他们会关注于我所使用的文献来源,以及我与此前学者结论不同的原因所在。

如果有时我在批评前人著述时表现得过于大胆,那绝非表示我对他们的贡献毫无感念之心,也不是因为我自大到以为本书无懈可击。在修订本书手稿时,我不得不改正许多错误,与我所批评的前人著述中的瑕疵相比,这些疏漏更甚。此外,本书仍有许多未能解决的问题,其中一些我在此卷注疏中加以讨论。尽管眼下我认为自己已经在有限范围内竭尽全力了,但将来的学者会在我的研究之上继续推进，这是毫无疑问的。

洪煨莲

辛卯岁（1951）十二月

剑桥，马萨诸塞

二　我怎样写杜甫[①]

洪　业

（一）

　　说起来，五十五年了。那时，我十四岁。我先父教我怎样翻检诗韵，开始做五七言律诗。他拿给我一部石印的《杜诗镜铨》，告诉我说："不但杜甫如何作诗是可学的，而且杜甫如何做人也是可学的。"老实说，当时的我对于杜诗，没有多大兴趣。《唐诗三百首》中的杜诗，因为读熟了，也就罢了。全部杜诗，不见得更有吸引人心的能力。其内容十之七八，我总觉得难懂。注解也很多勉强的地方。只因要敬遵严训，我也时常放下手不忍释的《随园诗话》，拿起硃笔去圈点《杜诗镜铨》。大约在一年半载后，借光了不求甚解的方法，总算对于一千四百多首的杜诗，和三十多篇的杜文，已观其大略了。

　　先父说："难怪你觉得李太白的诗和白香山的诗都比杜工部的诗

① 【译者按】本文首载于《南洋商报》1962 年元旦特刊；转载于香港《人生》第二十四卷八、九期，1962 年 9 月 1 日、16 日；又台北《中华杂志》第六卷十一期，1968 年。

好。我年轻的时候，也有这样的感觉。年岁越大了，对于杜诗的欣赏，也越多了。读李诗、白诗，好比吃荔枝吃香蕉，谁都会马上欣赏其香味。读杜诗好像吃橄榄，嚼槟榔，时间愈长了，愈好；愈咀嚼愈有味。你说杜甫一生得意的时候少，倒霉的时候多；欢乐喜笑的声音少，叹息呻吟的声音多；这也是对的。不过人生的际遇离合大多半是不受个人支配的。杜甫在痛苦的处境中，还勉为常人之所难，这是可学的。这样地为人，走了运，当然会成功；倒霉了也不至于失败。”

出洋留学，回国当教书匠的时候，我已三十一岁了。世味的咸酸苦辣尝得比十四五岁时多得多了。对于杜诗的领会也增加了不少。薪酬的剩馀，都用在购置图书；杜集的各种注本，也渐渐地收罗多了。此时我才知道，在杜诗的历史中，明末清初的文豪钱谦益占了非常重要的地位。看了《钱注杜诗》，我才知杜诗版本有文字不同的问题；杜集编次有诗篇前后的问题；杜句注解有典故伪造的问题；杜甫事实有史传误失的问题。似乎钱氏已解决了一大部分；无怪他自夸“凿开鸿蒙，手洗日月”。但因他自夸，又因他不像一个忠厚诚实的人，我虽爱看他渊博的考证，敏锐的论断，我总时刻提防着，怕上他英雄欺人的当。

再过十多年，对于杜诗的了解欣赏，我自觉有猛进的成绩。一方面，不得不归功于钱谦益、朱鹤龄、卢元昌、张溍、黄生、仇兆鳌、浦起龙诸家的注解。一方面，好比蒸饭烧肉，时候多，火候足，也就熟了。最大的方面，还是我已经四十多岁了。今存杜甫的诗，百分之九十几以上都是他在四十以后写的。怪不得对普通青年人，有点像对牛弹琴，莫名其妙的状况。对于四十多岁的我，杜甫的诗句就有好些都是代替我说出我要说的话：政之腐败，官之贪婪，民之涂炭，国之将亡，我的悲哀愤慨。卢沟变起，华北沦亡之后，那些杜句，“国破山河在，城春草木深”，“泱泱泥污人，狺狺国多狗”，“嶔岑猛虎场，郁结回我首"，"天地军麾满，山河战角悲"，"不眠忧战伐，无力正乾坤"，"谁能叫帝阍，胡行速如鬼"，等等，差不多天天在唇舌之上。

碰巧，书坊的朋友替我找到一部嘉庆年间翻刻乾隆武英殿翻南宋宝庆乙酉（1225）广南漕司重刊淳熙八年（1181）之郭知达集注《九家注杜诗》三十六卷。这是清高宗题词所谓"希珍际遇殊惊晚……几闲万篇读何辞"之本，也就是《四库总目》所赞为"别裁有法……最为善本……宋本中之绝佳者"。我当时以为这本有重予翻印，细予编纂引得之价值。这项思想的结果，便是1940年9月所发行之《杜诗引得》三册。其内容为（一）《九家注杜诗》全文，加上补遗二十二首；用仇注本。（二）堪靠灯式之引得，即一字不漏之引得。可用任何一字为线索；凡杜句之包含有这一字的，可一检或再检，而都呈现于眼前。这是名物训诂、校订甄别最重要的工具。（三）杜诗各本编次表，可让本引得应用二十多种卷第编次不同之本。（四）我写的一篇六万多字的长序。除简单地说明本书编纂之经过及各同事师生朋友之分工合作以外，最大部分仍叙述杜甫集版本流传的历史。因为满清一代的杜学发达得灿烂光华，而都直接或间接地受了钱谦益的影响不少，所以对于钱书编著之经过，也特别仔细地予以论述。钱氏说他所据之本为南宋吴若合校诸本之本。我举出十端的可疑，恐怕其本乃由钱氏所伪造，同时，我也发现九家注本也含有赝品。因此我觉得杜集大有重新再校诸本，重新再集诸家注解之必要。我在长序内，也稍拟其编订之条例。不过，那还是不能实行的；很需要的宋元版本还有数种仍在深藏固闭之中，不知何时能出与天下公之。

《杜诗引得》出版之后年馀，珍珠港事变爆发。东亚病夫垂死单独的抗日，竟变为第二次全世界大战。中国有了同盟与国来援助，转败为胜的局势只是时间的问题了。日军占据燕大之后，师生一大批陆续被捕；我和十一个教职员坐狱半年，虽也受过一生梦想所不及的侮辱，我反不觉愤怒；因为国家存亡既不成问题，个人生死，无足重轻。记得有一天在洗澡池边，偶与邓之诚（文如）先生相逢。他低声问我，有何感想？我答谓："今朝汉社稷，新数中兴年。"话虽这样说，我每念到中原克复，恐怕要在我瘐死之后，也不免惨然。有一天我向日军狱吏请求：让我家送一部《杜诗引得》或任何本子的杜诗一部入狱，让我阅看。这是因为我记得文天祥不肯投降胡元，在坐狱待杀的期间，曾集杜句，作了二百首的诗。我恐怕不能再有学术著作了。不如追步文山后尘，也借用杜句，留下一二百首写我生平的诗。可恨的日军，竟不许我的要求。可幸的我们，虽都瘦得不像样子，甚至有病到快死的，竟都活着出狱。

不用说：再做一种有关于杜诗的著作，是一端许愿，不可不偿的。在我再到美国哈佛大学教书的第二年，我的课目中，便有一门为"杜诗与历史"。来上课和来旁听的人数，竟出乎意料之多，其中颇有几位劝我就用英文著书，介绍杜甫于天下。有一次我被请到耶鲁大学讲学，我再以杜甫为题目来试验。也有几位告诉我，我的讲法不是没有价值的，以我本有的心愿加上朋友的劝勉，所发生的结果，便是1952 年由哈佛大学出版部印行的两册《中国最伟大的诗人杜甫》[1]。

（二）

因为篇幅的限制，不能把二册的内容详细叙述讨论。简单着说：上册是本文；下册是子注。在上册里，我选译杜诗三百七十四首来描

---

[1]　【译者按】今译作《杜甫：中国最伟大的诗人》。

写杜甫的生平；说明其时代之背景与史实的意义。在下册里，我注明各诗文的出处，中外人士的翻译，历代注家的讨论，时常也插入我的驳辩。再概括来说：上册说杜甫是这样的；下册说杜甫不是那样。上册迎神；下册打鬼。

鬼有中外大小之分别，打有轻重疾徐之不同。捡出离奇有趣的来说罢。乾隆年间，在北京，有一位饱学多才、著作等身的西洋传教士，汉名为钱德明，字若瑟。他老先生有一篇用法文写的《杜甫传》，可算是最早介绍杜甫于西洋的专文。他写到离开史实愈远愈妙。譬如安禄山的队伍在道上捉住了杜甫，几个军官报告给目不识丁的安禄山：

"我们在大道上捉住了全国最著名的诗人。你要不要我们把他带到这儿来见你？你要消遣的时候，有他在旁，也是好玩的。"

"诗人？"安禄山说，"那是甚样的畜生？他会耍甚么把戏？"

"诗人是会诌文的，会用新奇可喜的字眼，会造腔调好听的句子；我们满口只平淡无味。"

"这个诗人是否比我们更会打仗？他若是好战士，我可见他，也可用他。他若只能用文字来变戏法，我用不着他，而且讨厌他。"

再如他叙述肃宗放杜甫出朝，去华州做抚台，杜甫一到，看见地方的混乱，就知道任何改良都要徒劳无功。他既爱好自由，马上要决去留。在举行上任典礼时，他脱下冠服，放在案上，对案鞠一大躬，走开，溜之大吉。他化装躲在成州乡下；摘野果挖草根为食。到冬天，因饥饿，不得已带几首诗到城市去卖钱。不意被人认出是杜甫，地方官奏报皇帝；下来一道拜官敕旨，派他在当地管理仓廪！杜甫却不肯接收这封文件；只说"你们把信送错了。我不是杜甫。不要耽误时间，快去找他"。

又如他说,兵丁报告与节度使严武:"一个改名换姓的流氓跑到剑南来了。"他就猜到是杜甫。他亲自去拜访杜甫,对他说:"我是当地官民长官。你是杜甫。现在请你拣选二者之一:或是友谊,或是仇恨。要是友谊,请搬到舍下,我们两个像兄弟同居。两个都高兴,可以相见,可以同桌吃饭。有一个心烦,彼此可以各回各的房间,分开吃饭,你高兴,你可以朗诵你的诗篇。我爱听,可以听听。你不爱读,可以不读。我不爱听,可以不听。这些是友谊的条件。如果你要仇恨……"杜甫赶快拦住他说:"请你不要往下说。你是好人,不会害我的。我接受,而且感激你的友谊。现在请你先叫一顿好饭来庆祝我们两人的结交。好久了,我没吃好饭!"

诸如此类,钱德明把杜甫写成一个很有趣而甚无用,忠君爱国而遁世逃名的诗人;写得有声有色,淋漓尽致。我把这篇传记割裂为若干段,插入我的下册中。一则因为1780年登载这篇传记的原书早已绝版,寻读不易,一则一百几十年来,西洋学者说到杜甫,一小部分直接地,一大部分间接地,差不多都袭用钱德明几点。例如英国的汉学泰斗,编著《汉英大字典》《中国名人大辞典》《中国文学史》等书之翟理斯,他老先生叙述杜甫,虽未说明,实是抄袭钱德明的。他所自加的部分,有时误得更要离奇。如他说读杜诗,发疟子的病会好,那是宋人小说胡诌之谈。如他说杜甫得官不久,因天宝十四载之变乱,又丢了官;于是自写两句以寓寄托:"春潮带雨晚来急,野渡无人舟自横。"这是韦应物的诗,与杜甫何关?我要说破这些,因为我盼望将来的著者不要再蹈覆辙。

洋鬼捏造事端,嵌入杜甫生平,已很可诧异。还有代替杜甫写撰洋诗的,真是我前生梦想所不到的。最早玩这个把戏的见于一本、大家以为是用法文翻译的中国诗选,汉名为《白玉诗书》。这是法国一

位有名的青年女诗人在她二十三岁的时候，用假名发表的。书中选
有杜诗十四首。二首是别人翻译真杜诗，而此女为改头换面，遂与原
译不同。十二首全由这位女郎为杜甫捉刀：无论题目、字句、意义、
神态，全与杜诗无涉。此书于1867年出版，流行甚广。以我所见法
文翻版，至少已有四次。从法文转译者，有德、意、葡、英诸本。恐怕
我所未见者还不少。因为此书推行很成功，模仿的风气当然发生。
英、美、德、法都有几种，或偷袭《白玉诗书》，或别起炉灶。最妙者：
先端出一位中国的乌有先生，曾译了好些中国古诗；不幸而鸣呼哀
哉，短命死矣；幸而遗稿曾交某某，托其润色；今如命印行，以公同好。
观其内容，不但诗多假的，即诗人之名亦有不见经传的。盛名李杜，
自不能免要登载真假杂糅若干首，多是绮语艳辞，投青年男女之所
好。短薄小册，插有灵巧的绘图，加以华丽的装订。……物美价廉，
用为投报礼品，远胜木瓜琼玖。虽云玩意儿小品，不足深究，而近年
来盼望世界大同，天下一家，思想涌漾之中，所发生的世界诗选，世界
文学大辞典之流，有时竟有洋装的假杜甫，登场表演，岂不令人浩叹？
有一次一位学生问我说：

　　一首说是从杜诗翻译来的，先生何以知其并无真杜诗的根据？
也许这里只有翻译技术好歹的问题，而没有诗篇原文真假有无的问
题。是否先生曾把一千四百多首的杜诗都背得烂熟，所以一看就知
道一首译诗背景的真假？

　　我答覆道：

　　不然，不然。我年轻时也能背几十首杜诗。晚年记忆力太差了。
早年所能背的，现在也模糊了。审定译篇与原文之关系，有几种方
法；现在姑举其甚简便而没有多大漏洞的办法。先抓住译文中的名
物，风花雪月鸟兽虫鱼等等，如有人名、地名、官称等等，那更好办了。

第二步，拿这些名物的汉字到《杜诗引得》中去找，如果你所拟的汉字恰当而该诗是真有原文的，你很容易能检得含有该字的诗句。第三步从那诗句下所引的卷第去翻看，马上可得全诗的各句，可与译篇对照。好比拿着对的钥匙开锁，一点不难，如果你试了好几个汉字，都找不到相当的诗句；你便可断定该首译诗与杜诗毫无关系。

我随手抽出一首英文的赝诗，来做样子说：

这首的题目，可能是家，或是家庭。其内容说诗人所在的房舍，遭火烧了。他走上船，坐下，又吹箫，又唱歌。那悲哀的声音，叫月亮也断肠坠泪。后来他遇着一个颜美如月的妇人，他便要在她的心中为爱情更造一家。我们可以拟出家、家庭、房舍、火、船、舟、箫、歌、月、泪等字眼，拿到《杜诗引得》中去找。结果：找不得相当的一句。结论：对这首诗，杜甫毫不负责。

这位学生又问：

先生是否就是用这个方法来断定这首假托杜甫的译诗？

我答：

那倒不然。我对于杜甫一生的事迹，有相当的熟悉。对于他的为人也有相当的认识。他搬家多次；从未听见他住的房子曾被火烧了。他是懂得爱情的；从未见他那样傻瓜瓜地追求恋爱。其实译这首诗的太太不肯说她只拿《白玉诗书》内的《心中的大厦》，转变为英文而未料到其是假托杜甫的。我早已断定那首法译诗是假的；所以一见这首英译诗，也知道其背景如何。

（三）

洋鬼大的，当然要打的。但不必费大力量去重打，因为他们作祟的能力毕竟有限。至于小的，那更无关宏旨，大可一笑置之。汉鬼的问题，比较复杂多了。其中如杜拾遗庙之变为杜十姨庙，加上伍子胥庙之变为五髭须庙，更加上一桩大喜事把杜十姨嫁给五髭须，那只是村愚无知多事，对于历史文学，不生丝毫影响。不加祓除，而视为茶馀饭后幽默之点缀，也是无害的。但是在史料诗篇内所捣的鬼，往往有严重的结果，影响到后人对于杜甫的认识，所以不得不痛打。我在本文里，目的要迎神，要介绍杜甫；而在手续上，还免不了要打鬼；驱逐了妖精厉鬼，好腾出座位来，让神坐。

　　我们须记得，杜甫死后四十多年，到了元和癸巳，即公元 813 年，杜甫的孙子杜嗣业，贫穷乞丐，从岳阳运杜甫的棺材归葬偃师；路过江陵，拜请当时著名诗人元稹为他祖父做墓志铭。这一篇文是杜甫传记的祖本。元稹叙述诗的历史，结论说"诗人以来，未有如子美者"，也算说得好。可惜他于杜甫的生平事迹，说得太简略，而且有错误；也许因嗣业于乃祖之事不甚了了，也许因为元稹没有细心记下。元稹未说杜甫留下的诗作有多少。但与元稹同时，韩愈却说李白、杜甫的文章"平生千万篇，金薤垂琳琅。仙宫敕六丁，雷电下取将。流落人间者，泰山一毫芒"。可见流传的只是原有的极小一部分。《旧唐书》编于公元 945 年，其中的《杜甫传》，乃根据元稹所作的墓志及别的材料，杂糅而成。末一句说：杜甫有集六十卷。到了 1039 年王洙在《杜工部集记》里说："甫集初为六十卷。今秘府所藏，通人家所有，称大小集者，皆亡逸之馀，人自编摭，非当时第叙矣。……除其重复，定取千四百有五篇……分十八卷；又别录赋笔杂著二十九篇，为二卷，合二十卷。"这是杜甫死后二百七十年王洙为他校编的全集，也就是后来一切杜集的祖本；后人虽有加入的逸编，但其数亦不多。王洙在记里，也简述杜甫的事迹一番，且举集中若干点以驳《旧唐书》中的《杜甫传》之误。到了 1060 年，《新唐书》编成了。其《杜甫传》也曾利用王洙之文。因为此篇新传势力甚大，其所捣之鬼也影响甚广，现在先简缩钞录于下：

> 杜审言……襄阳人。生子闲。闲生甫。甫，字子美，少贫不自振，客吴越、齐赵间。……举进士，不第；困长安。天宝十三载，……奏赋三篇。帝奇之，使待制集贤院，命宰相试文章。擢河西尉，不拜；改右卫率府胄曹参军。数上赋颂，因高自称道。……会禄山乱，天子入蜀；甫避走三川。肃宗立；自鄜州羸服欲奔行在，为贼所得。至德二年，亡走凤翔上谒，拜右拾遗。……房琯……罢宰相。甫上疏言：罪细，不宜免大臣。帝怒，诏三司杂问。宰相张镐曰："甫若抵罪，绝言者路"；帝乃解。……甫家寓鄜州，弥年艰窭，孺弱至饿死，因许甫自往省视。从还京师，出为华州司功参军。关辅饥，辄弃官去。客秦州；负薪采橡栗自给。流落剑南，结庐成都西郭。召补京兆功曹参军，不至。会严武节度剑南东西川，往依焉。武再帅剑南，表为参谋，检校工部员外郎。……武卒，崔旰等乱；甫往来梓、夔间。大历中出瞿唐，下江陵，溯沅湘，以登衡山；因客耒阳。……大醉一夕卒，年五十九。甫旷放不自检；好论天下大事，高而不切。……数尝寇乱，挺节无所污。为歌诗，伤时桡弱，情不忘君，人怜其忠云。

这里已具杜甫一生事迹的轮廓。但其中谬误甚多，而所生的误子误孙，布满天下，不计其数。说杜甫是襄阳人；不对。当从杜甫所自言：京兆万年人。说他少贫，不自振；不对。他生在仕宦之家；他父亲做官，每年收入如和平常农民人家比较，要在十几倍以上；不可说他穷。杜甫"往者十四五，出游翰墨场。……脱略小时辈，结交皆老苍"，不可说他不自振，没出息。说他客吴越齐赵；不对。这是两次的长途旅行。吴越在未仕进士之先；齐赵在既试落第之后。说他不第，困长安；不对。实际是"放荡齐赵间，裘马颇清狂。……快意八九年，西归到咸阳"。说天宝十三载奏赋；不对。应云十载（即公元751年）。说他得官后数上赋颂；不对。那是既试集贤之后，未得官之前几年的事。说至德二年；不对。当云至德二载（即公元757年）。说拜右拾遗；不对。当云左拾遗。说他家眷寓鄜，孺弱饿死；不对。那是天宝十四载（755）寄家奉先时的事。说他在华州时以关辅饥，弃官去；不对。当时关辅并无饥馑。杜甫去官乃因行拂乱其所为；他既不肯随波逐流，更不肯尸位素餐。说他客秦州，负薪，采橡栗自给；不对。他居成州同谷县时，曾拾橡栗；并无负薪之事。把杜甫之召补京兆功曹放在严武节度剑南东西川之前；不对。其次序正相反。代宗初立，严武被召入朝；也许因他举荐；所以高升杜甫二级，召补京兆功曹。说严武为东西川节度使，杜甫往依他；不对。严武是从东川移衙门到成都来，他和杜甫以早有的交情，过从甚欢。此时杜还未依严，依严，是在杜为参谋期间。说崔旰等乱，甫往来梓夔间；不对。崔旰之乱未起，杜甫已离开成都，已在云安数月。他的客梓乃在严武被召入朝，徐知道造反之时。他的客夔乃在客云安之后。他并不曾往来梓夔之间。说他登衡山；不对。集中有望岳，无登衡诗。说他醉死耒阳；不对。他离开耒阳数月后，大约是靠近谭岳之间，他病死在船上。说他好论天下大事，高而不切；不对。他论事常有先见之明；他设策以实用为要；他参谋有收效之功。

如此地修正了，那篇传可以说无大毛病了。但若求对杜甫有比较圆满的认识，那该补充的就真多了。先举一端罢。传说杜甫死于大历中，年五十九，究竟在大历那一年？要等南宋初年，杜甫卒后四百几十年，学者才把杜甫生年考定为先天元年壬子（712），卒年为大历五年庚戌（770）。其实直到现在（1961年），我们还不知杜甫生卒之月日地点。若论其卒日，我们仅知他在大历五年庚戌夕间病在湘江船上，写他似乎绝笔的诗。他若死在庚戌年底，其公元也许须是771。至于他生年壬子那一年，曾经改元三次；既不知他诞生的月日，那"先天"两字，是不可固执的。1958年12月，四川省文史研究馆，印行一册所著的《杜甫年谱》。其中说"公元712年：一岁。正月一日，杜甫生于河南巩县东二里之瑶湾"。这是开口便吐一套复杂的错误。其月和地点根据，乃出于《京兆杜氏工部家诗年谱》。其日是根据《杜位宅守岁》诗内的"四十明朝过"一句，及《元日示宗武》诗内的"献寿更称觞"一句。然我们须知：自宋元以来，杜甫被中国文人认为诗圣以来，往往这儿有一家姓杜的，那儿有一家姓杜的，钻出来说是杜甫的后裔。甚至于有世传家谱，宗传诗法，家传拜官诰命，等等为证。稍加考证，便露出作伪的痕迹来。至于巩县诸杜，那是和偃师诸杜，对于杜甫坟墓究竟在何县，争辩已久。其生于巩县瑶湾之说，我们至少可以说其于杜甫诗文里，及唐人记载里毫无根据。至于正月初一日的拜寿，是"天增岁月人增寿"的寿；不是母难，生日的寿。况且太极元年壬子正月初一辛未，是公元712年2月12日；而公元712年正月一日是景云二年辛亥十一月十九日己丑；可见牛头马脸不易相合了。

　　上面两段所提对于《新唐书·杜甫传》的修正，多是年代的问题。其实杜甫的诗文既多失落，又多失次，所以我四五十年对于杜甫事迹的攻钻，也多是从年代的问题入手。虽是步追宋元明清诸儒的后尘，也自觉得有点新加的贡献。这并不因我的聪明才智胜过前人，而只因(一)他们已筚路蓝缕于前,我来摭拾于后,后生可畏,后来居上,是天给的便宜。(二)他们没有像我所用比较利便的学术工具,如引得图表之属。(三)他们不曾而我曾参阅日法英美德意学者的翻译讨论。语言的隔阂,虽然常让东西洋学者犯了使人惊愕的错误,却因他们不受汉宋传统思想所拘束,而有时竟与我以意料之外的启发。同时,我从史学方法的经验中得来的教训是:好古、疑古,都不能有全免错误的保险。所以我从考订时代的先后而重新估量诗篇之真伪,注解之得失,事实之意义,我常加上恐怕、可疑、推测、假定、以为、也许、可能等字眼。我仔细地说明史料的出处和辩论的理由,因为我盼望后来的学者也来修正我的见解。

此中比较新奇的多是在杜甫生平的前段,在他还未出仕以前,而他这时代的诗文保存得甚少。其大部分又多关于家庭问题:他之上对父母,下对妻子。在父系方面,杜甫是恃才傲物之文豪杜审言的孙子。这个祖父,杜甫在诗文里时常称道;但他并未见过,因为杜甫未生之前四年,杜审言已死了。杜审言原配薛夫人生了三男三女。长男就是杜甫的父亲闲。次男并,十六岁时手刃父仇被杀,竟脱父于难,时人称为孝童。其下有一位嫁于裴氏的姑姑,我以为是对杜甫有最大影响的女人。杜审言续弦卢夫人,在天宝三载(744)去世。据杜甫所作之墓志铭,薛夫人所生的子女,多是在她手里长大的,但在她去世之时,他们都已前卒。她所生的一子二女尚在,皆已婚嫁。在丧服哭位有冢妇卢氏,介妇郑氏、魏氏、王氏,女通诸孙三十人。

在母系方面,杜闲的元配崔夫人是杜甫的母亲。崔夫人的母亲是义阳王李琮的女儿,是有名的孝女。杜甫有一篇祭这位外祖母的文。但似杜甫并未见过这位外祖母。且因当时崔氏祭无主,所以他和一个姨表表兄郑宏之去具祭。杜甫的外祖父当然姓崔。名甚么?

我考之多年，迄未能得。近阅四川出版的《杜甫年谱》，乃云崔夫人是崔融的长女。我大为惊异。崔融和杜审言占了"文章四友"之一半；杜审言虽瞧不起其他文人，而独感激崔融的友谊提拔；崔融死时，杜审言且为带缌服。若使这两个文友竟成儿女亲家，而遗传精粹之华，乃为诗圣杜甫，岂非千古佳话？然杜甫诗文里不应一句不提；唐人记载里不应闭口不谈。所以我对这桩新说十分怀疑。

　　杜甫的母亲既是崔夫人，何以在他祖母卢夫人墓志里乃有冢妇卢氏？钱谦益断说：卢字是崔字之误。又说这篇墓志是杜甫代替他父亲杜闲做的。这是捣了一个大鬼，不得不痛打。推其所以致误之由，恐怕是因为元稹做志，《旧唐》列传，王洙序集，都说杜闲做奉天令；而杜甫于祖母墓志里说"薛氏所生子，适曰某，故朝议大夫兖州司马"。钱谦益、朱鹤龄之流都说：在天宝三载杜闲还活着做兖州司马；只因丁继母之忧，所以官称上加故字。兖州司马官小；奉天县令官大，可见杜闲做奉天令是在服阕之后了。我谓这些学者应当知道：杜甫之文自说其父，元稹之文说杜嗣业之曾祖，二说既相冲突，则亲疏远近之别，就是取舍标准。况且志云"登即太君所生，前任武康尉"；"前任"二字乃因丁忧。"故"字明是"已故"。况且卢太君卒于天宝三载五月五日，当时杜闲如活着，他的官称宜为鲁郡司马，因为天宝元年已改兖州为鲁郡，况且奉天是畿县，不是京县，所以其县令的官阶是比兖州司马的官阶低，可见做奉天令在先，做兖州司马在后；而故兖州司马之去世必在天宝元年以前，兖州未改鲁郡之先了。况且志文说继母慈，长子孝，继母之得称县太君乃因长子之官。如此之言出于杜甫之口，则母子双美得体之文。若出于杜闲，则是自夸自傲，不敬继母。如何乃说此志乃杜甫代其父作者？后来诸儒雷同附和钱氏之说，甚至于近年有学者竟说天宝十载杜闲还活着，做奉天令。试思：当时的杜甫若是奉天令的少爷，他何至于"卖药都市，寄食友朋"？

杜甫的朋友常称他为杜二。可能是他的母亲崔夫人还生了他的哥哥。但是这个哥哥全不见于诗文记载；只可暂认为存疑的闷葫芦而已。也许将来考古别有发现。像民国六年河南发见了杜并的墓志铭，可以帮助考证。现今的悬疑只是崔夫人生了杜甫不久就去世，而所谓冢妇卢氏者乃是杜闲的续弦太太，只是杜甫的继母。南宋黄鹤已提出这一点，且谓杜甫是由裴家姑姑看养大的。这是很重要而深有意义的事。这位姑姑卒于天宝元年。杜甫所作《唐故万年县君京兆杜氏墓志》末一段云：

> 甫昔卧病於我诸姑，姑之子又病，间女巫至曰："处楹之东南隅者吉。"姑遂易子之地以安我；我是用存，而姑之子卒，后乃知之於走使。甫常有说于人，客将出涕，感者久之，相与定谥曰义，君子以为鲁义姑者遇暴客于郊，抱其所携，弃其所抱，以割私爱：县君有焉。是以举兹一隅，昭彼百行，铭而不韵，盖情至无文。其词曰："呜呼！有唐义姑京兆杜氏之墓。"

我以为杜甫一生，重义轻利；临财不苟得，临难不苟免；宁损己以益人，不徇私而害公；大有这位义姑之风。

杜甫的继母生了三子，颖、观、丰；一女嫁与韦氏，后孀居。杜甫诗中常道及此三弟一妹，友于之爱，情见乎辞；而对于继母卢氏，诗文之中绝无表示。恐怕她于杜甫没有多大恩情；所以杜甫稚年多是在外。到了弱冠，便有吴越三四年长途之行。开元廿四年（736），他已廿五岁，到长安考进士，落第（考试不在开元廿三年；诸家都算错了）；

回到兖州省亲之后，又复出游，作齐赵间的长途旅行。我推测杜闲死在开元二十八年（740）；杜甫扶榇归葬偃师，所以在廿九年有一篇《祭远祖当阳君文》，中云"小子筑室，首阳之下"；也许因接继母及诸弟来守制，须添盖房子。到了天宝元年（742），丧服阕了。他的父亲做官已到五品，他可以用荫服官。他却单身外出，只靠一根笔杆去谋生。"二年客东都，蔬食常不饱"。这为何故？他把资荫、资产都让给诸弟，以博继母欢心。所以再一两年，杜甫还是光身穷汉；"骑驴三四载（原作三十载，卢元昌改为十三载，我改作三四载），旅食京华春。朝扣富儿门，暮随肥马尘。残杯与冷炙，到处潜悲辛。"而他的异母弟杜颖已出做官，在临邑为主簿；不用说已结婚；再过几年且有一个跑走的姨太太了。

　　杜甫自己的结婚，我猜想是在他四十一岁的时候，乃是他已献三赋，已在集贤院考试，已受命到吏部等候补官之后。也许是因补官有望，生活不成问题，所以才结婚。不料等候补官，一等几乎四年；而结婚五年竟生了三男二女；其中恐怕有两对孪生的。天宝十四载（755）死了一个儿子：

> 老妻寄异县，十口隔风雪。谁能久不顾，庶往共饥渴。
> 入门闻号咷，幼子饥已卒。吾宁舍一哀，里巷亦呜咽。
> 所愧为人父，无食致夭折。岂知秋未登，贫窭有仓卒。

　　后来杜甫于诗题中提到他宗文、宗武二子。早年诗中提到骥子，疼爱得很。晚年也有特与宗武的诗，颇露奖赏之意。其特与宗文的诗，只有一首，乃是催他快起鸡栅。自两宋以来的学者，除了一个以外，都异口同声地说骥子是宗武的小名；因其聪明好学，杜甫特别爱他。宗文不成器，杜甫不免失望。关于这一点，我于几十年中，每想到，颇觉不快。我先父对于诸儿一视同仁，向无偏爱的表示。在我十五六岁以后，他老人家有时还与我商量他应如何作文，如何做官。他不让我妄想，他之爱我，过于诸弟；只因为我是长子，已过舞象之年；所以他微露器重之意，与我以莫大的鼓励。我常想这是做父亲最好的榜样。杜甫呢？他竟不爱长子，偏爱次子；不免盛德之累。一直等到我翻译《得家书》那首诗，展开各本彼此比勘之时，才发现仇兆鳌于他繁琐注文中，附带一句："胡夏客曰：骥当是宗文，熊当是宗武。"记得我跳起大叫：这说法正对，可以破千古之惑。事实大概是这样的：安禄山叛了，杜甫把家眷寄放在鄜州的羌村。因要奔赴行在，不及等候他的太太杨夫人分娩，而即出发。中途被叛贼捉住，把他带到长安去。过年夏间（757），他逃离了长安，在极危险中，达到凤翔行在。在凤翔才得家信："熊儿幸无恙，骥子最怜渠。"熊儿当然是上年高秋杨夫人所生的宗武，而比他大约三岁的哥哥宗文，乃最疼爱这娃娃弟弟。这是很自然的解释。宗文乃是骥子，可见杜甫并不曾偏爱次子，不爱长子。这样一想，好像多年痼疾，一旦消除，真痛快得很。其实，杜甫一生的待人接物，都是尽情尽义，不偏不滥；何至家庭之内，父子之间反而不然？这是我老早就该想到的。

　　这篇文，写得长了，当急图收束。就借这情义两字，拐个弯，说杜甫何以称诗圣。元稹微之论诗歌技术，遂谓杜甫超绝前匠。后人往往觉得元稹说得好，而不够好。金末元好问遗山挖苦他说："排比铺张特一途，藩篱如此亦区区。少陵自有连城璧，争奈微之识碔砆。"可惜元好问也没说出可比连城璧者究竟是什么？南宋杨万里诚斋曾说少陵是诗之圣；后来文人很多都指杜甫为诗圣。但这诗圣两字，也未曾有清楚的说明。我很佩服四十年前梁启超任公先生的一篇演讲：

《情圣杜甫》。在我心中这篇启发了一套思想：所谓诗圣应指一个至人有至文以发表其至情。真有至情的才算是圣人。真能表露至情的才算是至文。可见重点是在至情。至情是什么？一往情深而不愆于义才算是至情。情义洽合无间就是至情，也是至义。情中的要素是"为他"。义中的要素是"克己"。恐怕读者笑我堕入道学窠臼；不再往下扯了。姑从杜甫的生平中举一两桩来疏说。

杜甫虽说"诗是吾家事"，但他的读书立志，目的不在做诗，而实在经世民，所谓经世济民也就是忠君爱国，也就是至情的一方面。说他上对君上吧。"致君尧舜上，再使风俗淳"，"虽乏谏诤姿，恐君有遗失"，"明朝有封事，数问夜如何"，这是如何"为他"的至情。"避人焚谏草，骑马欲鸡栖"，"近得归京邑，移官岂至尊"，这是如何"克己"的至情。

再说他在华州那一段罢。司功参军的位置约当于今日教育厅长。唐时每年秋中须举行乡试，好选送诸生来年在京应礼部之试。杜甫的文集里有五道策问，是很有意义的文字。记得十一年前我以译写华州那一段的初稿，交与一位现在已去世的老太太，请她替我在打字机上打出清稿。她半夜打电话告诉我说："我真没想到在中国的诗人中，居然有一个像这样的脚踏实地关切国计民生的大政治家。"但以我的推测，这五道策问就是杜甫越年去官之导线。他很诚恳地要诸生学他自己那样处处留心时务，讲求可以实行的补救之法。但从诸生的方面来看：官样文章当仍旧贯。一向的办法都是从兔园策府里搬出经史所载古圣昔贤的大教训、大理论就得了。而且你杜甫是甚么东西？你自己是落第的进士，那配考我们？如果他们果有不服的表示，杜甫于越年秋考之前当须决定：还是随波逐流，依样画葫芦吗？与其误人子弟，祸国殃民，不如丢官，砸饭碗。数年后他在夔州所写的《秋兴八首》内有两句"匡衡抗疏功名薄,刘向传经心事违"。从来解释者都未把第二句交代清楚。据我看,这两句是指:在凤翔当谏官,没当好,几乎丢了性命;在华州办教育,未办好,几乎闹出学潮。前面他用三个字"功名薄",轻轻地说了。因为他于君上只有敬爱,并不埋怨。后面他用三个字"心事违",轻轻地说了,因为他于诸生只有怜惜,并不愤怒。这是挚情的表露。

至于他对朋友的至情,前人详说者已多了。我不必在这里再提。我可以总结着来说:杜甫之于家庭亲戚,国家百姓,朋友交游,处处都是清洁纯正的情。此外,上至皇天,下至鸡虫,旁及树木花草,他也常有感荷、怜悯、叹赏之情,不能自已。"易识浮生理,难教一物违。""老来多涕泪,情在强诗篇。"有时他也自觉他的措施未当,因而自悔、自责,绝不自恕。因而他一任率真,不自掩盖涂饰;所以我看他,无论老病人扶,无论一醉如泥,也都妩媚。至于他的诗篇,其最佳之处,不在措辞之壮美,铺排之工整,而在于他至情之表露:温柔敦厚,旭日春风。非诗圣而何?

(四)

三册的《杜诗引得》出版以来已二十一年了。两册《杜甫》的脱稿也已十年了。在这一二十年中,是否新有发现?有的,有的。前十年所见到的大略已叙于两册的文里注中。后十年的新知,已选其重要者,在此尾闾段中略略一提。

在出版项下:新书之出现,以我所见,也有二三十种。其中最值得一说者只有两种。其实都是旧书新出。一是德人萨而文所全译张潜本之杜诗。在我书中我所常评萨氏所译,然我于其书实得益不鲜,因为诵读译本是囫囵吞枣，不求甚解最好之医药。即所译不妥，而所启发已多。但萨氏原书分散数处出版，寻访不易，检翻复难。哈佛燕京学社把离散部段收集重编，订为二册，于1952年底出版。这是嘉惠士林之举。

其次是1957年12月商务印书馆所出版的影印《宋本杜工部集》六册。这是非常重要之本。我甚盼望将来会有缩版廉价之翻本，使凡爱好杜诗者都能有其本。书后有当时九十一岁老儒张元济菊生先生的长跋一篇，考订六册实合二本而成。其一是南宋初年浙江覆刻嘉祐四年（1059）王琪增刻宝元二年（1039）王洙编订原本。其二是用以配补此本者，乃即钱谦益所谓绍兴三年（1133）建康府学所刻吴若校本。凡所审定，皆不易之论。菊生先生又云："近人之疑吴若本为乌有，而深讥虞山之作伪者，观此亦可冰释。"高年劭德不忍明斥晚后，尤可感激。我于1959年在星洲买得六册；归后取与钱注本细校，更以昔年所举十疑，逐条比勘。结果：昔所疑，而今涣然冰释者，有：因影印本中实有这些，可见并非钱谦益所伪造。昔所疑，而今竟得证实者，也有：因影印本中实无这些，可见其实为钱氏所妄加、妄改。昔所疑，而今其疑转剧者，也有：因现今影印本所可用以对校者只有五卷，已经钱氏七凿混沌以死，其馀十五卷，究竟如何，好像奇痒，急待爬搔。又昔疑樊晃之序，吴若之记，恐皆钱氏所伪撰。今既不见此六册中，自更要问：此二篇者，全是钱氏所作乎？抑仅钱氏奋笔窜改以虞山变换庐山面目乎？总之昔年疑此老不老实，今知其真不老实。

出版项下尚有报章杂志，过于繁碎，不拟与提。即其批评拙著之作，亦鲜新奇可采：恭维之语，不免过奖；谬误之弹，亦颇细小。赞赏杜甫者，意多浮泛，大同而小异。惟有一家竟尔挖苦杜甫，可称特别。此君举《早秋苦热堆案相仍》一首中"束带发狂欲大叫，薄书何急来相仍？南望青松架短壑，安得赤脚踏层冰？"等语，而讥笑杜甫为一个懒惰、不负责任的公务员，不肯勤劳办公，只想乘凉休息。记得此君往年也曾批评李白诗句"白发三千丈"为撒天下之大谎。真不知如何可以疏说。但恐孟子见之，不免再叹："固哉高叟之为诗！"

十年以来，我个人也常自觉二册中宜改良之处甚多。我英文的稚弱，尤为大病。英国评者亦多提及此点，的是药石之言。近年因阅读英美诗家较多，对于英文诗句，简之又简，玄之又玄，提炼之法，亦微有领悟。而今翻看三百七十四首的译文，几乎每首都有可斟酌缩改者。深悔当年未请英诗专家痛予斧削，细加删润。今每年还收版税数十元；每收到时，都有功薄赏厚之愧。

事实更正之可提于此者，有两端，其一关于杜诗当以何首为最早之问题。我书内以《夜宴左氏庄》为第一首。1953 年得日本一汉学教授来书，中云："创获之多，近古莫比。如以《宴左氏庄》诗定为游吴时作，心得之说，确不可易。"我读此函时偶尔自问：杜诗中是否有比此诗更早的？忽而大悟：《江南逢李龟年》那一首七绝：

岐王宅里寻常见，崔九堂前几度闻。

正是江南好风景，落花时节又逢君。

也当是游吴越时作。当初我受前人影响，仍放此诗于湖南诗内；且疑"江南"或是"湖南"之误，更沉静思维，则觉不但"江南"不误，而且此诗之容态俏生，气韵飘扬，不似杜甫湖南时诗之多悲哀沉郁，而可合于杜甫二十三岁左右"越女天下白，镜湖五月凉"之环境。当时杜甫在江南游兴方浓，当较《夜宴左氏庄》为更早。夜宴诗中有书剑扁舟，功名之念，当在北归报考途中所作；但"诗罢闻吴咏"之句，足见其尚未出吴语地域。

又其一乃关于上文所提论骥子当是杜宗文之胡夏客。当年我下笔讨论之时不知何故，竟误认"夏客"二字为胡震亨之字，也许因胡震亨之《杜诗通》远在北平，未能覆检，所以其误未即发见。过了数年，偶因翻检《海盐县志》，竟发现胡夏客为胡震亨之子。然而胡夏客之《谷水集》，迄今我还未见，故只可仍靠仇兆鳌所引之言，误子为父，毕竟是我疏忽，我甚抱歉。

说到疏忽，刚才翻阅此文前段，忽又发觉在汉鬼宜打那一段落，我忘记了说杜集中之伪杜诗，最是厉鬼，宜痛打不饶。这些伪诗，往往把年代地理搅得不可收拾。有时只须铲除伪诗，而纠缠不清的问题，亦随手解决。怎样认识伪诗？今姑举二例，补上文之遗漏。在梓州诗里有《秋尽》：

> 秋尽东行且未回，茅斋寄在少城隈。
>
> 篱边老却陶潜菊，江上徒逢袁绍杯。
>
> 雪岭独看西日落，剑门犹阻北人来。
>
> 不辞万里长为客，怀抱何时独好开。

这首诗若是真的，则杜甫在宝应元年（762）九月底离开成都西郊他的草堂，而东到梓州；曾和李梓州宴于涪江上。然而本年七月半徐知道造反，杜甫要避免被徐所延请，仓皇东走，跑到梓州。后来又把家眷接到东川；直到广德二年（764）春，才带着家眷回居成都草堂。他到梓州之后，在九月九日还登高梓州城上。没有在九月中又回成都又东走不回之理，因徐知道之乱在八月半已全平了；杜甫何必又跑而且决定不回？八月以后，剑道已通，如何说北人阻不能来？杜甫的成都草堂近于锦城，远于少城，如何说少城隈？在梓州如何看得见成都西的雪岭？以郑玄自比，已嫌勉强，他如何敢以袁绍拟李梓州？我断定此诗是假的，不让其在杜甫的梓州生活内捣鬼。

在湖南诗内有《清明》二首。若是真诗，则大历四年（769）杜甫与其家眷在船上过清明时节于洞庭湖中，而其时的杜甫"右臂偏枯半耳聋……悠悠伏枕左书空"。然而我知道当时杜甫与其船乃远在洞庭湖之南近衡州之处，不在洞庭湖中。又本年清明之前一月或半月，杜甫在岳麓山寺壁上题诗于宋之问所题诗旁。其后数十年，唐扶也在寺中作诗；他说杜甫的诗"晚来光彩更腾射，笔锋正健如可吞"。可见当时尚无右臂偏枯，左手书空之事。再过一年，大历五年（770）春天，郭受有一首赠杜甫诗，其中写杜甫"松花醉熟旁看醉，莲叶舟轻自学操"。一臂偏枯，如何学摇船？我断定这两首是假的。然而中唐刘禹锡已极赞"杜少陵过洞庭诗落句曰：春去春来洞庭阔，白𬞟愁杀白头翁"。我以为《清明》二首，共二十四句，只这两句或是真杜诗；而其题目只是《过洞庭湖》；若排在大历五年晚春，亦可与当时杜甫行动不生冲突。好事者作伪，在这句上添作二十二句，分作两首，改其题目为《清明》。所添诗句多俗陋不堪，所画之杜甫与史实不符，而于杜甫行舟之时地亦搅乱了。

在杜甫集中，前人已揭发了十数首伪诗，我也举发了十馀首。此外应检举者，恐还有好些。然而这也不过有关于杜集及杜甫甚多问题之一部分。好比登山，我尽量往上爬，然而离山顶还早着呐；好比开矿，我尽量往下挖，然而未摸着的矿脉还多着呐。杜甫题诗于岳麓山寺壁时，感激宋之问未把风景都写完尽："宋公放逐曾题壁，物色分留与老夫。"很多的问题，我也分留与将来贤哲。

三 再 说 杜 甫^①

洪　业

　　这篇英文成稿于庚戌（1970）秋初。本应印第安纳大学《奎星学报》为杜甫卒后一千二百年纪念征文而作。《奎星》以经费支绌，久停未印。柳无忌教授不忍其更复搁延，奋然转请《清华学报》印发。这端盛意是我所十分感激，要鸣谢的。

　　我在三十四年前，庚辰（1940），曾为《杜诗引得》作一篇长序，评述杜甫诗文之版本源流。旋于壬辰（1952）我用英文写成《中国最伟大的诗人杜甫》，由哈佛大学出版部印行。本文、子注分订二册。辛丑冬日，公历 1962 的元旦，《南洋商报》登载我一篇叙述《我怎样写杜甫》，稍说我对于杜甫身世研究之经过，稍取二册中有趣的记载来说说，稍提出我反对前人结论的几点。这次庚戌成稿，题云"再说"，一部分自我检讨我前作宜改的若干项；并就前此二十余年中我所能见

① 【译者按】原载《清华学报》新十卷第二期（1974 年 7 月），第 53—60 页。

中外学者有关于杜甫之论著，取其于我有触发者，稍加评介。本文分三大段：（一）孙山遗憾。（二）版本问题。（三）正误补阙。

（一）孙山遗憾。岁丁酉（1957），《大英百科全书》拟出新版，来函要我撰李白、杜甫二传，各以五百字为限。我函覆谢绝，不撰李传。至于杜甫，则因我于二册中曾指评各家百科全书，对于杜甫事迹之流传谬误，我自顾义不容辞，遂依五百字限制之内，为草一传。稿成后再经来往函商，酌改数字。其后则久未知闻。旋有友人讶问吾文何与吾书大有径庭。急走向图书馆取阅，乃知所用者并非吾文，盖某汉学德人所撰。我的失望可比杜甫当年，一因考官员外郎李昂之别扭，一因主考宰相李林甫之奸邪，而两度落第后之心绪。且新撰之传乃使我惨痛尤甚。撰者虽曾采取我的新说数端，如杜甫之进士考试不在开元二十三年（735）而在开元二十四年（736），如杜甫结婚当在天宝十一载（752），他的四十一岁之时。类此之属，我当然同意。但此君既批评杜甫的诗篇鲜见抒情风格，又拾宋祁馀唾，说杜甫的政见多是高而不切。我谓学者只要曾看过仇兆鳌《杜诗详注》或杨伦《杜诗镜铨》就当知杜甫不但是一个伟大诗人，而且是个富于经世济民之学的学者；只要曾阅过我的二册，当亦能注意杜甫的文篇，如《为华州郭使君进灭残寇形势图状》，如《华州试进士策问五首》，如《东西两川说》，即此数篇，已足见杜甫不是一个徒作高论，不合实际之人。我为杜甫叫冤，十分悲愤；所以我在《我怎样写杜甫》文内，取《新唐书》中宋祁所撰的《杜甫传》，逐款驳其谬误。我的结论是："杜甫论事常有先见之明；他设策以适用为要；他参谋有收效之功。"

（二）版本问题。我在《杜诗引得序》中，曾细论明末清初钱谦益笺注《杜诗》之经过。举出十端可疑诘问其所独用绍兴三年（1133）建康府学所刻的吴若校注之本；恐怕或是钱氏所伪造。1957 年 12 月上海商务印书馆影印发行《宋本杜工部集》六册。带有张元济菊生先生长跋一文；考定其六册为合二种版本而成。一种为南宋初年浙江覆刻嘉祐四年（1059）王琪增刻宝元二年（1039）王洙编订原本。又一种则正是钱谦益所谓吴若校刻之本。我买得六册，重复校考之后，不得不变更前此二十九年我的旧说。我错误猜疑了钱谦益伪造其吴若校本。实则钱氏于吴本辄有增削挪移而不说明，遂使我疑吴本不至如此而已。今影印钞补成书之二十卷，约略分之，则甲种十五卷为翻王洙、王琪之本：一至九、十五与十六为钞本；十七至二十为刻本。乙种五卷为吴若校注之本：十至十三为刻本，十四与十五为钞本。凡影本诸叶之影自刻本者，可毋究诘。其影自影钞者，则又当别论。且看刻本版心，常载书名简称于卷第、叶第之上。于二王本，则刻“杜集”二字。于吴若本，则刻“杜”一字。版心叶第之下，常有刻匠之名。二刻本皆然。至于钞本，则刻匠之名完全略去。钞本之版心书名，于二王本仍为“杜集”。但于吴若本，则不作“杜”，而犹作“杜集”二字。即就版心而论，已可疑其非就刻本而影映描钞矣。且问发见上下叶诗句有不衔接者；诗篇排列、行格字数有突然不同的；题目中字偶有误脱颠倒者。凡此诸端，有显出钞胥笔误者，亦有可疑钞自明代传本，取以替换填补者。虽然，若就《宋本杜工部集》全本而论，究是当今考者不得不用之本。取其刻本之部以校他本，亦间有创获。如《绝句漫兴九首》题中之“漫兴”二字，钱本及昔年我所参阅诸本皆然。今之影印吴若刻本乃不作“漫兴”而作“漫与”。参看他本所引宋人赵次公注释，可见赵本亦作“漫与”。且“漫与”自较“漫兴”为胜。又如《漫成二首》末二句“近识峨嵋老，知余懒是真”下，钱本及他诸本有注云：“东山隐者。”独今影吴若本，乃于注中加有“一作陈山”四字。我谓“陈山隐者”当是杜甫自注。杜甫酒客是隐者陈山。

刻版"陈"字，损脱偏旁，遂成"东"字。校订诸公不曾注意抉择；岂亦不知成都并无东山耶？若此新获虽仅一字之微，亦非不足珍者也。

（三）正误补阙。我的英文《杜甫》二册发行之后，同事友好如杨联陞教授、柯立夫教授等即指示我的译音拼字有误若干条。我自己亦陆续发现其他错误之宜删改者。1969 年，哈佛大学出版部以我书上册售罄已久，拟再影印若干本，我遂附入勘误一表。我又将下册中之错误，亦列一表藏之。二表今并附载于此，庶可供阅读吾书者之参用。昔者我于二册后，并有仔细引得：上册以杜甫身世、史地为要；下册偏重参考书目。昔年我未料及汉学学者有时亦欲检查吾书中曾否选译抑讨论杜甫之某某诗篇。今欲补此罅漏，故亦附载诗题译音引得长表于此。此外，我于《杜集》诸本书眉纸缝，亦常写录数年以来偶尔心得，可攻旧误、启新思者，拣出若干条，亦附于此。下册中亦常指示宋人所引"王注"为伪王洙注。今再思维，觉"伪"字宜去。王洙之孙虽云其祖未曾注杜，但今《宋本杜工部集》二王本中，王注虽不多见，亦偶有之。如从来说杜甫二子者皆云长子宗文，次子宗武、小名骥子。此说殆出于王洙。今《宋本杜工部集》中"宗武生日"诗后有注云宗武小名骥子。曾有诗云"骥子好男儿"。此当是真王洙之注。然"凤翔得家书"诗中"熊儿幸无恙，骥子最怜渠"二句下，仇兆鳌注中偶引胡夏客曰："骥当是宗文，熊当是宗武"。我谓此说真可破千古之惑。但我书于下册子注中竟误认夏客为其父胡震亨之字。在《我怎样写杜甫》文中，我已申明改正。可惜仇兆鳌虽引胡夏客之说于其注中，而不曾自从其说。而吾书吾文流行未广，是以近年学者多尚沿王洙之误。我今更提出于此，甚望大家注意。

一、我在子注中曾讨论"忆弟二首"题下，《九家》本无注。其他诸本有注说杜甫于此时回到他的家乡，在南陆浑庄。有以注归王得臣者，有以为出于王洙者，也有与题目同用大字，最似杜甫自注者。但据我检考，杜甫家园乃在洛阳东北之伊师，不在洛阳西南之陆浑。此注必误。殆出于伪王洙尔。然今《宋本杜工部集》影吴若刻本之部，此题之下赫然有小字云："时归在南陆浑庄"。最低限度，是王洙、吴若辈以为其是杜甫自注。但我仔细再读其二首之诗，便觉其大有漏洞。我批书眉云："业按此二首伪诗也。天宝十三载（754）河陷济州，州废入东平郡。乾元元年（758）改为郓州。此云傍济州，是不知郡县沿革者所为也。子美至东都在乾元二年（759）。倒数之三年，则至德二载（757），子美时在西京贼中；岂有三年望弟归之想耶？'忆昨狂催走'句何指？恐止妄猜乱时狂走耳；无其事也。又试参阅乾元二年子美所作诗文，即可知其正关心九节度之师，岂能有'不问邺城围'之语耶？然则此诗中之语，其题下之注皆作伪者所为。收取之入《杜集》者偶未悟耳。伪注中'南'字之上，或原有'河'字，经传钞而脱落乎？"

一、我书中曾痛驳钱谦益以来误解"故朝议大夫兖州司马"一词，以为杜甫的父亲杜闲在天宝三载（744）其继母死时还活着。我改说杜闲官终兖州司马，死在天宝元年（742）兖州未改鲁郡之先。时人著作，以我孤陋，能见者稀。偶见1970年7月中《"中央"日报·副刊》有龚嘉英之《杜甫的家世》一文亦为纪念杜甫一千二百周年而作。撰者亦如1968年台湾出版《杜甫评传》之著者刘维崇君，殆皆尚未见吾书、吾文，故尚沿《杜集》之误，名杜甫的孝烈叔父为杜升；尚未知1916年河南出土的墓志可证其名正是史传所载的杜并。但《杜甫的家世》文中竟能研究出杜闲终于兖州司马任所，乃与吾说不约而同。廿载岑寂，忽闻空谷足音，不禁跃喜也。

一、关于杜闲事迹，除其宦历以外，我书别无所说。我亦自觉阙憾。后来偶于《苕溪渔隐丛话》中见其引蔡居厚《蔡宽夫诗话》云："杜子美云：'书贵瘦硬方通神。'余家有其父闲所书《豆卢府君德政碑》。简远精劲，多出于薛稷、魏华。此盖自其家法言之。"可惜，我多年在金石书法典籍中寻讨，还未能得补充之资料。且尚未能查出豆卢府君是何人。盼望后来学者或新有发见。

一、杜甫本身当然也是善书者。他"九龄书大字，有作盈一囊"。自少壮至老死，题画书壁之属，当为后人所宝，岂无踪迹可寻？我书下册子注中曾记河北第一博物馆印巴中石刻"判府太中严公九日南山诗。乾元二年杜甫书"。我怀疑杜甫当年（759）自成州挈眷往成都途中不曾枉道到巴州去看严武。如果有其事，何以集中毫无痕迹？况《南山诗》没有严武的气焰而反似效颦杜甫者所为。怀疑梗胸，怅未能决。后于道光《巴州志》中忽见其诗乃南宋万某所为。诗既不出于严武，字自更非杜甫所写的了。失意之馀，不意后来又见1963年5月香港之上海书局所印《作家与作品丛书》中之《杜甫》一册；卷首附影印石刻拓本九长方，前四为《野望》，后五为《冬到金华山观因得故拾遗陈公学堂遗迹》；二诗皆行草书，并署"杜甫"二字。除云"四川省射洪县"外，别无说明。想校订发行诸君亦未定其真伪。迨我校读二诗，乃发见后诗之第十四句，自宋本以来皆作"石柱仄青苔"，未注别有异文。而今拓本乃作"石柱多青苔"。我旋检光绪《射洪县志》，见此诗于艺文类，而此句乃作"石柱灰青苔"。遂豁然而悟：灰字当出杜诗原本。传钞讹夺，脱胁间两点而成仄字。作仄之句犹勉强可作柱仄苔青之解。后人之顶冒杜甫写字者殆觉"仄"字兀臲不安，遂改作"多"字。诚文从而字顺矣；无奈青苔之生要在春夏湿雨之时。山顶冬风之后当仅留寒灰而已。昔宋人曾叹"身轻一鸟过"，杜用"过"字之难而稳。我谓"石柱灰青苔"句中之"灰"字尤险而佳。然则我虽又失望又未得杜甫书迹，不意竟获杜诗中千年久佚之一字，亦可喜矣。

一、我书初出版时杨联陞教授为评介文，载《哈佛大学亚洲学报》中，曾举朱彝尊《曝书亭集》中引李因笃之言，谓杜甫七律单句末字皆四声换用。我亦知此端诗律，自齐、梁以后所谓八病，尤以上尾为忌。杜甫守律往往较他人为严。后人可藉用为异文抉择之助。故我译《秋兴》第七首第三句，虽通行诸本皆作"织女机丝虚夜月"，独从其异文，不作"夜月"而作"月夜"。不但因"月夜"，则于字无赘，于意为切；且因"夜"在去声祃韵，不令第七句"关塞极天唯鸟道"之"道"字在上声晧韵者犯上尾之病。若仍沿用"夜月"，则"月"字与第五句"波漂菰米沉云黑"之"黑"字同属入声，犯上尾矣。顾我虽知此道，而书中有时亦因口熟手滑而忽略了异文之宜采用者。如《江村》第七句，我沿用"多病所须唯药物"为译。实则我当采用吴若注举樊晃《杜工部小集》中"但有故人分禄米"之句耳。"物"字则与第五句之"局"字相犯，"米"字则与第三句之"燕"字不犯也。我恐校订《杜集》者，如王洙辈，或为杜甫耻之，遂奋改其言。其实，杜甫早年奏牍自言"寄食友朋"，后在夔州亦说"主人柏中丞频分月俸"。但有其事，不自掩讳也。

一、我于书中不曾注意诗学理论亦为短阙之憾。近年因国内海外皆提倡纪念杜甫以来，厚书薄册、杂志报章，多涉鉴赏，兼及理论。我自觉用功尚浅，姑就近年涉猎所及言之。西人言诗重抒情风度之美。至于美与不美之定义如何，我尚觉其有点麻糊，不甚清楚。仓田淳之助教授《杜詩に於ける抒情》转予我教益为多。其谓杜甫晚年之诗，情与景以老练之圆熟，遂融合无间，臻诗之美之极致；尤使我佩服。至于中国文人，近时多从意境立论。但此词涵义如何？我求之于字典、辞书，上自《佩文韵府》，下至于《大字典》、《汉和大辞典》、《中文大辞典》、翟理斯《汉英大字典》、林语堂《当代汉英词典》之属，皆未见其曾收入。偶在班上，为诸生道之。葛澜谟教授时尚为研究生，告我曰："堪萨斯大学黄教授新出《现代汉英学生词典》则有之矣"。急取寻检，见其译义竟与"心境"无异。则似亦可用心绪、情绪、情境等词代之。取就各家论说使用"意境"诸处观之，亦间可合；但苦其扞格不能合者甚多。我疑"意境"一词之常见学者使用，或受故胡适适之先生《白话文学史》与《词选》二书之影响而来。其涵义之杂而广颇可惊人。或与"境界"无别。或指文章之范围，或其标准而论。或竟可以风格、光彩、文章、美术等词代之。但沿流上溯，则经王国维《人间词话》、况周颐《蕙风词话》以至方东树之《昭昧詹言》，而意境之涵义不为意之境而当为意与境，"即取意、取境"之谓。而其源或出于唐释皎然《诗式》所云"取境重意"之言也。窃谓此言意与境，彼言情与景；用字虽异，而涵义几同。若问美之等差，殆亦视其两端融合程度如何。昔东坡极赏陶诗"采菊东篱下"一章；称其境与意会，出乎不意，而乐之极致，至于忘言。则先乎仓田教授而为说。我试从此角度以窥杜甫之如何论诗，乃得杜甫之所以赞高适、岑参二人之诗，亦当是杜甫所以自规之二句："意惬关飞动，篇终接混茫"。则杜甫不仅先乎苏轼，而且先乎皎然，而说意与境之惬合，似混茫之难喻；且亦可以释陶潜飞鸟南山，至意忘言之景与情也。我于文艺批评本属外行。区区浅见，姑以就正方家；愿毋訾我为班门弄斧，入室操戈也。

　　　　※　　　　　　　※　　　　　　　※

　　以上所写拟当英文《再说杜甫》一文之汉文提要。原文庚戌，提要甲寅，前后五年矣。今昔之精神、力气不同，是以英、汉长短之间亦有情绪、口气之出入微异。既然如此，率性亦取此五年中杜学问题之根触于怀者一二端，借今纸幅，约略陈之。愿读者毋以蛇足见怪。

悉尼大学戴维斯教授之英文著作《杜甫》一书以 1971 年出版于纽约。我作英文书评载于越年《哈佛大学亚洲学报》。此书颇有胜于吾书之处。以其能文史并重，可补吾书偏重史实之阙失也。选译之诗有一部分是我所已译，而其译文往往较吾译为胜。他所增译的篇什尤可补我仅译三百七十四首之不足。且所增者颇有使我自悔当年未收是我疏忽之咎。其中尤以二短篇为甚重要。上首以"为人性僻耽佳句"起，下首以"陶冶性灵在底物"起，二诗是诗人自道其做诗的习惯。为诗人作传则不可不收。于是我就借用戴君的字眼数字为吾书增译（同时为他书改译）这二首。同时也为他指出，他所译上首的题目《江上值水如海势聊短述》，与诗之内容无涉，乃属别一诗的。因校订者疏忽，是以张冠李戴了。戴君批评吾书，有时也很中肯。如《卜居》首二句云："浣花流水水西头，主人为卜林塘幽"，"主人"一词含义颇杂，英译殊费斟酌。我译从仇、浦二家之议，谓是杜甫自称。戴君驳云：若如是，则"为卜"二字中之"为"字无着。这真是一针见血。我译当废。但戴君所译有府主、恩主之意，若裴冕、严武之徒，早经诸注家驳倒，亦不可用。我更细读遥思，以第四句之"客"字提醒，遂悟此主人当是有地可出卖之地主。也许茶馀饭后，主客同步江边，欲择一块可建草堂的地所。遂用此意，且沿用戴译数字，重译此诗；亦载评文中。自觉他山之攻获益匪浅。但戴君之对我批评亦有时未当。如梓州诗内有《九日》一首，首二句云："去年登高郪县北，今日重在涪江边。"九月二十二日杜甫在阆州参与房琯之丧祭，其后有《发阆中》一首。后段云："女病妻忧归意速，秋花锦石谁复数。别家三月一得书，避地何时免愁苦。"我谓《九日》恐是伪诗。去却此《九日》，然后阆、梓间诸诗可按时按地而排。戴君驳云："三月"一词亦可以一月加前后一两日解之。我谓戴君计算疏忽。自九月初九数至九月月底秋尽之时，不够一个月。此《九日》与《发阆中》二诗不能并存；孰去孰留，一望而可知也。

戴君全书之结论谓杜甫所作的诗可称伟大，杜甫之为人则殊不然。我为解释疑滞，如因杜甫说回纥有时以禽兽比拟，遂疑杜甫也像中国之无知少年有我汉优越、卑视外人之态，甚为西洋学者所厌，我谓杜甫痛恶回纥军人有时残暴如猛兽尔。若论种族，则杜甫之外祖母为唐太宗之外孙，而唐太宗之外祖母姓独孤，蕃姓也。杜甫自不至于鄙视外族。若论文化，则杜甫常寄居僧寺，好与和尚为友，且欲"身栖双峰寺，门依七祖禅"。尊敬佛教之人亦自不至于以炎、黄、孔、孟便可夜郎自大也。且戴君曾云：杜甫乐生过于他人，此亦伟大之征，况又能作伟大之诗乎？此间矛盾愿戴君察之，勿令两伤。

我近日思之：人自聪明，何以偶然考证之疏忽如彼？又何以偶然结论之纰缪如此？殆好胜之心能塞蔽聪明，亦如古人所谓利令智昏耳。我往年著作辄未免错误，殆亦坐此病。著作非同打球、赛跑，好胜无害。求真之真，成美之美，若被好胜之热所熏灼至于枯萎，则为著作之大害，不如无作。前年在香港出版之《杜臆增校》是其一例。

明末清初王嗣奭右仲读杜善以意逆志，钞合其鉴赏忖度之笺语成书曰《杜臆》。仇兆鳌因其书未刻，特借到钞本分载在他所作的《杜诗详注》内。近年发现上海图书馆有《杜臆》钞本十卷。于是有排印、影印两本之流行。取印本与仇引对校，可知印本出于初成之稿而仇所引者当出订定之稿。仇氏既说他采录王书"巨细不遗"，则增、删、修润皆右仲所自为，而其前之初稿、未定稿，皆当视如刘知几所比为"吐果之核，弃药之滓"，不必"洁以登荐"了。若欲求为王氏功臣，俾来学以考校其前后稿之方便，则不可仅录其溢出前稿者而略其馀，以"显系删节"一语了之，复劳学者仍须再检仇本然后可求右仲所删削、所润色者各何若、各何故也。右仲笺批之《杜集》乃所谓《集千家注杜工部诗集》二十卷者，明季坊本多种或不易见。但从《杜诗引得序》而可知其与明易山人本同一系统。明易山人本即玉几山人本，今有影印于《湖北先正遗书》之本，甚易见也。不必因不知右仲用本之编次，不得已而创"新增"卷十一以缀于十卷之《杜臆》。非驴非马，并不足以代表《杜臆》之全豹也。增校者如有心得，与《杜臆》有重大之异同出入者，无妨加注以备来者参考。至若《杜臆》后之考论杜诗者无虑数百家，不必选录比较，恐喧宾之夺主，复挂一而漏万也。

　　这类附录、附辨过多，不暇讨论。仅就其诘驳拙说者，简约言之。在《我怎样写杜甫》文中我粗举伪诗二例：梓州诗内之《秋尽》及湖南诗内之《清明二首》。《杜臆增校》奋辩此二题三诗的真无疑。我细读其文，苦仍不能仰从其意，但觉其考失于疏，而辩逞于强；且于吾言有误会，于所引诗句有误解即于其所引《杜臆》亦有未了也。我谓《秋尽》第五句"雪岭独看西日落"，亦足启疑，因成都之西终年积雪之雪岭是人在梓州所不能看见的。这位先生说，如"洪氏以《秋尽》诗内有'雪岭'即系伪作，则将何以解《故陈公拾遗学堂》诗内之雪岭？难道后者亦系伪作不成？"我今敬答之曰：诗篇致疑不仅在此一句，不仅在"雪岭"二字。《陈公学堂》诗内之雪岭则指涪东众山内岭上于寒冬十一月有雪，不必致疑。但若从梓州看来，当是东顾，与西望日落无关。况在梓州九月也看不见涪东十一月之雪。《清明二首》中云"右臂偏枯半耳聋"。我疑此语不实：清明前杜甫曾题诗于寺壁；清明后杜甫竟学操舟。题诗事见杜甫诗及唐扶诗。杜云："宋公放逐曾题壁，物色分留与老夫。"唐云："两祠物色采拾尽，壁间杜甫原少恩。晚来光彩更腾射,笔锋正健如可吞。"此君引《醉歌行赠公安颜少府请顾八[分]题壁》以证杜甫作诗不必亲题。又因《醉歌行》末云"诗家笔势君不嫌,词翰升堂为君扫",遂说"此'笔锋'句正指诗笔而言,当然也可指书法。"今本《杜臆》云:"诗家'笔势'、'辞翰',俱兼文与字是也。"我恐杜、唐诗意并《杜臆》意都误解了。清初朱瀚早谓"《清明二首》,气味单薄",疑为赝作。此君繁词痛驳,且谓"朱氏身为小人之中庸","丧心病狂","盲目无知之徒"。后贤之遽骂前修,殆不可为法。而智者千虑,或亦不止一失欤?

四　洪业英译杜甫诗选（《秋兴八首》中英对照）

秋兴八首　AUTUMN THOUGHTS（EIGHT POEMS）

其一

玉露凋伤枫树林，巫山巫峡气萧森。

江间波浪兼天涌，塞上风云接地阴。

丛菊两开他日泪，孤舟一系故园心。

寒衣处处催刀尺，白帝城高急暮砧。

While the crystals of dew are chiseling the forest of maples, A somber atmosphere has developed within the Wu Gorge through the Wu Mountains.

The waves of the river swell with the mirrored sky; The storm clouds over the Pass descend upon the darkening ground.

The sight of chrysanthemums again loosens the tears of past memories; To a lonely detained boat I vainly attach my hope of going home.

Everywhere people are busy preparing their winter clothing; How heavily they pound the laundry mallets in White Emperor City at sunset!

其二

夔府孤城落日斜，每依南斗望京华。

听猿实下三声泪，奉使虚随八月槎。

画省香炉违伏枕，山楼粉堞隐悲笳。

请看石上藤萝月，已映洲前芦荻花。

After the setting sun has left the solitary City of K'uei-chou, I turn toward the Dipper and gaze in the direction of the Capital.

True to the old song, my tears drop as the gibbons cry; Contrary to the legend, the midautumn Heavenly River is not navigable for a returning voyager.

Incense-burners in the painted halls of the Executive Division can hardly be seen from the sick bed; Only the weird sound of bugles can be heard from behind the white-washed parapets of the city towers.

Behold! The moon that lit the ivy-clad, rocky cliff is now shining on the reed poppi on the beach!

其三

千家山郭静朝晖，日日江楼坐翠微。

信宿渔人还泛泛，清秋燕子故飞飞。

匡衡抗疏功名薄，刘向传经心事违。

同学少年多不贱，五陵衣马自轻肥。

The early morning sun is soft upon the hilly city of a thousand homes; I sit each day in the purplish reflection on the veranda high above the river.

The fishermen who have been out all night are slowly returning; The swallows that should have gone in the autumn are still leisurely flying.

My official career as a Reminder was cut short because of my remonstrance with the Throne. The duties of a Commissioner of Education were hardly to my taste.

Most of my students are now in prominence; I can imagine their fine raiment and fast horses in the neighborhood of Ch'ang-an.

其四

闻道长安似弈棋，百年世事不胜悲。

王侯第宅皆新主，文武衣冠异昔时。

直北关山金鼓振，征西车马羽书迟。

鱼龙寂寞秋江冷，故国平居有所思。

It has been said that Ch'ang-an is like a chessboard; But the games have been too sadly played for a hundred years.

New masters are now living in the mansions of princes and dukes; Neither the civil nor the military service is like that of old.

Straight north, beyond the mountain passes one hears the sound of the gong and the drums. To the west, one meets horses and chaises with war's urgent dispatches.

Here by the cold river, where the fish and the dragons are quiet in the autumn, One can live peacefully and think of the old country.

其五

蓬莱宫阙对南山，承露金茎霄汉间。

西望瑶池降王母，东来紫气满函关。

云移雉尾开宫扇，日绕龙鳞识圣颜。

一卧沧江惊岁晚，几回青琐照朝班。

The P'êng-lai Palace faces the Southern Mountains; The golden pillars to catch the night dews rise into the sky.

Looking to the west, one recalls the descent of the Fairy Queen Mother upon the Jasper Lake; Looking to the east, one remembers the coming of Lao-tzǔ, preceded by a purple mist filling the Han-ku Pass.

When the pheasant-tail screens are removed-like the opening of clouds -before the throne, One recognizes His Majesty's countenance above the embroidered robe with the dragon-scales shining in the sun.

A nap by the hermit's stream. One wakes up to realize the lateness of time; How many more times can he march in the procession through the palace gate to the Court audience?

其六

瞿唐峡口曲江头，万里风烟接素秋。

花萼夹城通御气，芙蓉小苑入边愁。

珠帘绣柱围黄鹤，锦缆牙樯起白鸥。

回首可怜歌舞地，秦中自古帝王州。

From the mouth of the Ch'ü-t'ang Gorge to the banks of the Meandering River, A thousand miles of wind and mist share the same autumn.

From the Flower Tower through the Imperial Passageway came royal splendor To the small Hibiscus Park, where anxious news of battle fronts was also brought.

Yellow cranes circled the palace decorated with pearl screens and painted pillars; White gulls arose from the Imperial barges with ivory-like masts and colored silken cords.

One recalls with pity such a gay site of songs and dances, In a region which since ancient times has been the capital of emperors and kings.

其七

昆明池水汉时功，武帝旌旗在眼中。

织女机丝虚月夜，石鲸鳞甲动秋风。

波漂菰米沉云黑，露冷莲房坠粉红。

关塞极天唯鸟道，江湖满地一渔翁。

The K'un-ming Lake owes its water to the engineering of Han; One can visualize the brilliant banners of Emperor Wu before one's eyes.

The statue of the weaving maid at her loom must look sad on a romantic moon-lit night; The bodies of the stone whales seem to move in the autumn wind.

Wild-rice grains floating on the waves suggest the shadows of sinking clouds; Lotus blossoms chilled by the dew have dropped much of their red.

Now only a bird can fly to these scenes through the Pass that reaches so high. I am merely fisherman lost among the rivers and lakes, finding no place to land.

其八

昆吾御宿自逶迤，紫阁峰阴入渼陂。

香稻啄馀鹦鹉粒，碧梧栖老凤凰枝。

佳人拾翠春相问，仙侣同舟晚更移。

彩笔昔游干气象，白头吟望苦低垂。

It was long and winding road to the K'un-wu Park by the Yi-su River, Where the shadow of the Purple Tower Peak fell into Lake Mei Pei.

On the stalks of the fragrant glutinous-rice a few grains were left by the parrots; A branch of the green wu-t'ung tree was said to be worn by a perching phoenix.

Pretty women picked up shining feathers and presented them as a spring gift; Immortal companions sailed in the boat late into the evening.

With a colorful pen, I once portrayed that atmosphere; Now, with a drooping white head, I scarcely dare to sing of my hope to visit the place again.

洪业及其《杜甫：中国最伟大的诗人》

（代译后记）

1952 年,哈佛大学出版社出版了洪业用英文写就的《杜甫：中国最伟大的诗人》(William Hung, *Tu Fu: China's Greatest Poet*, Harvard University Press, Cambridge, Massachusetts, 1952)一书。在这部 400 馀页、包括一册正文和一册注疏的皇皇著述中,洪业以唐帝国由盛及衰的历史为背景,通过引证、翻译和阐释杜甫的 374 首诗篇,详尽地讲述了这位诗圣不朽的一生。作为现代学术史上第一流的教育家和学者,洪业的一生也同样不朽于世。其功业见于燕京大学与哈佛—燕京学社的创办,其德行遗泽于众多卓然成家的门生弟子,其著述如诸种《引得序》《考利玛窦的世界地图》《破斧》等名篇佳什无不为学界所熟知。而《杜甫：中国最伟大的诗人》(下文简称《杜甫》)乃是洪业平生中唯一的一部专书著述,其意义尤为切要①。

杜甫及其诗文何以成为洪业唯一一部专书著述的兴趣之所在?

---

① 洪业一直计划成书并已着手多年的《史通》笺释与翻译最终未能完成。参见陈毓贤《洪业传》(北京大学出版社,1996 年)、余英时《顾颉刚、洪业与中国现代史学》(《余英时文集》第五卷《现代学人与学术》,广西师范大学出版社 2006 年 2 月)。

在《杜甫》一书的自叙中，他作了饱含感情的交代：

> 予年方十三，家父即授以杨伦《杜诗镜铨》，语予云，杜子美志意宏远，心性桀傲，且多谐趣；嘱予曰："其人也，天假其时，则显；运命未济，亦不衰。"既长，因予所学，遂以《圣经》为绝世之书。而仅次于圣《诗》者，即为杜诗，每能慰予之大悲大喜。四十年来，涵泳其间，其亲近感激之心，沛然而与日增焉。
>
> 壬午岁（1942），予缧绁于日寇之囹圄，欲阅《圣经》而不可得，遂索杜诗一部——囊昔文文山（1236—1282）于元人狱中慨然引领而待死，集杜句成诗二百章。予臆可以效法焉——亦不获允。其时于晨昏祷思之中，已默定他日脱身后必所当为之事若干，潜研杜诗即其一也。
>
> 丁亥至戊子岁（1947—1948），予再赴哈佛大学教席，授以杜甫行实。诸生喜焉，促予笔削以成编。戊子岁二月，又宣之于耶鲁大学伍德沃（Woodward）讲席。听者亦促予以英文撰为一书。今其书告成，吾之微愿，在增西人于诗圣之新知，借此而于吾国吾民具同情之了解。①

其中所言情、事之深沉曲折，揆诸现代学术著述撰述之"缘起"，实可与陈寅恪《柳如是别传》相媲美。实际上，洪业对杜甫的研究应该还可以追溯到编纂《杜诗引得》时期。1940 写就的《杜诗引得序》中，他已经表明了全面整理杜甫诗歌与生平的旨趣。在总结了杜诗流传刊刻的重要版本之后，洪业认为：

---

① 此处及以下所引之洪业《杜甫：中国最伟大的诗人》文字皆出自笔者译本，不再一一标明。

　　然杜集之编订,岂已臻至善,而学者固可辍笔哉? 间尝论之,考订《杜诗》之事有三:一、搜辑其诗也,宋人诸本已为之矣,后人无以复加焉;二、校勘异文也,黄伯思之校本既不传,而钱谦益之校本又不可据,此后人不可不更勉力焉者也;三、考本事、注典故,以解篇意,此清人已优为之,顾多辗转钞录,鲜覆核原书,此后人尚可改良者也。……然则三事中,尚有二事可为,故谓今尚宜有《杜诗校注》一书。……有《杜诗校注》一书如此,庶可以上对古人、下诏来学,丝毫无遗憾矣。然而谈何容易! 一则书不易得,上所举宋、元人编订之本八种,其半尚在秘藏,安得有人影印而传布之,此尚有待于将来者也。二则工具不足,校注《杜诗》必欲得杜甫所习用之字句、《杜诗》中所复见之名物,而前后参照焉,杂书引《杜》则简举篇名,或仅录一句,或仅摘二三字,学者必欲知其各在集中何处;然《杜诗》篇数,千四百馀首,《杜集》各本之都宜检校者十有馀种,而编次卷第又多不相同,校者将望而生畏焉。欲救此弊,故引得编纂处有《杜诗引得》之编制也。……他年如果有新本《杜集》,如业所议之《杜诗校注》者,则今《九家注》本,并《引得》,并《编次表》,并业此序,皆筌蹄可弃也已①。

　　很明显,《杜诗引得》的编纂,只是为了覆核、校勘异文的便利,为最终全面整理杜诗、编就集大成性质的《杜诗校注》作工具性的准备。尽管洪业构想中的《杜诗校注》最终未能形成,但是在撰写《杜甫》一书过程中,《杜诗引得》就起到了事半功倍的作用。在《我怎样写杜甫》一文中,洪业以回答学生提问的方式,展示了如何通过《引得》的

①　《洪业论学集》,第347—349页,中华书局1981年3月。

检索功能来判断汉学家杜诗译本中的伪赝之作。而《杜甫》一书中应用《杜诗引得》进行排对、校核、辨伪的例子随处可见。可以说，尽管洪业因撰写《礼记引得序》获得 1937 年巴黎的茹理安奖金而享誉学界，但在哈佛—燕京学社编纂的诸种《引得》中，《杜诗引得》恐怕才是洪业最具个人关切的一种，因为它的编纂寄托了洪业自身的阅读情感与撰述规划，是其杜甫研究的真正学术起点。以这样的背景来观照《杜甫》一书的写作，才能见出此书在洪业生命中渊源深长的重要性。

　　然而，此书自 1952 年出版以来，竟从未被译为中文介绍回杜甫和洪业的祖国。这大概有两个原因。1952 年哈佛出版此书时，政权易帜，港台地区惊魂未定，尚无暇顾及学术著述译介；等到八十年代以后大陆开放，九十年代西方汉学著述翻译热兴起，而洪业先生早已于 1980 年遽归道山。《杜甫》一书出版时间既太早，题目又不够前卫热门，著者也已寂然于世，自然就无人问津了。2008 年下半年，我到威斯康星—麦迪逊大学作访问学者，观览一干汉学著述，及至展读此书，只觉胜义纷然、生气满纸，惊讶于此前国内学界对此书甚少关注，遂有译介之意。后来作了一番调查，才知道此书迄今为止仍被公认是英语世界中关于杜甫的最重要著述。其实，在 2006 年，当时任教于普林斯顿大学东亚系的陆扬教授在《中日中国文学史研究情况对比的一点浅见》一文中就指出："对杜甫的研究的一个相当重要的成果是洪业先生的两大卷杜甫传，但偏偏是这部著作，在中日都没有能产生影响。"这一状况的产生，自然跟缺乏中文译本大有关系。以我的阅读体会，洪业《杜甫：中国最伟大的诗人》一书可与陈贻焮先生完成于 1988 年的三卷本《杜甫评传》并称东、西方杜甫研究的杰构。当然，堪称汉语著述中杜甫研究集大成之作的《杜甫评传》完成的时间晚于洪业《杜甫》，时光流逝，学术进步，将两书作"关公战秦琼"似的对等比较,对洪业先生来说有点不公平。而且《杜甫评传》字数百万,篇幅远远超出洪书,在细节上更趋于细腻深入,后出转精,自是题中应有之义。尽管如此,《杜甫》一书仍时时闪烁着洪业探赜索隐、戛戛独造的智慧光芒,更流露出他缅怀故国的厚貌深情。

试举数例,以见一斑。杜甫现存最早的诗是哪一篇? 诸家往往以杜甫漫游齐赵之际的《登兖州城楼》为现存杜集中最早之作。而洪业先生别有创见,认为《夜宴左氏庄》是杜甫现存最早的作品,他说:

> 二十年前,我遵循前人注释,认为杜甫在 712 年至 735 年的诗歌都没有保存下来。现在我改变了这个观点,将此诗系年于735 年。因为诗中提到了吴地方言("吴咏"),这使我相信此诗作于东南游历时期。它甚至可能是 735 年之前写的。杜甫"检书"、"看剑"也许跟他即将返回、准备科举考试有关。

洪业进一步将此诗与杜甫晚年回忆吴越之行的《壮游》相互对应,加以发挥:

> 这次南方的游历可能花了好几年时间。杜甫甚至想沿着扬子江顺流南下。他还雇了一条船,希望能航行到东海的扶桑岛。但最终不得不放弃了。为什么? 难道是家中来信催促他回去,以便准备州郡和全国的贡试? 在一切事务中,似乎只有这件事情有足够理由使得他在 735 年的晚些时候回到长安,参加 736年春京兆为选拔参加全国贡试的乡贡进士而举行的解试。
>
> 在诗歌竞赛中,蜡烛常常是为了标志时间底线。剑也许是传家之宝,可能还是诗歌吟咏的主题。在诗歌用事中,作为惯

例、书、剑常常指一个人做好准备要为他的国家贡献自己的才学与力量。公元前五世纪，范蠡帮助越王勾践打败吴王夫差，他放弃了对他非凡功业的一切报酬，驾着一叶扁舟离去，从此再没有回来。苏州、杭州和附近州郡的吴方言与首都以及其他北方地区的方言有很大不同。因为杜甫在南方已经游历了好些时候，也许有几年了，他可能已经学会了足够多的吴方言，能够理解吴咏——换句话说，能确切地了解并被范蠡功成身退的故事打动。我们的诗人是否已经想到了科考之后进入仕途的机遇？这次原计划中的浮海之航因科考而被迫推延到不可知的将来，他是否为此感到遗憾？我倾向于认为，如果将此诗系年于南方游历结束的 735 年暮春，它将变得极富意味。

对《夜宴左氏庄》的这一读解令人耳目一新。日本学者就指出，洪业《杜甫》一书"创获之多，近古莫比。如以《宴左氏庄》诗定为游吴时作，心得之说，确不可易"①。

又如，杜甫初次参加科举考试在哪一年？诸家多将杜甫首次参加科举的时间定在孙逖知贡举的 735 年，陈贻焮先生《杜甫评传》亦然。而洪业将其定在考功员外郎李昂知贡举的 736 年，这一年在科举史上很有名，因为发生了举子与主考的冲突，此后朝廷觉得考功员外郎知贡举"位卑而权重"，就改为由礼部侍郎主持了。洪业先生的编年理由是：

> 杜甫某句诗曾透露，他在这次人事变动之前就已经参加了

---

① 见洪业《我怎样写杜甫》，《南洋商报》1962 年元旦特刊，香港《人生》杂志二四卷八、九期转载，1962 年 9 月 1、16 日。见本书附录二。

科考("忤下考功第")。他还进一步说，这次科考失败之后，他曾经"快意八九年"，之后才于 745 年再次返回长安。我们这里把此次考试的时间放在 736 年，而不是通常的 735 年。杜甫没有通过科考。我们并不知道为什么。我倾向于相信我们的诗人因为上述事件被惩诫了。

这解释颇令人信服。尤其是注意到了"忤"字与 736 年科举风潮的关系，并用以解释杜甫落第的部分原因，不能不让人叹服其别具只眼。洪业在此书《引论》中说："中西诗歌最显著的不同，是中国诗歌普遍的简短。中国诗人仅仅提笔写下迷狂和灵感的最高体验。戏剧能够繁复，故事可以细腻；而在诗人看来，这些细节应该尽可能留给读者去发挥创造性和想象力。"他的确做到了这一点。有时候，洪业也通过对诗歌的翻译来传达其独到的理解，例如《赠李白》："秋来相顾尚飘蓬，未就丹砂愧葛洪。痛饮狂歌空度日，飞扬跋扈为谁雄？"洪业指出，此诗"常常被误读和误译。汉语中的诗歌语言总是很简洁，人称代词一般都被省略。这里，不能够加上第二人称，否则看上去好像年长的诗人被当作一个顽劣孩子一样被斥责"。因此，其翻译是：

Autumn again, we are still like thistledown in the wind. Unlike Ko Hung, we have not found the elixir of life. I drink, I sing, and I waste days in vain, Proud and unruly I am, but on whose account?"（"又到秋天，我们依旧像蓬草般飘荡在风中。我们未能如葛洪一样，找到长生的丹药。我痛饮，我狂歌，我白白浪费了每一天。我如此桀骜而不守规矩，这又是为了谁呢？"）

聊聊数语,举重若轻,自成一家之言,足以破宋人以来的纷纭聚讼。又如,杜甫初次授官,被任命为河西尉。河西的地点在杜甫研究史上曾经是一个颇多争议的问题。洪业的解释最为妥贴。在撰写《杜甫》一书的引论中,洪业就指出:"在重建杜甫生平的过程中,我严格使用当时的地名。在杜甫的时代,一个地名一般都经过三次更改。这些更改及其日期、加上地名的今称,都可以在索引中找到。"因此,河西的位置也就迎刃而解,"在唐代,不同时候有好几个地方叫做河西。杜甫被任命的这个地点很明显属于黄河西岸的同州辖区。760 年,此地改名夏阳。位于今部阳东 13 英里处。参见《元和郡县图志》卷2,11b;《唐会要》卷70,18b;《旧唐书》卷 38,15b;《中国古今地名大辞典》690 页,'夏阳'条。从奉先往东北方向到河西有 50 多英里"。

莫砺锋先生在其《杜诗讲演录》中评论陈贻焮先生《杜甫评传》研究的细致深入时举了一个例子,即陈书解释了杜甫从凤翔回羌村途中的步行与骑马问题。而洪业早就解决了这一问题:

> 9 月 18 日,我们的诗人离开凤翔。向东北方向的三川进发的旅途大概路程是 215 英里。一名朝廷官员通常可以使用政府的驿马;但是《徒步归行》一诗表明杜甫不得不至少步行头 73 英里,抵达新平,也就是通常所说的邠州,在那里,我们推测,李(嗣业)将军给了他一匹马。当杜甫写《玉华宫》的时候,他已经走完了回家路程的三分之二还多。

再如对杜甫一篇很少为人注意的短文《杂述》的理解:

> (745 年)什么原因让杜甫不得不西归呢? 当然,他并不知

道,等待在他面前的将是十年蹉跎岁月。在东部,杜甫的思绪关注于修炼来世的隐者、炼丹求长生的术士。为何他要返回京城这个政治阴谋和竞争的漩涡中心? 难道他的旅费花光了? 或者西归有一些新的发展机会? 我们实在没法知道。然而,在杜甫诗集中,有一篇名为《杂述》的短文。此文一定作于鲁郡附近的某个地方,时间可能就在745年秋天。

　　……(按:此处为《杂述》全文,略去不引)

　　除了张叔卿,这里提到的其他人将在后面的章节出现。薛据在731年通过了科举考试,岑参则是在744年。他们在当时已经是文学名家,并且毫无疑问担任了官职。我们的诗人是否已经深切意识到,除非一个人在京城取得有效的成功,否则很难依靠地方权贵的关照来维持生计? 这可能是杜甫回到京兆的真正原因。

　　杜甫何以于745年西归长安? 历来无达诂。洪业此说乃是我所见到的最具"证据性"说服力的阐释。这需要熟知杜甫同时代人的具体情况,才能敏锐地意识到薛据、岑参等人的中举年份与745年之间的联系。真是目光如炬! 这种对问题的敏感,其背后是饱览、熟谙,纵横捭阖的联系能力,以及天马行空而操纵自若的想象力。洪业眼光的独到还表现在,他的研究视野极其开阔,总是能想到其他研究者从来未曾想到的问题,而不仅仅限制在文学研究的界限之内。例如,他谈到杜甫青年时代漫游的经济来源问题:

　　　　为了计算737年杜闲一家的经济状况在整个唐帝国当中的层级,我采用了25年后一次廷辩的某些论证(《新唐书》卷54,11b—12a),其中认为每人年平均的谷物消耗量是7.2斛,这是其生活资料总量的三分之一，其他的东西包括衣物、社会及其他消费。据说，每亩地年产谷物约二分之一斛，而普通农业家庭的人口是7人。因此，一般农业家庭的年消耗量是151.2斛，需要土地302.4亩。据《新唐书》卷52(2a—b)记载，一个七口之家的所得土地是260亩，如果加上40亩继承来的土地，则是300亩。杜闲作为官员，其家庭还可以免除租赋劳役。官员俸禄是随官阶变化的。作为兖州司马，杜闲可以获得两份土地，一份700亩，任期内占有，一份800亩，终身拥有。他每年获得两种俸禄，一是320斛谷物，一是110 400枚铜钱。他还能享有25名仆人的免费服务。如果他用货币折算这些仆人的服务，那他还可以获得额外的49 000枚铜钱。如果把钱币都折算成谷物（普遍价格是每斛130钱，尽管那时在偃师是每斛30钱），并假设土地租金是收益的三分之一，我们认为在杜闲的320斛谷物俸禄之外他还能额外得到1 476斛。总数是1 796斛，这是一般家庭收入的11倍。这个计算当然是粗略的。但是它足以表明杜闲完全能够资助杜甫的生活开支。

这个计算还没包括当地政府提供给杜闲的房舍——或者马匹，办公费用，以及其他特权和服务。我们还没有算上杜闲从父祖那里继承来的土地和财产，以及他自己的积蓄和投资；我们猜测他从这些资源中获得的收益足够负担生活在汴州(陈留)的继母卢氏，以及她的孩子，可能还有杜闲的两个寡居的弟妹。杜闲在兖州的家包括他的妻子和孩子们，也许现在有五个孩子。让我们推测他有五个奴仆，依靠他的收入生活。因此，兖州家中应该有十二个人，但杜闲的收入足以负担这个数目的好几倍。当然，他完全可以负担得起大儿子杜甫的旅行费用。

　　从经济层面去理解诗人生活，这种眼光不但在杜甫研究中首屈一指，即使置诸迄今为止的古代作家研究领域，也带有垂范意义。更不用说其推断、论证的精细了。杜甫告身的问题则体现出洪业从唐代文书体制的层面进行文献辨伪的老到眼光。

　　　　早在十七世纪，据说杜甫被任命为左拾遗的告身就被发现了。钱谦益给出了这份告身的形制和文字（卷2.4a）。告身的日期是757年6月7日（"至德二载五月十六日行"）。这意味着杜甫的任命是在房琯被贬谪之后六天，而他抵达凤翔可能是在6月1日之后。且不论学者对这一告身的普遍接受，我毫不犹豫地认为这是一件赝品。不必讨论唐代文书的细节问题（参见Niida Noboru, To-So horitsu bunsho no kenkyu, Academy of Oriental Culture, Tokyo institute, 1937, pp. 793ff），我们可以拿这件告身与韦济的拾遗任命相比较，韦济告身见于《文苑英华》（1000卷,987,1567）卷383.5b；作伪者对唐代用法的无知立刻昭然若揭。此文并未提及杜甫从前的官职，而是一开始就说"襄阳杜甫"！而且，在现存杜甫集子中有一篇《奉谢口敕放三司推问状》，感谢皇帝宽恕自己免于审判，写作时间是757年6月21日，在署衔时杜甫在自己的官衔前用了一个"行"字，这在唐代的文书用法中表示他现在的官阶要高于左拾遗（参见《旧唐书》卷42.3b；《新唐书》卷203.3b）。而作伪者依照某些无知编纂者的修订，将"行"改为"行在"，把杜甫任命为"行在左拾遗"！

　　此说证据确凿，可为定案。大概因为未曾翻译的缘故，洪业此说不为国内学界所知，即使是陈贻焮先生《杜甫评传》也还沿用钱谦益根据伪赝的杜甫告身而得的结论①。类似的文献辨伪不乏其例，如指出河北第一博物馆（天津）在 1934 年出版的《河北第一博物馆画报》第 57 期刊载的出自巴郡南山的拓片"杜甫《严刺史武作重九日南山》"为伪作，并从《巴州志》（1833 年）卷 8 中找出题为"万刺史诗：《重九日南山》"的同样文本，从而证明此诗是一位生活在 1195 年之前的姓万的宋代刺史的作品。并且洪业还指出，在《巴州志》卷 5、卷 8、卷 10 中还收有这位万刺史的其他诗文。我查阅了《全宋诗》，其中没有收入洪业提及的万刺史的其他一些诗作，可见洪业先生的这条考证对于二十世纪九十年代才完成的《全宋诗》也不无裨益。

当然，《杜甫》一书体大思深，智者千虑，手不及心，偶尔出现小小笔误，或者也会有个别考虑未稳的地方。例如第三章说到"杨贵妃有三个从兄，一个娶了皇帝女儿，做了驸马；一个做了皇帝的侍御史，身居从第四品上阶的高位"，据两《唐书》载，杨玉环从兄杨铦任鸿胪卿，杨锜任侍御史，为太华公主驸马。这里的叙述把杨锜的官职误任给了杨铦。又如《杜甫》一书中有一个大胆的假设，杜甫晚婚，婚期是752 年。洪业认为：

　　杜甫在远房堂弟家度过除夕之夜这件事颇能反驳他在 752年之前成婚的假说。而且，751 年杜甫四十岁时，尽管出身于良好的缙绅之家，但却穷困潦倒，并无仕途前景和固定收入，倒是经常酩酊大醉，想要一个人浪迹天涯，去遥远而不可企及的地方。这些可能都妨碍他找到一个门当户对的姑娘成婚。到四十一岁，情况有了可观的变化。突然之间他声名大噪：三大礼赋

---

①　《杜甫评传》上册，第 357 页，上海古籍出版社 1982 年。

打动了皇帝陛下！不错的任命、稳定的收入想来没有问题，如果
再娶得佳妻，他一定不会再想浪迹四方，他甚至还可以节制饮
酒。媒人们忙碌起来了。肯定有一些漂亮的良家女子因为这样
或那样的原因耽误了青春，尚待字闺中。

他举出一条最重要的证据：

> 杜甫后来的诗篇显示他是一个情感十分深挚的丈夫和父亲，
> 当他和妻儿分离时，他的诗中也总是洋溢着思乡的情怀。杜甫从
> 745 年至 752 年的作品中对家庭完全保持缄默，只有一首短诗
> （《一百五日夜对月》）是例外——这首诗我系于 755 年……

要让这条证据发挥作用，那首短诗《一百五日夜对月》的系年及
其解释成为关键：

> 杜甫的这首爱情诗一般被系于 757 年春天。我发现有误，
> 因为这一年的寒食夜里，天空中只有半月，但是诗中提到了满
> 月。在杜甫一生中只有三次满月的寒食之夜：747 年，755 年和
> 763 年。763 年杜甫和家人在一起。747 年，他很可能尚未成婚。
> 因此，我将此诗系年在 755 年 4 月 1 日。

在陈毓贤《洪业传》和洪业《春秋经传引得序》中，都提到过一本对
他影响很大的《蚀经》（*Th. Ritter V. Oppolzer*, Canon der Fiinsternisse
（Denkschr. D. Wiener Akad. D. Wiss., *math. Kl.*, *Bd.* 52, 1887））。
洪业说："西人有著《蚀经》者，上自公历纪元前 1208 年，下及公历

2161,举上下三千馀年共八千日蚀而表列之,细计每蚀之起讫,图绘见蚀之地域;凡考史者取征焉。"①洪业对《一百五日夜对月》的系年,就是用的与《春秋经传引得序》中相同的天文历法考证。但是,符合该诗天文历法特征的日期有三个,排除了不符合其他因素的 763 年,那么还剩下 747 年和 755 年,而洪业选择 755 年、去掉 747 年的原因是"747 年他很可能尚未成婚"。可是,一开始洪业为了说明"杜甫于752 年结婚(疑问?)",举出的证据是"杜甫从 745 年至 752 年的作品中对家庭完全保持缄默,只有一首短诗《(一百五日夜对月》)是例外",为了解决掉这个"例外",才引入天文历法的考证,现在当这个"例外"仍然可以在天文历法的验证下保持其"治外法权"的时候(747 年也符合"从 745 年至 752 年"的要求),他却又用需要验证的问题的最初起点——"杜甫于 752 年结婚(肯定!)"——来否定这个"例外"。且不论洪业对杜甫婚期的假说究竟成立与否,至少就这一阐释过程而言,难免有些循环论证的嫌疑。奇怪的是,对此似乎从未有人提出过质疑。大概是因为婚期的假设叙述于第五章《故山归兴尽》的开篇部分,而《一百五日夜对月》的证明则出现在这一章的结尾部分,很少有人会将两者联系到一起进行考察吧。

再如谈到杜甫《酬高使君相赠》的尾联"草《玄》吾岂敢,赋或似相如"时,洪业认为:"杜甫答诗的最后两句也就可以相应地理解为退休并不真正是自己的最好选择,他还是希望以文学才能为皇帝服务,就像扬雄在汉朝所做的那样。"我认为,此处的"扬雄"似乎应该改为"司马相如"才对。因为,"草《玄》吾岂敢,赋或似相如"一联应该理解为:"我没有扬雄写《太玄》的能耐,但是在作赋方面或许能和司马相如

---

① 《春秋经传引得序》,《洪业论学集》第 223 页,中华书局 1981 年。

一比高下。"这其中带有某种反讽意味。扬雄其人有"剧秦美新"之论，这种主动附逆之举是杜甫绝不会附和的。另外，司马相如在文学史上的地位也高于扬雄，扬雄的若干作品就是效法司马相如的。杜甫说过"赋料扬雄敌"，又说"臣之述作沉郁顿挫，扬雄、枚皋可企及也"，正好说明他心目中想要赶超的目标并非扬雄，而是司马相如。司马相如曾为汉武帝作劝百讽一的《子虚》《上林》《大人》诸赋和封禅遗表，这和杜甫作三大礼赋、《封西岳赋》无论在题材还是主旨上都极其相似，故杜甫有此语，恐怕其中既有自豪，也有自嘲，耐人寻味。

《杜甫》一书中还有一些提法，当时未觉不妥，随着学术研究的深入，今天看来就需要修正了。例如书中谈到李白时说"他被召到长安，授予了翰林院的职位，这是一种皇帝的私人秘书性质的工作"，二十世纪八十年代以来，对唐代翰林学士的研究已经相当深入①，我们知道李白担任的是翰林供奉，与私人秘书性质的翰林学士是差异很大的两种职务。

又如，第十章《何地置老夫》中提到杜甫在严武幕府中不快乐的原因之一是"他意识到严武幕府中有些年轻同僚对他怀有嫉妒"，但洪业并未进一步加以发掘。对这一问题，后来万曼先生有精彩的发挥，其《读杜札记》指出，幕僚中"和老杜不能合作的，便是老杜的从孙杜济"。万曼根据颜鲁公为杜济所作的《神道碑》得出结论："严武再入蜀，便是和杜济一路由长安同来，杜济是行军司马，杜甫是节度参谋。所以杜甫从一入武幕，便感到不甚如意。"②此说颇能启人之

---

① 相关著述如毛蕾《唐代翰林学士》（社会科学文献出版社 2000 年），傅璇琮先生的系列考论《唐德宗朝翰林学士考论》（与施纯德合写，《燕京学报》新十期）、《唐永贞年间翰林学士考论》（《中国文化研究》2001 年秋之卷）等，以及马自力《翰林学士及其活动与中唐文学》（《国学研究》第九期）等。

② 《万曼文集》第 652 页，河南大学出版社 2007 年，原载《开封师范学院学报》1962 年 1 期。

思。如果我们还记得杜甫在长安时期所作的《示从孙济》中披露出来的杜济对他那不耐烦的待客之道，可以想见两人之间早就有矛盾了。我的推测，这是性格气质和处事做派的冲突。杜济显然是一个实用主义的干才，颇瞧不上老杜的迂阔而不切事情，更何况杜甫很可能还对他摆出从祖的资格，自然使他越发不能容忍。有时候，激烈的冲突反而来自原本关系更近一些的人。生活中往往有这样合理的意外。

和全书的博大相比较，些许瑕疵不足以损其全璧。求全责备，唯对事不对人。百密一疏，易地而皆然。学术研究本来就是一个不断积累和更新的过程，余嘉锡《四库提要辨证·序录》曾说过："纪氏之为提要也难，而余之为辨证也易，何者？……譬之射然，纪氏控弦引满，下云中之飞鸟，余则树之鹄而后放矢耳。易地以处，纪氏必优于作辨证，而余之不能为提要决也。"①日月流逝，学术渐进，后之视今，亦犹今之视昔，月旦铨评，可不慎欤？我译《杜甫》一书，觉得洪业先生以及他那一辈学者最不可企及者，在其笔端常带感情，而每能以史实为依托，发挥其想象力与价值判断。

第七章《万国兵前草木风》一开篇，洪业通过对 11 月 16 日诏书向四方传递速度的详细分析，论证了杜甫 757 年 12 月 8 日随驾返京的可能性。史学考证的能事已毕，他忽然笔锋一转，写到：

　　不，不能夺去杜甫的这段经历。就像写我们当代英雄乔纳森·温莱特将军（General Jonathan M. Wainwright）令人崇敬的经历，而把他于 1945 年 9 月 2 日在东京湾"密苏里号"上见证日

---

① 《四库提要辨证》第 48 页，《二十世纪学术要籍重刊》，云南人民出版社 2004 年。

本投降的经历抹杀掉一样。爱国精神是杜甫性格中杰出的一部分。在经受了这么多颠沛坎坷之后，757 年 12 月 8 日这一天对杜甫来说一定终身难忘。我可以想象杜甫看到长安城前欢呼和哭泣的人群时是如何的喜不自禁、老泪纵横……我们完全可以说，长安光复之后的这几个月是我们诗人一生中最快乐的时光。唉！就是太短暂了。

　　同样的，我们也可以想象经历过侵华日军囹圄之灾的洪业的爱国激情！这种情感，在陈垣《通鉴胡注表微·小引》、冯友兰《贞元六书》诸序中也可以看到。洪业先生的考据名篇《破斧》的结尾同样带有这种想象力和价值判断相结合的深长意味。在几乎"涸泽而渔"了汉人以降对《破斧》一诗长篇累牍的诂训义释之后，他同样笔锋一转，指出"（'我人'）其所指者为那些亲朋戚好为国捐躯长逝而不返者矣"。因此，归来者"虽都庆幸东征的成功，也许还觉得成功的代价已太重了。如果《破斧》一诗可让我们这样地来解释，那么，作此诗之人，比曹松早了一千九百年，已感觉得：'一将功成万骨枯。'"[1]这种"性灵"的解释使人在学理迷宫的曲折摸索之后，顿时有醍醐灌顶的畅快。正所谓彼可学而得，此不可学而得矣。

　　第十一章《夔子之国杜陵翁》中，洪业描述杜甫旅居之夔州的地理环境和生活状况："一条褐色、闪着波光的奔腾大江，被两座山峰截断，八阵图在瀼口附近的西边，滟滪堆在东边，夔州城在南边……城池的西南侧位于从江上突然崛起的一块大岩石上。岩石上还有一座木制的建筑物，能居高临下鸟瞰大江和江岸的大部分区域。这可能

---

[1]　《破斧》，《洪业论学集》第 375 页，中华书局 1981 年。

就是西阁,在其上层也有为官方客人准备的住处……从766年仲秋开始,杜甫的很多诗篇都作于西阁,或者涉及西阁,或者描述在西阁上所见到的情景。这些诗篇都带有孤独的意味,没有提到家人和他在一起。似乎杜甫不愿意让官方的招待惠及自己的家人。他将家人留在瀼东郊外山麓边的房舍中,只时不时回去小聚。"然后他发挥说:

> 从《西阁雨望》一诗可以推断,西阁上层有一个带朱红油漆栏杆的走廊,走廊也许环绕这个建筑一周。可能就是在这个走廊上,我们的诗人饱览万象,倾听群籁,然后将它们写到这些诗篇之中,如《秋兴八首》《阁夜》。

我得承认,尽管非常熟悉《秋兴八首》,但是读到这里不禁击节,似乎对它们又有了新的阅读感受和理解。洪业先生一定深谙为文之道。试想,当诗人处于创作状态中,思接千载,视通万里,能够凭栏高阁,寂然独处,胸中往事,眼底山河,内忧外患,相互激发,故国平居有所思,伟大作品在心中潜流暗涌而呼之欲出,这是何等境界!不过,文学创作和论著写作又不一样,后者更需要切磋砥砺,异论相搅,擘绩补苴,臻于完善。就这一点而言,据说洪业先生在哈佛论学的环境似乎稍觉落寞。还好,在寂寥之中,他有杜甫这样古道热肠的敦厚之人相陪伴,我们才有幸读到《杜甫》这本书。

1970年,晚年洪业写成《半部论语治天下辨》,其中一条注释,提到《论语》有一句"其未得之也,患得之",苏东坡以为后半句有阙文,应当作"患不得之"。洪业先生走笔至此,忽然题外起兴,添了一句:"业案,苏东坡真聪明可爱。"这句对苏东坡的评价,心目中必然有林语堂《苏东坡传》在①。洪业读《苏东坡传》，觉得苏东坡"聪明可爱"。他写《杜甫》，这样描述诗人的性格：

> 据说诗人的生活通常由三个"W"组成：酒（Wine），女人（Women）和文字（Words）。其他诗人可能如此，但杜甫不是。杜甫的三个"W"是：忧虑（Worry），酒（Wine）和文字（Words）……他为人一贯实诚可敬，无论在个人生活还是在公共生活中都是如此。

对洪业而言，《杜甫》也是他的发愤（worry）之书（words）、忧患（worry）之作（words），他以此书浇（wine）胸中之块垒。不妨说，通过对杜诗的研读和写作，洪业与杜甫相濡以沫，气息共通。因为《杜甫：中国最伟大的诗人》一书，洪业成为杜甫的忠臣；因为一千四百馀首不朽诗篇，杜甫成为洪业的挚友。洪业写《杜甫》，认为杜甫"实诚可敬"；我译此书，对洪业先生的印象也同样如此。

曾祥波

2010 年 1 月 5 日

---

① 按，余英时《试论林语堂的海外著述》提到："据洪煨莲先生告诉我，这本书（《苏东坡传》）出版时（1947 年）不能畅销，关键在于书名的'Gay'字引起了误会。"（《余英时文集》第五卷《现代学人与学术》第 466 页，广西师范大学出版社 2006 年）

初 版 补 记

　　《杜甫：中国最伟大的诗人》一书之译介，自2008年至今，可以告罄。欣慰之馀，犹有若干事宜需要说明。

　　体例上，原书分为"本文"与"子注"两册。"本文"册中所引杜诗，我均以洪业先生所编《杜诗引得》为依据（此引得是以嘉庆年间翻刻乾隆武英殿翻南宋宝庆乙酉〈1225〉广南漕司重刊淳熙八年〈1181〉之郭知达集注《九家注杜诗》三十六卷本为底本而编定）。"子注"方面，经出版社建议，我将原来准备翻译全部"子注"的构想，改为只翻译"子注"中详细解释洪业先生创见的内容，作为当页注附于正文之下，以便读者；而对于"子注"中一般性的文献出处内容，则暂付阙如。这是因为考虑到，随着杜甫研究的日渐深入，以及中文著述如陈贻焮先生《杜甫评传》等书的问世，此类一般性注释已为研究者所熟知，诸书所引皆同，不必赘言。同时，我也将"子注"册的《自叙》译出，作为附录列于正文后。另外，杜甫研究是伴随洪业先生一生的名山事业，为了帮助读者更全面地了解此点，我还将洪业先生的三篇前后相关的文字作为附录收入，分别是作于1940年的《杜诗引得序》、作于 1962 年的《我怎样写杜甫》和作于 1970 年(发表于 1974年)的《再说杜甫》。其中,《我怎样写杜甫》一文发表于《南洋商报》1962 年元旦特刊,国内颇难寻觅,承蒙马来西亚国立大学文学院的潘碧华女史代为复印寄赠,特致谢意。

业师袁行霈先生对翻译洪业先生此书深表关心,嘱咐我宜撰为专文以绍介于学界,故有《洪业及其〈杜甫:中国最伟大的诗人〉》一文先刊于《国际汉学研究通讯》第二期,是为本书译后记之由来。威斯康星大学麦迪逊分校的倪豪士教授及其夫人 Judith,于 Mendota 湖畔的家中举办杜诗讨论会,我在访学期间承其邀请参加,其情其境,如在昨日。与哈佛大学出版社联系《杜甫》一书版权的过程中,于闽梅、陈学晶都给过很好的建议。译稿的出版事宜,则多承上海古籍出版社的奚彤云女史筹措,尤其是本书责编刘赛博士,于杜诗亦有同好,讨论往复,益我良多。

洪业先生在《自叙》中说,“其书告成,吾之微愿,在增西人于诗圣之新知,借此而具同情之了解于吾国吾民”。今译事既毕,使此书得以呈现于汉语世界,以见当日煨莲先生沉郁顿挫之用心,亦是吾之微愿所寄也。

曾祥波

2011 年 6 月 10 日

再 版 说 明

　　此次再版，译者对全书有所修订。承陈毓贤、陈引驰诸先生拈示疏漏若干，谨致谢忱。

曾祥波

2012 年 10 月 31 日

第三版后记

洪业所撰杜甫传记中文译本第三版主要有如下变化：第一，译文有二三十处重要校订，另于细节处调整若干。第二，书前补入"杜甫行迹图示"，将原版英文地名译回中文，方便读者按图寻绎。第三，书中所引杜诗编号由罗马数字改为阿拉伯数字。第四，新增附录"洪业英译杜甫诗选"，收入《秋兴八首》中英对照文字，作为了解洪业英译杜诗的一个小窗口。第五，删去前两版长达五万字的附录《杜诗引得序》。该序非英文原书所有，初版编为附录，是考虑到该序为洪业研究杜诗版本文献的力作，也是他写作《杜甫》的根基，但对非专业研究者来说并非必需。若读者不满足于传记叙述、想更进一步深入杜诗文本世界，仍应以《杜诗引得序》为起点，好在并不难找。2011 年译本初版问世距今已近十年，新版修订为读者便利计，刘赛兄屡驰霜简，砥砺其力，厥功最勤，特以志之，以见纂事之不易云。

曾祥波

2020 年 4 月 17 日

图书在版编目(CIP)数据

杜甫：中国最伟大的诗人／洪业著;曾祥波译.
—上海：上海古籍出版社，2020.5（2023.10重印）
ISBN 978-7-5325-9594-5

Ⅰ.①杜… Ⅱ.①洪… ②曾… Ⅲ.①杜甫(712-770)—传记 Ⅳ.①K825.6

中国版本图书馆 CIP 数据核字（2020）第 064480 号

杜甫：中国最伟大的诗人

洪 业 著

曾祥波 译

上海古籍出版社出版发行

（上海市闵行区号景路159弄1–5号A座5F 邮政编码201101）

（1）网址：www.guji.com.cn

（2）E-mail：guji1@ guji.com.cn

（3）易文网网址：www.ewen.co

上海展强印刷有限公司印刷

开本 890×1240 1/32 印张 13.25 插页7 字数 307,000

2020 年 5 月第 1 版 2023 年 10 月第 6 次印刷

印数：21,401—26,500

ISBN 978-7-5325-9594-5

Ⅰ·3480 定价：78.00 元

如有质量问题，请与承印公司联系

电话：021–66366565